드라마
가르치기

Mike Fleming 저
장연주·김수연 공역

starting
drama teaching

박영story

저자의 글

왜 드라마를 가르칠까? 어떻게 입문자가 드라마를 성공적으로 가르칠 수 있을까? 우리는 드라마의 질을 어떻게 파악할 수 있을까?

「Starting Drama Teaching」은 학교에서 드라마를 가르치는 데 유익한 포괄적인 지도서이다. 드라마의 목적과 목표를 탐색하며, 활동과 함께 실천을 탄탄하게 하는 이론적 관점으로의 통찰력을 제공하고, 수업계획의 예시와, 그 계획으로의 접근 방식을 제공한다. 독자들에게 쉽게 쓰여진 이 책은 드라마 교실에서 발생하는 일반적인 문제들과 그 문제들을 대처하는 방법뿐만 아니라, 드라마 그룹 활동에서 심오한 수업을 어떻게 해야 하는지 역할 연기를 세팅하고, 텍스트 작업, 극작을 가르치는 것과 같은 실제적인 이슈들이 포함되어 있다.

제4판인 이 책은 최신의 교육적 사고와 정책의 발달을 업데이트했고, 다음과 같은 사항을 포함하였다.

- 드라마를 연구하는 데 있어 새로운 챕터
- 디지털 기술과 드라마에 관한 추가 섹션
- 드라마의 다른 접근법에 대한 안내
- 어떻게 교사가 드라마 작업을 성공하고 그 작업의 질을 파악할 수 있을지에 관한 조언
- Applied theatre, 그리고 이와 유사한 리허설 방식을 포함하는 드라마 개념의 담론

드라마를 교과목에 활용하고, 그 교수법에 대한 관심이 증가하고 있는 가운데, 이 책은 다양한 학교 맥락에서 모든 수준의 드라마를 활용하는 교사들을 위해 현명하고 실용적인 조언들로 채워져 있다. DIE Drama in education에서 세계적으로 인정받는 이 책은 독자들의 시각을 넓히고 교수법을 업데이트 하고자 하는 입문교사들에게 가치가 있는 책이다.

Mike Fleming은 영국 더램 대학 사범대의 명예퇴직 교수이다.

감사의 글

나는 이 책의 내용과 문맥의 흐름에 큰 도움을 준 나의 아내 마피안느^{Mafianne}에게 감사를 드리며, 그녀의 지지는 말로 표현할 수 없다. 또한 캐섭^{Cassop}과 콜^{Coal} 프로젝트를 재현하는 데 도움을 준 토니 해링튼^{Tony Harrington}과 포지기관^{The Forge}에게도 또한 감사를 드린다.

한국어 번역판을 내며

요즈음 우리 사회에서 교육연극이라는 학문분야가 절정을 향해 나아가고 있다는 느낌이 듭니다. 1990년대 초반에 등장하기 시작한 이 분야는 30여 년이라는 짧은 기간 동안 특히 현장을 중심으로 비약적인 발전을 이루어냈습니다. 하지만 여전히 교육연극 관련 서적들은 수적으로 부족하게만 느껴집니다. 이러한 때에 교육연극 전문가들이 더욱 집필과 역서 발간에 박차를 가해야 한다고 생각합니다.

이러한 취지를 가지고 "Starting Drama Teaching"을 우리말로 번역하게 되었습니다. 교육연극의 이론과 실천적인 부분에 있어 풍부한 사례와 담론을 담고 있는 이 책은 교육연극 지도자들, 교육연극 입문자들, 그리고 교육현장에서 연극을 활용하고자 하는 교사들에게 많은 시사점과 실천적 함의 등을 제공해 줄 수 있는 책이라 사료됩니다. 번역 과정에서 특별히 원어의 의미를 충실히 담고 있으면서도 우리말로 어색하지 않는 표현을 찾는 데 집중하였습니다. 그리하여 원어 그대로 번역해서 "드라마 가르치기의 시작"이라는 제목에서 "드라마 가르치기"라는 더 자연스러운 제목으로 수정하게 되었습니다. 또한 역자들은 번역하는 과정에서 전체 장을 훑어 가며 오역의 여지가 있는 부분들을 찾아내고, 용어를 통일하고 문맥을 다듬는 작업을 함께 하였습니다.

제대로 번역한다는 일이 얼마나 어려운 일인지 번역을 할 때마다 절감하고 있습니다. 그럼에도 불구하고 교육연극 전문가로서 양서를 선정하고 번역서를 발간하는 작업에 사명감을 느끼며 교육연극 전문서적을 찾으려는 독자들을 위하여 적합한 표현을 고심하며 번역하였습니다. 역자들은 최선을 다해 번역을 하였지만, 책이 출판된 이후 판단은 독자들의 몫이라고 생각됩니다. 독자들의 애정과 도움으로 "드라마 가르치기'가 가치 있는 책으로 재탄생하기를 바랍니다.

박영 스토리에 특별한 감사를 드립니다. 각별히 이 책의 출판에 큰 도움을 주신 박영 스토리의 이영조 부장님, 그리고 한줄 한줄씩 문장을 윤문 작업을 해 주신 배근하 과장님께 감사를 드립니다.

이 책에 언급되는 교육연극 관련 용어들은 아래와 같이 정리할 수 있습니다. 아래에 기술되어 있는 용어들을 확인하신 후, 이 책을 읽으시길 독자들에게 권해드립니다.

Aim: 목적

Assessment: 사정, Evaluation: 평가. 사정은 학습하는 과정을 평가하는 용어이며, 평가는 학습하고 난 후의 결과를 평가하는 용어이다.

Craft: 기예, Skill: 기술

Creative drama: 창의적인 드라마

Devising: 고안

Drama in education: DIE, DIE는 직접 행하는 연극적 행위를 강조하는 '드라마'를 교육을 위해 적극적으로 활용하는 개념으로, DIE 자체가 하나의 장르면서 방법이 될 수 있다. 도로시 헤스코트, 개빈 볼튼 등이 이 분야의 선구자라 할 수 있고 이 책에서는 '교실에서 행해지는 드라마 활동 전반'으로 이해할 수 있다.

Drama studio: 드라마 스튜디오

dramatic play: 연극적인 놀이

Goal, Purpose, Objective: 목표

Here and now: 여기 그리고 지금

hotseating: 핫시팅, 글의 인물에 대한 탐구 활동 중 하나이다.

Living through drama: 드라마로 살아가기

Mantle of the expert: 전문가의 외투

Narrative: 서사

National Curriculum Stage: (영국의) 국가교육과정 단계

Pairs work, Pairs exercise: 짝과 함께 하는 작업(활동)

Pause: 정지(잠시 멈춤)

Practice, Exercise: 활동

Process drama: 과정 드라마

Progression: 진전

Questioning in role: 보통은 역할 내 질문하기로 번역하지만, 이 책에서는 글의
　　　　　　　　　맥락에 따라 역할 내 질문하기, 역할로서 질문으로 번역하
　　　　　　　　　기도 하였습니다.

Role-play: 역할놀이로 번역되었으며, 글의 맥락에 따라 역할극으로 번역되기
　　　　　도 합니다.

Scheme of work: 수업 계획안(수업 지도안)

setting: 세팅

Sign: 기호

Still image: 정지 이미지

Sub-text: 언외 혹은 숨은 의미

Tableau: 타블로, 정지된 장면을 보여주는 활동이다.

Teacher in role: 역할 내 교사

Theatre: 씨어터

Thought-tracking: 생각 추적하기

TIE: Theatre in education

Warm-up: 웜업

2020년 1월
장연주, 김수연

차 례

CHAPTER

01

드라마 가르치기

CHAPTER

02

드라마와 교육과정

CHAPTER

03

드라마 계획:
수업과 수업 계획안

서 론

　유아교실의 한 구석에서 한 그룹의 아이들은 노느라 바쁘다. 한 명은 의사인 척하고, 다른 한 명은 간호사, 다른 두 명은 환자인 척을 한다. 환자 중 한 명은 밴드를 붙이고 있고, 다른 한 명은 온도를 재고 있다. 근처 중학교에서 11살짜리 학생들이 드라마 수업을 듣고 있다. 그 수업에서는 피리 부는 사나이의 이야기를 바탕으로, 둘씩 짝을 지어 매우 간단한 장면의 즉흥극을 하고 있다. 그것은 두 명의 이웃이 쥐에게 감염되었음을 알게 되어 당혹감을 느끼는 동시에 본인들은 감염이 되지 않아 안도하는 장면이다. 이 외에도, 연극 수업의 전문적인 배우 집단은 리어왕 장면 연습의 마지막 단계에 있다.

　각각의 이 세 활동은 넓은 의미에서 '드라마'라는 포괄적 용어로 설명할 수 있다. 그러나, 만약 우리가 특정한 방식으로 이 활동들을 구분하길 원한다면, 세 활동 중 어느 두 활동이 더욱 보편적인가? 어느 두 활동이 '유사'하며, 다른 하나는 무엇인가? 물론 그것을 구분 짓는 것은 각각의 기준에 달려있기 때문에 정확한 정답은 없다. 비록 꽤 피상적인 구분이긴 하나, 첫 번째의 두 활동이 학교에서 발생되는 보편적 활동이라는 것에 이견은 없을 것이다. 다른 접근은 첫 번째와 두 번째 사례는 창의적이고, 자기표현이라는 점에서 '드라마'이고, 리어왕의 작업은 연기와 공연을 포함한다는 점에서 '연극'이라는 것이다. 혹은 첫 번째 두 사례가 학생들이 대본 작업을 안 한다는 점에서 같은 분류에 속할 수 있다. 그러나 피리 부는 사나이와 리어왕의 사례를 한 그룹으로 분류하는 것은 공연과 의식 창조의 의미에서 '예술 형식으로서 드라마'의 한 예로 덜 명백하긴 하나 나름 강력한 이유를 지니고 있다. 그리고 첫 예는 학생들이 자발적으로 참여하고, 중요하게도 그들은 배울 필요가 없다는 점에서 '연극적 놀이dramatic playing'로 분류하는 것 또한 마찬가지이다.

　우리는 다음 장에서 이에 관해 다시 언급할 것이다. 그 이유는 이 주제가 위에 기술된 것보다 더 많은 탐구를 필요로 하기 때문이다. 그러나 이 예들은 이론적 함의로 가려진 다소 어려운 질문으로 어떻게 나타내는지 보여준다. 「드라마 가르치기」라는 제목의 이 책은 독자들에게 수업을 위한 실질적인 제안과 더불어 드라마 게임과 활동 목록을 제공할 것이다. 그러나, 실질적인 아이디어는 그 자체로는 충분하지 않다. 왜냐하면 이러한 주제드라마에 대해 잘 알지 못하는 입문자는 그 실질적인 아이디어를 뒷받침하는 이론적 설명 없이는 당연히 허탈할 것이기 때문이다. 이론적 관점이 필요하지만, 수년에 걸쳐 변화된 주제에 대한 접근 방식으로의 통찰력 또한 필요하다.

드라마는 어쩌면 다른 영역보다 합당한 근거도 없이 실질적인 활동이 강조될지도 모른다. 실제 활동, 게임에 대한 제안으로 가득 찬 드라마에 대한 실용적인 책이 온전히 부족한 것은 아니지만, 종종 여기에는 목적 의식이 결여되어 있다. 그러한 책은 독자가 합당한 목표와 규칙에 기초하여 적절히 구별할 수 있다면 가치가 있는 것이다. 실용적인 제안만을 제공하는 책은 이론보다는 교실에서 일어나는 능동적이고 활발한, 암묵적인 아이디어에 의해 좌우된다. 그러한 책은 주로 입문자에게 홍보가 되지만, 가끔은 드라마 경험이 많은 교사들이 책을 비판적으로 선택할 수 있어 더 도움이 된다. 실질적인 제안은 암묵적이고 이론적인 입장을 동반한다. 이론은 당연한 것으로 여겨지기보다는 명백하게 검토되어야 하는 것이 맞다.

물론 이 책의 주된 초점이 이론이라는 것은 아니다; 이론 없는 실천은 환원될 위험에 처해 있고, 실천 없는 이론은 쉽게 공허해지고 무의미해질 수 있다. 이론과 실천이 통합되고, 서로 풍부해져야 하며, 실천적인 활동으로 증명하는 것보다 이론적으로 주장하는 것이 쉽다는 것은 너무 진부한 이야기이다. 왜냐하면 이러한 종류의 책을 출판하는 데 있어 실천의 형식을 어떻게 묘사해야 하는지는 분명하지 않기 때문이다. 영감을 주게 하는 매우 성공적인 수업에 대한 자세한 설명은 저자의 전문성을 높이 사지만, 독자를 무력화시키고 그와 유사한 목표를 달성할 수 없는 것으로 보이는 숨은 의미를 손쉽게 전달할 수 있다. 인간의 본성은 드라마 수업의 회고적인 설명을 통해 수업에 가장 적극적으로 개입한 한 개인에 초점을 맞추고 참여하지 못한 많은 수의 학생을 무시함으로써 성공적이고 감동적인 순간을 꾸미기 쉽다. 반대로, 특정 맥락을 상세하게 기술하지 않고 단순히 구조를 제공하는 수업에 대한 설명은 성공을 보장하는 데 있어 고려해야 할 중요 사항과 결정들을 무시할 위험이 있다. 실질적인 도움이 되는 방식으로 가르치는 것에 대해 글을 쓸 때 필연적으로 긴장감이 있다.

가르치기 위해 배우는 것은 한 사람의 고유한 가치, 믿음과 개성에 점차적으로

동조하고 수용하려 하는 미묘한 과정이다. 가르치는 일을 이제 막 시작한 입문자는 종종 교실에서 그들이 되고자 하는 방식을 인지하고는 있지만, 그들의 생각이 개념적으로 정교함에도 불구하고, 종종 그들이 배운 방식을 모방해서 가르치고 있다는 자신을 발견하게 되면 스스로에게 실망하게 된다. 성공을 위해 유일하게 요구되는 사항이 무엇을 해야 할지 알려주는 것이라는 잘못된 공식에 근거한 교육, 수업 훈련에 대한 수많은 책이 있다. 드라마처럼, 가르친다는 것은 인지적인 이해만큼이나 감정에 관한 것이기도 하다; 모든 것 중에서, 그것은 단지 지식을 습득하는 것이 아니다. 이러한 종류의 책은 교실에 있는 것과 같은 실재감혹은 당혹감을 갖고 있는 경우에만 도움이 될 것이다.

그러나, 교사의 대부분은 다른 누군가의 수업 계획 혹은 생각을 취해서 그것들을 무비판적으로 사용한다는 것이 재앙을 불러올 수 있다는 것을 잘 알고 있다. 가끔, 드라마 수업은 너무 단순하게 받아들여지곤 한다. 엄숙한 문학 수업에서 그러한 생각을 실천으로 옮기려고 시도했다가 종종 학생들이 낄낄거리거나, 소외되고 지루한 수업으로 끝이 나게 된다. 실천적인 아이디어가 공유되기 어려운 또 다른 이유는 저자는 그들 자신의 문화적 맥락에서 글로 묘사하기 때문이다; 그러나 시골에서 적절해 보이는 듯한 수업은 도시로 옮기기 쉽지 않을 것이다. 우리는 실제 가르치는 상황과 전혀 상관없이 실천적인 조언들을 읽어왔다. 실천적인 아이디어를 제공하는 것이 바람직하지 않거나 무의미하지는 않지만, 그것을 적용하는 데 한계가 있음을 인지하고 책을 읽어야 하는 것이다. 드라마와 같은 주제에서 순전히 실천적인 용어로 설명된 책은 독자의 목적과 가치에 대한 진정한 이해가 없기 때문에 독자들은 그 책에 어떠한 감흥도 느낄 수 없다.

이를 증명하기 위해서, 매우 간단하고 실천적인 아이디어가 잘못될 수 있는 방식을 설명하는 것이 더 도움이 될 지 모른다. 탐정 게임은 참가자의 연령과 능력에 상관없이 내가 역할놀이의 도입 부분에 자주 사용하는 게임이다. 간단하고 매력적인 게임으로 매우 추천할만하지만, 추천의 이유는 딱히 없다. 그 게임은 매우 간단하다. 교사가 탐정의 역할을 취하여 알리바이를 숨기기 위해 용의자를 심문한다. 한 명보다는 전체 학급의 학생들이 용의자 역할을 취하고 교사로부터 질문을 받는 각각의 학생은 무슨 일이 있었는지 일관된 대답을 해야 한다. 그러므로, 교사와 학생 간의 전형적인 대화는 다음과 같다:

교사: 지난 토요일 8시에 어디에 있었지?

학생 1: 펍에 가는 길이었어요.[1]

교사: 몇 시에 도착했지?

학생 2: 8시 반 경에요.

교사: 누군가랑 같이 갔니?

학생 3: 혼자였어요…

교사는 학생들의 알리바이가 잘못되었다는 것을 보여주면서 계속 질문을 한다. 예를 들어, '너는 8시 반에 호프집에서 나왔다고 했는데 그 시간에 거기에 도착했다고 얘길하는군…' 이 게임은 매우 쉽게 역할을 확장하도록 하는, 도입 부분에 적합한 게임이므로, 역사나 소설 속 인물에게 그들의 태도나 행위 목적에 대해 위와 같은 방식으로 교사는 질문할 수 있다. 아주 짧은 시간 동안 학생들은 스트레스를 느낄 수 있다; 그들은 자신이 노출되어 당혹스러울 수 있다. 그럼에도 불구하고, 그것은 긴장의 요소를 포함하고 있고, 긴장은 드라마의 필수적인 전제조건이다; 학생들은 알리바이가 언제 무너질지 모른다.

이 게임은 학생들이 서로의 말을 주의 깊게 듣고 난 후, 외부적으로 부가된 활동보다는 오히려 활동 그 자체에 집중하게 하는 분위기를 만들어 낸다. 이 게임은 공동의 활동으로서 기능을 한다. 또한 학생들로 하여금 단결하여 활동할 수 있게 하며, 드라마의 사회적 특성을 감안할 때 이 게임은 가치 있는 예비 활동이다.

그렇다면, 그러한 직설적인 게임은 무엇이 잘못된 걸까? 단번에 문제가 없는 듯 보이는 교사의 질문은 실제로 너무 미묘한 균형을 요구하므로 알리바이가 깨질지도 모른다는 긴장감이 부족할 경우 질문이 너무 쉽지가 않고, 개인 혹은 학급의 학생들이 바보 같다는 느낌을 받는 경우 질문이 너무 어렵지도 않다. 고학년들에게 소개될 때에는 그들이 가볍게 생각하거나 혹은 어리석다고 느껴지지 않도록 진행하는 것이 중요하다. 어떤 학생들에게는 실제로 그들이 얼마나 즐기느냐에 관계없이 게임이 부적절하다고 느낄 수 있으며, 게임을 통해 그들이 읽어야 할 이야기에 대해 모든 사람들의 이해를 도울 수 있는 활동이 될 것이라고 교사는 말할 필요가 있다.

드라마의 보편적인 문제는 교사에 의해 진행되는 활동이 단순히 진지하게 받아

---

1) 역자 설명: 영국에서는 펍이 게임이나 식사를 하기 위한 곳으로, 미성년자 출입금지 구역이 아님

들여진다는 것이다. 이 사례의 첫 질문 '지난 토요일 8시에 어디에 있었지?'라는 질문에 대해 '달에서'라는 답을 했다고 상상해보자. 게임의 동기부여 원동력은 전적으로 학생들의 협력에 의존하기 때문에 교사가 걱정이 되어 학생들에게 진지한 답을 요구하게 되면, 이는 반드시 도움이 되지 않을 것이다. 이러한 경우 실제로 그 게임은 '우리가 교사를 얼마나 많이 화나게 할 수 있는지 보자'가 될 것이다. 학생들이 진지한 답을 할 것이라는 믿음이 너무 지나치게 커 왜곡될 우려가 있을 경우 그런 심각한 제안을 하는 것은 그렇게 도움이 되지 않는다. 이러한 경우 교사가 농담의 대상이 될 수 있다; 게임은 이제 '선생님의 희생으로 그냥 웃어넘기자' 이렇게 된다. 많은 부분들이 첫 질문에 대한 대답이 무엇인지에 따라 달려 있다; 이것을 구분하기 어려울 수 있지만, 그저 그런 결론에 도달하는 것은 현명하지 않다. 이러한 상황에서는 짧은 농담으로 대처를 하고, 다른 톤으로 게임을 다시 시작하는 것이 낫다. 정확한 맥락, 학급 내 관계, 그룹의 사회적 역동성을 아무도 모른다면, 성공이 보장될 행위를 제시하는 것은 어렵다. 반대로, 맥락을 고려하는 것에 민감하게 되면 실질적인 조언이 무의미해져, 어떤 실질적인 조언을 주지 않게 된다. 이 예로부터 가장 중요한 규칙은 아닐 수 있으나 교실에서 발생할 수 있는 특정한 문제를 강조하고 이를 예측하기 위한 일반적인 제언을 하는 것이 가능하다는 것을 알 수 있다.

- 질문이 답을 하기에 너무 도전적이거나 답하기 불가능한 질문이 되지 않도록 적절한 균형을 유지하라.
- 학생들에게 무작위로 질문을 해서 그들이 경각심을 갖도록 해라.
- 고학년들에게 게임보다는 역할놀이를 시작하는 활동으로 인식되게 하라.
- 미리 범죄의 세부사항들을 해결하지 말아라.
- '너는 진실을 말하고 있니?'와 같은 질문을 함으로써 게임을 역할극으로 만들어라.
- 학생들의 부적절한 반응을 가볍게 다루되, 다음 번에는 더 진지하게 게임에 참여하도록 말해라.

여기에 주어진 예에서, 몇 개의 고려사항은 긴장감이 있는 역할놀이가 필요한 드라마에 속해 있고, 반응에 대한 유연한 일반적인 가르침의 쟁점과 더욱 관련이 있다. 심지어 가장 간단한 활동조차 기계적으로, 그리고 생각없이 접근해서는 안 된다.

이 책이 제공하고자 하는 목적은:
* 활동, 수업 및 계획 수립의 예와 함께 드라마 가르치기의 실제적인 소개
* 실천을 뒷받침하는 이론적 관점에 대한 통찰력
* 긴장과 의견 차이에 대한 안내
* 드라마에 대한 다양한 접근의 예

이 책은 '여러분들이 드라마에 관해 알기를 원하는 모든 것'을 위해 만들어진 것은 아니다. 참조 영역이 넓기 때문에, 하나의 쟁점 또는 실천적 방법을 담론하는 데 한계가 있다. 춤, 인형극, 움직임과 같이 드물게 다루어지는 드라마와 관련된 중요한 활동들이 있다. 다른 주제들은 소개되었지만 상세하게 다루지는 않았다. 다른 교과목을 가르치는 교사들뿐만 아니라 드라마를 독립된 교과로 가르치는 교사, 초·중등 교사들 모두에게 유용한 무언가를 말하려는 책은 아무도 만족시키지 못할 위험이 있다. 그러므로 추후 세션은 특히 어린이와 저학년 학생들과 관련된 실천적인 아이디어를 제공하고 이론적 쟁점에 대한 상세한 담론을 제공함으로써 중요하다고 할 수 있다.

이 장의 도입에서 제공된 예들은 '연극적 놀이'와 '예술 형식으로서 드라마'로 구분하였다. 이러한 개념들은 수업의 질을 고려하는 데 있어 중요하다. 드라마 수업을 실천하는 데 있어 '질'은 교사가 해결해야 할 근본적인 문제이며, 한 장르의 드라마만 연관시킴으로써 드라마 가르치기에 관한 많은 도서에서 오해했거나 혹은 충분히 눈에 띄지 않았을 것이다. 그 두 개의 개념이 분명히 서로 관련되어 있지만, 수업의 질에 관한 쟁점은 사정의 문제보다 더 광범위하고 깊다. 이 책에서 더욱 다양한 관점으로 다루어질 것이며, 특히 5장에서 더 구체적으로 다루어질 것이다.

1장은 '왜 드라마를 가르치는가?'라는 질문의 목표에 대해 다룰 것이다. 그것은 우리가 교과목을 가르치기 위한 간단한 읽기 목록을 제공하는 것 이상으로 중요하다고 생각하며, 교실 실천에 영향을 미칠 수 있는 중요한 방식으로 바라볼 필요가 있다. 이 장은 입문자가 드라마를 교과목에 편성하기 위해 드라마 가르치기의 역사에 대한 통찰력을 제공할 것이다.

2장은 드라마가 이루어지는 학교라는 장소를 고려하게 된다. 드라마는 그 자체로도 교과목이 될뿐만 아니라, 다른 주제와 통합되어 매력적인 학습경험을 유발한다. 그러나, 그것은 또한 강력한 그 외의 특별활동extra curricular이 될 수 있다; 외부

기관과 연계한 작업이 늘어나고 있다. 교사로서 드라마의 폭넓은 성격을 이해하고, 주제에 대한 좁은 표명manifestation에 빠지지 않도록 해야 할 것이다. 이 장에서는 드라마와 다른 예술과의 관계와 학습 및 언어발달의 개념에 대해 탐구하게 될 것이다.

3장은 드라마 수업 계획에 대한 제안을 할 것이다. '일회성' 수업뿐만 아니라, 수업 계획의 중요성 및 원칙에 대해 다룰 것이다. 이러한 계획의 원칙들은 일반적인 교육과정 밖에서 이루어지는 드라마 프로젝트에도 적용될 수 있다. 예를 들어, 목표, 수업 기술skills 뿐만 아니라 꽉 짜인 구조로 운영되거나 유연하게 운영되는 수업에서의 긴장에 관해 알아볼 것이다. 이것은 일반적인 함정을 피하는 데 도움을 줄 것이다.

4장은 드라마를 가르치기 시작할 때 입문자가 범하는 일반적인 실수를 다룰 것이다. 많은 출판물이 제시하는 것보다 더 복잡한, 둘씩 작업을 하는 것에 대한 자세한 조언을 제공한다. 영어 혹은 다른 교과목의 많은 교재들은 '즉흥적인' 또는 '역할놀이'라는 단순한 안내와 함께 활동을 끝내며, 마치 그 활동을 실제 경험했던 것마냥 쉽게 얘기를 하기도 한다. 또한 이 장은 게임과 활동을 의도적이면서 선택적으로 사용하는 것에 대한 제안을 할 것이다.

5장은 드라마 활동을 분류하는 방법에 대한 지침을 제공할 것이다. 그룹 활동, 둘씩 하는 활동, 공연, 특별한 드라마 활동 등 적절한 활동의 선택은 교사의 목표, 수업의 내용, 수업 및 교사의 경험에 달려 있다. 이 장은 또한 수업의 질 문제 검토와 함께 '드라마'와 '연극적 놀이'와 같은 개념 간의 차이의 실질적인 함의를 탐구할 것이다.

6장은 이 주제를 처음 접하는 교사의 관점에서 드라마 활동을 탐구할 것이다. 다소 겉으로 보기에 역할 내 질문하기, 타블로 활용 등 간단한 활동은 교육과정 전반에 걸쳐 매우 가치가 있을 수 있으나, 부적절한 방식으로 활용될 경우 아주 잘못될 수 있다. 에피소드적 접근과 기계적 접근을 피하는 것이 중요하다.

7장은 텍스트, 시와 산문을 연극하는 것과 관련하여 드라마를 살펴볼 것이다. 이 장에서는 드라마 수업에서 대본으로 작업하는 수업의 예를 제공하고, 주요 2단계 교육과정2)의 시험을 위해 학생들이 대비하는 것을 포함해서 텍스트 탐색을 위한 드라마 활용을 고려한다. 또한 드라마를 활용해 다양한 종류의 글쓰기, 특히

---

2) 역자 설명: 영국 국가교육과정의 단계 중 2단계를 일컬음

극작 탐구 방법을 알아볼 것이다.

8장에서는 셰익스피어를 가르치는 접근방법의 변화에 대해 알아본다. 그것은 로미오와 줄리엣 및 다른 연극을 가르치는 것과 관련하여 일련의 드라마 활동과 워크숍의 접근법을 제공한다.

9장은 수업에서 학교의 더 넓은 문화에서의 맥락뿐만 아니라 수업 중에 공연이 일어나는 장소에 관해 알아볼 것이다. 드라마에 반응하는 학생들 능력 개발의 중요성에 대해서도 논의할 것이다. 이 장에서는 DIE에서 디지털 기술의 활용도 고려할 것이다.

10장은 드라마 수업 과정을 묘사할 때 생기는 문제를 고려하고, 기계적인 기술을 계속 습득해가면서 드라마를 성취해야 할 필요성을 강조할 것이다. 드라마를 사정하는데 포함되는 문제들도 다룰 것이다.

11장은 드라마에서 연구를 실행하고 평가하는데 포함되는 주된 쟁점에 관한 개요를 제공할 것이다. 경험적 연구를 단순히 미리 결정된 방법론의 체계적인 적용이 아니라, 유기적, 해석적, 기술적 및 성찰적 과정으로 보는 것이 중요하다는 것을 강조한다.

12장은 예술로서 드라마 개념에 초점을 맞출 것이다. '내적' 및 '외적' 행동의 개념뿐만 아니라, 단순히 '포괄적인' 방식보다는 드라마 실천에 관해 '통합된' 방식의 의미가 고려될 것이다.

드라마
가르치기

STARTING
DRAMA
TEACHING

Starting
Drama
Teaching

제1장
드라마 가르치기

왜 드라마를 가르치는가?

드라마를 가르치는 이유는 많다. 다음의 목록에서 순위를 어떻게 매기겠는가? 우선적으로 제거할 순위는 무엇인가? 그것들은 어느 정도 중복되는 사항이 있는가?

+ 미래의 예술가와 관객에게 제공하기 위해
+ 학생들이 생각하도록 돕기 위해
+ 개인적인 자질을 함양하기 위해
+ 상상력과 창의력을 계발하기 위해
+ 인간 상황에 대한 통찰력을 제공하기 위해
+ 다른 과목의 교수법을 개선하기 위해
+ 정서를 교육하기 위해
+ 자신감을 계발하기 위해
+ 오락과 휴식을 제공하기 위해
+ 문화 유산의 가치를 개발하기 위해
+ 하나의 장르로써 드라마가 어떻게 작업되는지 이해를 돕기 위해

위와 같이 드라마를 가르치는 목적에 관한 목록은 드라마 주제에 관한 책에서는 일반적이지만, 주된 진술은 그 의미의 깊이를 담지 않고 기본 가정을 숨기곤 한다. 첫눈에 보아도 '개인적 자질을 함양하기 위해'와 '문화유산의 가치를 개발하기 위해' 이 두 개의 목적은 매우 다른 방향을 제시한다. 첫 번째는 드라마 제작에 적극적인 참여를 강조하고, 두 번째는 다른 종류의 텍스트 연구를 강조한다. 그러나 그 진술은 해석에 따라 전적으로 쉽게 이해될 수 있다; 결국 셰익스피어, 입센, 브레히트와 같은 작가들의 텍스트 연구는 수동적일 필요가 없고, 이를 잘 가르쳤다면 학생 개인의 성장으로 이어질 것이다. 위의 리스트에 있는 항목들을 구별하기 위해, 주제의 가치value에 관해 무언가를 말하는 진술과 교사의 의도적인 목적aims에 더 초점을 둔 진술을 구별하는 것이 더 도움이 될 지 모른다. 그 기준에 따라 우리는 학생들의 '자신감 함양'이 드라마의 유용한 측면이 될 수 있지만, 교육의 목적으로는 그리 유용하지 않다고 인식할 수 있다. 왜냐하면 그것은 주제의 가르침에 뚜렷한 목적과 방향을 부여하지 않기 때문이다. 이에 관해서는 3장에서 더 다룰 것이다.

목적의 목록에 대해 더 많은 통찰력을 얻는 또 다른 방법은 표면 아래에 있는 또 다른 중요한 차이점을 탐구하는 것이다. 예를 들어, 하나의 장르로써 드라마를 이해하는 '드라마에서의 교육'과 드라마 참여를 통해 세계에 대한 이해를 발전시키는 '교육을 위한 드라마' 간의 진술에는 암묵적인 구별이 있다. '다른 주제를 가르치는 방법으로서의 드라마'와 '그 자체로서의 드라마'는 분명히 구별되지만, 그 진술 자체는 다른 방향이 깊숙이 자리잡고 있는지 혹은 실천과 관련된 함의가 있는지 나타나진 않는다.

목적의 목록에 접근하는 또 다른 방법은 틈새를 찾아내는 것이다. 예를 들어, 이 목록에는 최근 드라마 도서들에서 강한 특색을 나타낸 시민권 교육, 언어 개발, 문맹 퇴치, 또는 문화상호주의interculturalism에 대한 구체적인 내용이 나와 있진 않다. 목록에 계속 추가할 수는 있지만, 문제는 지나치게 과장되고 과도하게 보일 수 있다는 것이다. 드라마 옹호자들은 때때로 그들의 영역에 대해 너무 많은 것을 주장한다.

드라마를 위한 목적으로 '문화상호주의'는 흥미롭다. 이문화주의의 잠재적 영향과 반향을 이해하기 위해 용어 자체를 풀어서 사용해야 한다. 문화간 연극의 전통은 연극 실천가들이 새로운 혼합형식의 개발을 위해 비판없이 다른 문화를 빌려 사용하는 것에 있다. '문화상호주의'라는 용어 혹은 '이문화 역량'의 개발은 외국어 교육에서 지식 습득과 다른 문화 이해를 언급하는 데 유사하게 사용되었다. 그러나 이문화 역량의 개발이 '다름'에 대해 열려 있고 다른 관점에서 사물을 볼 수 있는 심오한 도덕적 관심사이자 개개인의 발달로 간주될 때에 문화상호주의에 대한 깊은 이해가 있다. 여기서 이 용어는 새로운 것과의 만남을 포함하는 모든 인간 상황을 수용하기 위해 두 국가 문화 간의 상호작용을 기술하려는 용어의 일반적인 사용을 벗어나 확장된다. 다른 문화에 대해 회피하고 빠져드려는 주된 측면은 개개인에게 있어 깊게 자리 잡혀 있는 특성이며, '외국 문화에 익숙해져야 한다'라는 표면적 개념을 한층 더 강조한다. 이것은 특히 중요하다. 이문화주의의 깊은 측면은 예술 형식으로서 드라마와 그리고 보다 일반적인 예술과 밀접한 관련이 있기 때문이다. 예술은 종종 새로운 방식으로 사물을 보거나, 가정에 의문을 제기하게 한다. 특히 드라마는 우리가 타인의 관점으로 바라볼 수 있게 해주며, 세상을 다르게 볼 수 있도록 해 준다. 목적에 대한 간단한 진술이 잠재적 의미에서 완전한 영향을 가져다주는 것은 아니다.

종종 이데올로기적이거나 혹은 정치적으로 고려해야 될 사항이 무시될 수도 있고 그 함의는 목적의 주된 진술에 숨겨 질 수도 있다. DIE의 실천은 종종 그 임계도와 비판적인 교수법과 관련이 있다. 시민의식을 함양하기 위해 드라마를 사용하는 목적에는 그 의도가 '순종하는 주체' 또는 '비판적인 시민'을 발전시키는 것에 관한 중요한 질문이 감춰질지 모른다.

간단한 목록은 또 다른 복잡성을 드러내지 않는다. 모든 목적이 모든 연령대에 동등하게 적용되고, 학생들의 나이에 따라 강조해야 할 사항이 바뀌는가? 모든 목적이 모든 드라마 활동에 똑같이 적용되는가? 예를 들어, 셰익스피어 문화 유산 연구의 교과목에 교육과정과 연결된 프로젝트가 뒤따를 수 있는가? 목적을 정리한 목록에 감정과 인지, 과정과 결과물, 창작하고 반응하는 것 간의 모순과 긴장이 들어가 있는가? 위에 주어진 목록은 개별적인 드라마의 이점에 초점이 맞추어져 있다. 그렇게 하는 것이 교육 목적의 성격과 부합되기 때문이다. 그러나 논쟁의 여지없이 드라마가 가지는 가치의 많은 부분은 사회적이고 집단주의적인 공동체 본능에 있다.

간단한 목적의 목록이 근본적인 문제와 의도의 복잡성을 꿰뚫지 못하는 이유 중 하나는 언어가 완전히 명료하지 않다는 것에 있다; 이것은 이 책에서 논쟁이 될만한 주제일 것이다. 이 통찰력을 표현하는 하나의 방법은 언어의 의미가 개인 **내부**inside에 존재하지는 않지만 사람들 **사이**between에서 발견된다는 것이다. '오락과 휴식을 제공하기 위해'라는 목적은 사소하고 표면적으로 보일 수 있지만 대신에 예술의 본질적인 가치에 대한 논점과 관련될 수 있다. 슈스터만Shusterman, 2003은 '집중력을 유지하게 하고, 상쾌하게 하고, 심화하게 하는' 오락의 깊은 개념에 대해 논쟁하는 '예술'과 '오락' 사이의 극단적인 차이에 의문을 제기했다. 이러한 유형의 논쟁은 드라마와 웰빙을 연계시킬 수 있으며, 특정한 건강 관련 주제에 대한 이해를 함양하는 방법으로 드라마를 사용한다는 좁은 의미에서가 아니라, 학생들의 사회적이고 정신적인 건강에 기여하기 위해 더 넓은 의미에서의 드라마 사용이다. 드라마를 가르치는 데 있어 도덕적 차원은 윈스턴Winston의 저술에서 많은 부분을 차지하고 있다. 그는 '우리 자신과 우리의 근심, 일상의 선입견을 잊어버릴 때' 일어날 수 있는 예술 참여를 통해 '이기심을 버리는' 과정에 집중한다Winston, 2010: 51. '이문화주의'라는 용어처럼, 단순한 목적 진술의 뉘앙스와 그것의 가능한 의미를 풀어내기 위해서는 대화와 협상을 필요로 한다.

오툴O'Toole 등이 언급O'Toole et al, 2009: 4한 목적에 대한 접근법은 단순한 목록을 제공하는 대신에, 그들이 소위 부르는 서로 뒤섞인 '당황스럽게 얽히고설킨 다양한 목적들'이라는 것을 토의한다는 점에서 생산적이라 할 수 있다. 그들이 표현하는 네 가지 패러다임은 언어/의사소통, 표현적 발달, 사회적/교육적인 그리고 미적/인지적이며, 후자는 보다 경쟁적인 관점의 혼합을 의미한다. 그렇다고 해서 목적에 관한 질문의 인터뷰에 직면한 신임 교사가 너무 복잡한 문제라는 이유로 답변을 거부해야 한다는 의미는 아니다. 그리고 다양한 드라마 텍스트와 정책 문서에 제시된 목록을 묵살하라는 의미도 아니다. 간단하고 간결한 요약이 필요한 때가 있을 수 있다. 여기서 목적은 오히려 그러한 진술 자체가 공허하거나 잘못된 것일 수 있으며, 신념의 중요한 차이를 은폐할 수 있음을 주의해야 한다는 것이다. 실질적인 함의는 교사 집단이 학습을 지원하기 위해 목적을 성취하기 위한 진술을 관료적인 명령으로서 존재하는 것이 아니라, 공동체에서 협상과 토의를 통해 그것을 진술해야 할 필요가 있다는 것이다. 우리는 짧고 핵심적이며 일이 쉽게 해결되는 시대를 살고 있다. 그러나 드라마의 잠재적 가치와 목적에 대한 진정한 이해는 토의를 통해 행해져야 하며, 이 책에서 다루는 주제 중 하나이다.

간단한 진술의 근본이 되는 몇몇의 긴장과 강조의 차이를 탐색하는 방법은 역사적 관점으로부터 드라마 가르치기를 검토하는 것이다. 이것은 다음 절의 주제이다.

역사적 관점

1950년대와 1990년대 드라마의 역사가 '드라마drama'와 '씨어터theatre' 지지자들 사이의 구분에 관한 이야기라는 사실을 처음 접하는 사람들은 당혹스러울 수 있다. 영국 이외 지역의 교사들에게는 훨씬 더 혼란스러울 것이다. 왜냐하면 대부분 다른 국가에서는 분열이 존재하더라도 그것이 우세하거나 독단적이지 않기 때문이다. 따라서 드라마를 쓰는 작가들은 이러한 역사를 남겨두고 주제에 대한 포괄적인 접근을 포용하는 새로운 시대의 합의를 이끌어내고 싶어한다. 이것이 의미하는 바는 드라마 교실에서 자발적인 즉흥극부터 공연을 하는 것, 드라마 게임부터 독백 활동을 하는 것, 타블로를 만드는 것부터 연극 극단의 공연을 보는 것까지 모든 종류의 활동을 포함한다는 것이다. 현대의 절충적인 접근에도 불구하고, 이 분야의 최근 역사를 이해하는 것은 현재 드라마 실천에 관한 통찰력과 드라마 '질'의 개념을 제공할 수 있기 때문에 중요하다.

20세기 중반 이래로 드라마 가르치기의 발전은 <그림 1.1>에 요약되어 있다. 얼핏 보면 이 그림은 '드라마'와 '씨어터'의 분리에 초점을 맞춘 오랜 논쟁이 있었다는 것을 보여주고, 여전히 이것은 우리가 시작한 곳과 동일한 지점에서 '드라마', '씨어터'에 관한 논쟁을 보여준다. 그러나 세밀한 이 연구는 그 사이의 세월동안 일어난 논쟁의 결과로 '드라마'와 '씨어터'에 대한 결정적인 차이를 인식하고 있다. 이것은 다음 그림에서 '드라마 1' 및 '씨어터 1'에서 '드라마 2' 및 '씨어터 2'로 이동하는 것으로 표시된다.

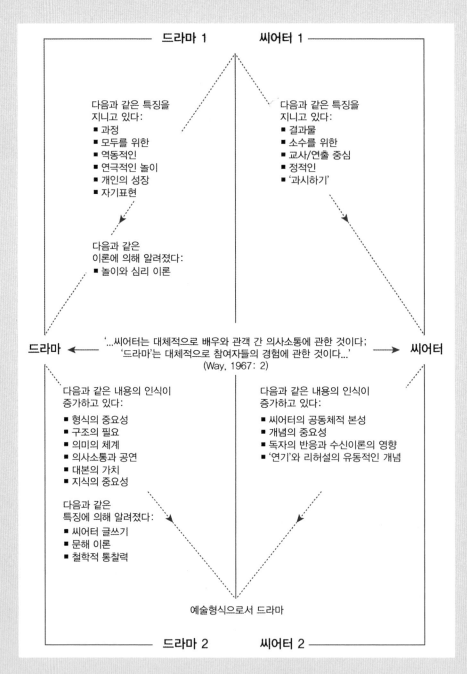

드라마 1　　씨어터 1

다음과 같은 특징을
지니고 있다:
- 과정
- 모두를 위한
- 역동적인
- 연극적인 놀이
- 개인의 성장
- 자기표현

다음과 같은
이론에 의해 알려졌다:
- 놀이와 심리 이론

다음과 같은 특징을
지니고 있다:
- 결과물
- 소수를 위한
- 교사/연출 중심
- 정적인
- '과시하기'

드라마 ←　'...씨어터는 대체적으로 배우와 관객 간 의사소통에 관한 것이다;
'드라마'는 대체적으로 참여자들의 경험에 관한 것이다...'
(Way, 1967: 2)　→ 씨어터

다음과 같은 내용의 인식이
증가하고 있다:
- 형식의 중요성
- 구조의 필요
- 의미의 체계
- 의사소통과 공연
- 대본의 가치
- 지식의 중요성

다음과 같은
특징에 의해 알려졌다:
- 씨어터 글쓰기
- 문해 이론
- 철학적 통찰력

다음과 같은 내용의 인식이
증가하고 있다:
- 씨어터의 공동체적 본성
- 개념의 중요성
- 독자의 반응과 수신이론의 영향
- '연기'와 리허설의 유동적인 개념

예술형식으로서 드라마

드라마 2　　씨어터 2

그림 1.1 드라마 가르치기의 역사

드라마와 씨어터의 차이에 대해 아주 널리 인용된 표현은 웨이^{Way, 1967}에 의해 만들어졌다: '씨어터'는 주로 배우와 관객 간 소통에 관심이 있다. '드라마'는 관객과의 소통에 관계없이 참가자의 경험이 중요시된다. 현대의 드라마 교사들에게는 씨어터의 이러한 거부가 이해될 수 없고 극단적인 것처럼 들릴 수 있다. 그러나 이것은 <그림 1.1>의 오른쪽 상단, 씨어터 1은 청소년들과 함께 하는 연극 연습이라는 특별한 접근 방법이라는 것을 깨닫는 것이 중요하다. 이것은 청소년들이 그들의 생각을 표현하기보다는 다른 사람들의 인물과 말로 행동하는 연극이라는 개념이다. 교사/연출은 학생들에게 수행하는 방법을 알려주는 권위를 갖고 있으며, 학생들이 무엇을 하고 있는지 인식하고 있지는 않는다. 최악의 경우, 거만한젠체하는 어린이 스타를 위한 개발 방법이 필요했다.

1960년대 초반에는 어린이 중심의 드라마 접근 수업은 매우 간단했다. 교사는 학급을 그룹으로 나누고 연극play을 특정 주제로 나누게 하고 다시 앉아 이야기했다. 이러한 접근 방식에는 진보적인 패러다임의 모든 요소가 있다. 즉, 자기 표현, 창의력 및 교사의 최소한의 개입 등이 그것이다. 실제로 종종 혼란을 일으키지만, 이것은 전통적인 교과목에서 종종 발견되지 않는 재미, 참여, 집중력 및 상상력을 실제로 학생들이 경험할 수 있음을 보장한다. '드라마'는 사실 '노는 것'이기 때문에 어린이 놀이의 가치를 다루는 다양한 심리학 도서의 급성장을 이끌어냈다. 일부 드라마 순수주의자들은 수업의 실천 활동이 연극, 공연의 단계로 가는 것을 멀게 보았을지라도, 수업이 끝날 때 학생들은 서로에게 자신의 작품을 보여줄 수 있다. 흥미롭게도, 슬레이드^{Slade}나 웨이^{Way}는 이것을 '집단에 참여시키고 놀이를 해라'라는 방식을 사용하지 않는다. 우리는 헤스코트(Heathcote)와 볼튼(Bolton)의 후속 작업이 실제 이를 어떻게 왜곡하였는지 확인할 것이다. 전형적인 슬레이드 수업은 '여러분들은 일어나서 스트레칭을 합니다. … 귀 뒤를 문지르는 것을 잊지 마세요'라는 교사의 말을 학생들이 그대로 행하게 된다. 웨이는 그의 워크숍에서 많은 드라마 활동을 사용했다. 둘 다 매우 강력한 연극 전문가였으며, 둘 다 어린이 연극을 창작하는 데 크게 기여했다. 그들은 자신들의 전문지식을 아이들과의 작업으로 녹여낼 수 있었다. 그들이 반대한 것은 아이들을 위해 수업을 구상할 때 연극의 타당성이었다.

볼튼과 헤스코트, 그리고 그 이후 오툴, 오닐^{O'Neill}, 닐랜즈^{Needlands}와 같은 실천가들의 영향 아래 왼쪽 하단, 드라마 2에 언급된 드라마 개념에 대한 변화가 있었다. 그러나 그 변화는 점진적이었고, 변화의 초기에는 비난에 취약했다.

1970년대 볼튼과 헤스코트의 작업은 내용에 더 많은 관심을 기울였고, 학생들 경험의 질과 드라마 질을 높이고 학습 영역을 정의하는 데 있어 교사의 역할을 다뤘다는 점에서 드라마 가르치기에 혁명을 가져왔다. 위에서 설명한 것처럼 1950년대 또는 1960년대 초 해변 방문을 주제로 한 수업은 '어느 날 아침 일찍 일어나 화장실에 가 씻으세요'라는 교사의 말에 학생들이 연기하는 것이다. 또는 가상의 차로 가, 해변으로 운전하고, 바다에 뛰어드는 것에 의해 그들 자신의 연극적 놀이에 참여하는 것이다. 그러나 헤스코트/볼튼의 접근 방식은 수업의 깊이를 더하고 학생들의 사고와 문제 해결 기술을 추구한다: 예를 들어, 교사로 인해 해변으로 여행가는 드라마는 여행을 가는 가족의 기대감이 표현되고, 부모의 권위를 행사하는 드라마로 표현될지 모른다. 따라서 감정과 표현에 더 몰두해 있던 드라마 작업이 드라마 내용에 대한 이해와 인식을 되찾게 되었다.

　　1970년대 초 전통을 계승하여 드라마를 가르치기 위한 한 가지 특별한 접근 방식이 있다. 이것은 학생들에게 어떠한 연극을 하고 싶은지 물어봄으로써 수업이 시작되는데 이런 질문을 통해 전체의 자발적인 즉흥극을 통해 의미 있는 드라마를 만들고, 드라마가 발전됨에 따라 질문을 던지고 문제를 제기하는 것이다. 돌이켜보면, 드라마 가르치기 방식이 극도로 까다로운 것을 발견할 수 있다. 그러나 다방면에서 교육적 사고에 있어 보다 현대적인 발전을 해왔다. '학생의 목소리'와 그들의 협상을 매우 진지하게 받아들였고[Ruddock and Flutter, 2004; Robinson, 2016], 그것은 대화법의 좋은 예가 되었으며[Alexander, 2008; Jones and Hammond, 2016], 사고력과 비판적 사고력의 교수법을 구체화하였다[Moseley et al, 2005]. 이러한 접근 방식이 혁신적인 드라마 교사들 사이에서 널리 채택된 이유 중 하나는 도로시 헤스코트의 작품, **세 개의 베틀이 기다리고 있다**Three Looms Waiting,[3])에 대한 BBC다큐멘터리 필름의 강력한 영향 때문이었다.

　　이 영화 프로젝트 중 하나인 '소년원approved school'에서 헤스코트는 청소년 그룹을 가르쳤다. 그들은 감옥 탈출을 주제로 선택했으며, 열쇠가 숨겨진 곳을 보여줌으로써 정보원이 다른 수감자를 배반할 때의 긴장감이 최고조에 달하는 강력한 드라마를 만들었다. 그 당시 이 장면은 교실 드라마classroom drama의 훌륭한 예라고 예고되었다. 모든 교사가 성취해야 할 깊이 있는 느낌과 강력한 감정을 보여줄 것으로 사료되었다. 그 순간이나 전체로서의 수업은 **구성된 예술품**constructed art으로

---

3) 역자 설명: 1971년 발행, 현재 유튜브에서 찾아볼 수 있음

서 거의 관심이 없었다.

영화가 처음 나왔을 때, 수업은 순전히 자발적이고 즉흥적인 '살아있는' 드라마의 한 부분으로 광범위하게 해석되었다. 즉, 교사가 감옥 경비원으로 역할을 하거나 정보원이 무너져 울 때, 드라마는 영화 화면에서 보듯 정확하게 펼쳐진다. 그러나 그 장면의 순서는 영화보다 더 계획되어 있다.

예를 들어, 정보원이 무너져 울 때 이것은 감정이 자발적으로 자연스럽게 표현되는 놀라운 순간이 될 수 있다. (일부는 헤스코트의 작품을 가장 잘 요약한 것으로 생각할 수 있음.) 그러나 이 순간은 정보원의 성향이 우는 것이 적합한지 아닌지에 관해 그 전에 헤스코트와 학생들에게 질문을 했던 배우(정보원의 역할)와 감독 간의 의견이 억지로 짜맞춰진 것이었다. 마찬가지로 경비원이 갑자기 도착했을 때 열쇠가 잘 숨겨진 것은 카메라가 기술적으로 '진짜로 만들어' 놓았기 때문이다(Bolton, 1998: 221).

헤스코트가 경비원으로서 처음으로 학생을 대면했을 때, 그녀는 총에 맞았다. 이것은 영화에 나타나지는 않았다. 대신에 그들은 긴장된 극적인 순간에 그녀와 상호작용을 한다. 헤스코트 자신은 이 수업에 대한 어떠한 주장도 하지 않았으며 그것을 잘못 전하고자 하지도 않았다. 그러나 상황에 맞는 정보는 우리가 작업을 재해석하는 데 도움이 된다. 드라마로 살아가기living through drama, 체험을 통해 발전시키는 것으로 유명한 이 영화는 효과적인 연극으로 간주될 수 있다. 하나는 더 나아가 매우 효과적인 연극의 리허설로 간주할 수 있다. 일부 비평가들은 이 작업과 관련하여 '리허설'이라는 용어의 사용을 반대할지 모른다. 그 이유는 리허설이라는 단어가 씨어터 1의 전통적인 모델을 기반으로 하는 잘못된 종류의 이미지를 연상케 하기 때문이다. 우리는 이 작업과 관련하여 '리허설'이라는 단어를 쉽게 사용할 수 있으며, 헤스코트가 씨어터 2에 더 적합한 정교한 리허설 형식을 개척했음을 암시할 수 있다.

DIE 초창기 이상적인 형태의 드라마가 '살아보기living through' 즉흥극 방식으로 간주되었을 때, 구분이 되는 중심 요인은 종종 관객의 존재 유무였다. 진실된 감정이 달성될 수 있는 것은 관객이 존재하지 않기 때문이라는 논쟁이 있었다; 관객의 존재는 비현실적인 연기로 이어졌다. 그러나 아이러니하게도 1970년대 순수주의 경험 드라마 접근에서 주제는 그것을 흡수하는 교사의 시범 수업에 의해 공표되었고, 사실상 그 작품의 관객을 형성했다. '관객'의 존재뿐만 아니라, 캠코더가 등장하기 전인 그 당시에는 카메라 때문에 세 개의 베틀이 기다리고 있다Three Looms Waiting를 관찰하는 것은 흥미로웠다. 중요한 점은 관객의 물리적인 존재는 작업의 질을 떨어뜨리지 않는다는 것이다.

DIE 실천가들은 전체 학생의 자발적인 즉흥극에 대한 집중이 매우 짧아 매주마다 드라마를 지속하기 어려웠고, 좌측 하단, 드라마 2에 구체화된 드라마 실천에 대해 훨씬 더 광범위한 접근을 제시했다. 6장에서 논의될 타블로, 역할 내 질문하기 및 그룹 작업의 다양한 방식과 같이 다양한 드라마 기법을 통해 교사는 스스로 생각할 필요도 없이 교실 작업에 더 많은 구조와 형식을 가져올 수 있었다. 드라마 실천은 연극 극작과 기호학에 더 관심을 쏟기 시작했다. 교실에서 대본을 사용하는 것의 가치는 한때 알려졌지만 그 의미를 만들어 가는 데 있어 리더reader/수행자performer의 적극적인 참여를 강조한 이론들에 의해 더 잘 알려졌다. 보다 경험적이고 즉흥적인 접근 방식은 '과정 드라마Process Drama'라는 특정한 장르를 발생시켰는데, 이것은 워크숍 리더나 교사가 다양한 드라마 기법O'Neill, 1995을 사용하여 가상 맥락의 창작을 통해 그룹을 이끄는 것이다.

연극에 대한 교사 인식의 변화는 우측 하단, 씨어터 2를 보면 된다. 닐랜즈는 변화하는 연극 개념의 이해가 학교에서 드라마 가르치기를 조명하는 데 있어 중요하다는 사실을 강조하는 인물 중 하나였다. 앞에서 지적했듯이, <그림 1.1>의 씨어터 1에서 감독의 권위주의, 무의미한 배우 및 의상, 조명 등의 극장 기술을 사용하는 극단적이고 피상적인 연극의 관행을 부정하였다. '리허설'과 '연기' 같은 용어는 드라마 교사의 용어 목록에서 사라졌다. 국어가 아닌 연극 학위과정의 사람들은 종종 배운 것을 많이 버려야 하고 새로운 어휘와 새로운 사고 방식을 습득해야 했다. 그러나 <그림 1.1>의 씨어터 2 개념은 씨어터 1보다 풍부하다. 이 주제는 7, 8, 9장에서 더 자세하게 다루겠지만, 세 개의 배틀이 기다리고 있다Three Looms Waiting 필름에 등장하는 프로젝트에서 보았다시피 '연기'와 '리허설'에 대한 보다 유동적인 개념을 지니고 있다. 연극 활동은 공동체적인, 앙상블적인 성격 또한 강조한다. 최근 'applied theatre' 개념은 전통적인 연극 맥락이 아닌 곳에서 수행되는 활동적인 드라마 프로젝트를 언급하는데 점점 더 많이 사용되며, 드라마 2와 씨어터 2 사이의 시너지를 강조한다. 능동적인 경험을 통한 내용 및 학습에 대한 이해는 교육 현장에서 전통적인 DIE와 마찬가지로 공연 혹은 대본 작업에 적합하다.

'고안'이라는 용어는 '드라마'와 '연극'의 긴밀한 연관성을 의미한다. '대본'이 미리 결정되지는 않았지만 참가자의 즉석 작업에서 나왔을 때 사용된다. GCSE[4]의 영국 드라마 교사에게는 친숙한 용어이며, 현재 핵심 드라마 기술 중 하나[DfE, 2015]로 포함되어 있다. 그 작업은 종종 시, 물체, 혹은 신문 헤드라인 등 초기 자극으로부터 나오며, 예비 반응 및 계획을 수립하고 특정 장르와 세팅을 수립한다[Robinson, 2015].

<그림 1.1>은 또한 드라마 실천을 뒷받침하는 이론적 아이디어의 변화 방식을 보여준다. 드라마와 연극의 개념이 엇갈린 시점에서 드라마를 쓰는 작가들은 연극보다는 아동의 놀이와 심리학에 관한 이론적 글을 쓰는 경향이 있었다. 그것은 창의적인 자기 표현을 통한 개인의 성장을 강조하였다. 그러나 <그림 1.1>의 드라마 2에서 변화된 개념은 교실의 모든 드라마가 연극 실천가의 저술과 예술로서 드라마의 본질인 통찰력을 끌어낼 수 있음을 의미한다. 드라마 2에서 이제는 드라마를 통해 가르치는 것과는 대조적으로 '드라마를 가르치는 것'이 환원주의적이고 권위주의적인 것을 포함하지 않는다는 것에 대해 이야기하는 것이 더 의미가 있다. 그러나 그것은 일부 실수가 있었음에도 불구하고 우리로 하여금 귀중한 교훈을 배울 수 있게 하고, 드라마 1의 발전을 통해 진보하는 데 도움이 된다. 진보적인 접근법의 개척자들은 경험주의, 감정, 진정한 주인의식을 가지고 참여하는 것의 중요성을 인식하면서 기능론적 및 기계론적 접근을 거부했다. 당시 강경했던 DIE에 대한 비판에서 알 수 없었던 이러한 교훈은 현대에서도 절대 없어지지 않아야 한다.

다음 장에서 더 자세히 살펴볼 DIE에 대한 보다 균형 잡힌 접근 방식의 특징을 요약하였다.

- 성공적인 드라마는 공식적이고 기계론적인 방식으로 가르칠 수 없다는 것을 인정한다; 창의적인 에너지를 발휘하고 위험을 감수해야 한다. 이것은 드라마 1에 구현된 진보적인 접근법이며, 기억해야 할 교훈이다.
- 그것은 드라마를 별도의 주제와 다른 교육과정을 만드는 데 가치있는 교육 방법으로 인식한다. 드라마와 다른 과목 교사 간의 협력을 위한 기회가 주어져야 한다.
- 그것은 드라마의 교육과 드라마에 관한 교육이 드라마 이해를 발전시켜 나가는 것과 양립할

---

4) 역자 설명: General Certificate of Secondary Education, 영국에서 실시하는 중등자격시험

수 없다는 것을 인식한다.

* 그것은 별도의 교육과정으로서 드라마의 독특한 요소가 수반하는 것을 수립하고자 한다. 여기에는 대본을 만드는 작업, 공식적인 결과물의 가치, 드라마에 반응할 수 있는 능력에 중점을 두는 것을 포함한다.
* 그것은 드라마에서 특히 강조를 두는 것이 특정 연령대에 적절할 수 있다는 사실을 인정한다.
* 공연을 모든 드라마의 중심으로 간주하지만 드라마가 항상 공식적인 결과물로 이어지지는 않는다는 것을 안다.
* 그것은 학생들이 드라마 워크숍과 반대로 공식적인 결과물에 참여할 때 강조해야 하는 점이 다르다는 것을 인식한다.
* 그것은 드라마 참가자에게 공식적인 결과물에 조급하게 관여하도록 하는 것은 피상적인 작업으로 유도하는 위험이 있음을 인지한다.
* 그것은 오로지 작품의 표면적 측면에 기반하지 않는 드라마의 성취도 평가에 있어 중요한 기준임을 인식한다.
* 그것은 서로 다른 전통에서 가져온 요소들을 통합하고자 한다.

드라마의 특징

'드라마'라는 용어를 모두 사용하는 것을 포함하는 간단한 정의를 찾는 것은 어렵다. 그 이유는 언어는 그것이 겹치는 경계에서 유동적으로 작동하기 때문이다. 아마도 여러분에게 좀 더 도움이 되는 것은 '드라마'라는 용어가 사용되는 여러 가지 방식을 이해하고, 용어의 한 사용에서 다른 사용으로 이동할 때 쉽게 발생할 수 있는 개념적 혼란에 대비할 수 있게 되는 것이다. '드라마'가 단순히 교과목으로 사용될 때 웜업 활동, 즉흥극, 연극 관람, 게임 및 다른 기타 활동과 같은 모든 종류의 활동을 포함할 수 있다. 따라서 진취적인 '드라마'는 지배적이지 않는 한 합리적으로 드라마라고 할 수 있는 수많은 활동을 포함하기 쉽다. 이 용어의 사용을 인식하는 것이 중요하다. 왜냐하면 '드라마가 아닙니다'라는 이유로 단순히 특정 수업과 수업의 일부분에 대한 비난을 막을 수 있기 때문이다. 웜업 활동과 게임, 대본－읽기와 리허설, 그리고 수업 혹은 드라마 프로그램 일부를 구성하는 극작은 상황에 따라 판단되어야 한다.

편협한 정의를 제시하는 대신, 주제를 가르치는 방법을 알릴 수 있는 예술 형식으로서 다음과 같은 드라마 특성 중 일부로 식별하는 것이 더 도움이 된다. 이것들은 요약으로 제시되며 이후 챕터에서 더 설명될 것이다.

- 드라마는 현실이 아니다. 이 말은 그 자체로 명백해 보이므로 설명이 필요하다. 드라마의 목적 중 하나는 '자연을 비추는 거울'이며, 그것의 역사를 통한 예술 형식의 매력 중 하나는 실제 삶을 묘사하는 것처럼 보인다는 것이다. 그러나 학생들 그리고 막 입문한 교사들에게는 때로는 드라마의 질이 얼마나 현실을 대표하는지에 달려있다고 생각할 수 있다. 학생들의 드라마 교육 일부는 행동을 늦추고 상황을 보다 정교한 방식으로 탐구하는 비-자연주의 기술을 사용하는 법을 배우는 것이다. 관객이나 참가자로서 드라마의 매력은 감정을 자극하고, 종종 큰 강도의 감정으로 참여한다는 것이다. 그러나 허구의 맥락이 핵심이다. 교사가 학생들이 진정으로 어떠한 곤경에 빠졌다고 생각하도록 속여 드라마 수업을 시작한다면 이것은 드라마 또는 예술의 영역에 있는 것이 아니다. 수업을 시작하는 것은 활기찬 방식일 수 있으며 학생들은 이것이 사기라는 것을 알게 되면 안도감을 느낄지 모른다. 그러나 모든 참가자가 불신을 멈추는 데 동의하는 경우에만 드라마로 간주된다. 마찬가지로, 연극을 볼 때 관객은 높은 수준의 감정에 참여하지만, 가상의 맥락 내에서 참여할 수 있다.
- 드라마는 그 깊이를 탐색하기 위해 간소화가 된다. 구성이나 초점을 통해 드라마는 평범한 삶의 경험을 혼란스럽게 하는 것과 관계없는 것들을 '없앤다'. 실제로 참가자들은 드라마의 간소함 때문에 복잡성을 탐색할 수 있는 '닫혀진 문화' 또는 '삶의 형태'를 만든다. 드라마 내에서 그들에게 주어진 것 이외의 다른 것은 없다. 우리 일상 생활에서 언어 사용은 '포화 상태'이다; 그것은 언어가 포함되어 있는 삶의 형태로부터 파생된 공명과 미묘함으로 가득 차 있다. 극적 표현에서 인간의 동기와 의도는 보다 단순하고 명백해질 수 있다. 표면적으로 극적 표현은 특히 자연주의적 관습을 사용하는 경우 현실을 재현하는 것으로 보인다; 그러나 드라마에 등장하는 인물들은 창조된 세계보다 더 좁은 제한된 허구의 세계를 차지한다.
- 드라마는 외부에서 운영된다. 드라마는 인물의 생각에 직접 접근할 수 없으므로 소설 장르와 다르다. 독백의 사용은 예외이지만 그렇지 않으면 드라마가 인물의 내면 세계를 관통하기 때문에 내부 상태에 대한 설명보다는 외부 대화를 통해 운영된다. 언외의 이유와 숨겨진 의미에 초점을 맞춤으로써 그 깊이가 드라마에 주입될 수 있기 때문에 중요하지만, 그 깊이는 말과 행동으로 전달된다. 또한 드라마가 하나의 장르로서 작동하는 방식과 반대로 진행되기 때문에 인물의 생각이 말로 드러날 때 생각-추적하기의 기술을 과용하지 않는 것이 중요하다.

◆ 드라마의 참여는 진지하지만 책임은 없다. 드라마에 참여한 학생들은 자신의 행동의 결과에 직면해야 하지만 가상의 상황은 그들이 한 일에 대한 책임을 지지 않는다. 이것은 드라마와 놀이를 구분 짓는 많은 요소 중 하나이다. 학생들이 게임 도중 놀이터에서 '총을 쐈다'면, 그들은 뛰어 다니며 놀 수 있다. 드라마에서는 비록 어느 누구도 실제 총에 맞지 않더라도 그 결과에 직면해야 한다.

◆ 드라마는 사람들로 하여금 관찰자뿐만 아니라 참가자가 될 수 있도록 한다. 전통적으로 드라마에서 역할은 배우로 참여하는 사람들과 관객으로 관찰하는 사람들로 구분된다. 그러나 드라마의 교육적 가치는 부분적으로는 드라마에 적극적으로 참여하면서 동시에 자신의 행동을 계속 검토할 수 있다는 사실에 기인한다. 중심을 벗어나는 과정이 중요하다. 따라서 다른 사람들의 드라마에 반응하고 드라마에 적극적으로 참여하는 것의 차이는 한때 생각했던 것만큼 크지 않다.

◆ 드라마는 익숙한 사람들에게 고정되어 있지만 입문자에게는 열려 있다. 참가자는 가상의 맥락을 그들 실제 경험으로 가지고 온다. 드라마에 참여할 때 학생들은 사회적 관습과 행동에 대한 지식을 쌓는다. 그러나 극적인 플롯을 만들고 극적인 공연을 실제로 이해하려는 것은 그들로 하여금 드라마의 상징적 행동에 담긴 새로운 의미의 창작으로 이끈다.

▌ 피리 부는 사나이(The Pied Piper)

지금까지 이 장에서는 드라마의 목적, 드라마의 역사를 통한 주제로의 다양한 접근 방식, 그리고 예술 형식으로서 드라마의 특성과 관련된 이슈들을 소개했다. 이러한 주제는 다른 장에서 다시 나타나지만, 제기된 몇 가지 문제에 대해 구체적인 예와 함께 자세한 통찰력을 제공하고자 한다.

피리 부는 사나이는 9−12세의 아동에게 보편적인 드라마이다. 시로 시작하는 대비되는 프로젝트 A와 B인 드라마 접근방식을 설명하기 전에, 그것을 기반으로 하는 간략한 이야기를 하는 것이 도움이 될 것 같다. 도시의 쥐 때문에 괴로운 마을 사람들은 시장에게 불평을 한다. 피리 부는 사나이는 그의 피리로 연주를 해 마을의 쥐를 없애게 되면 돈을 달라고 했다. 약속된 지불금을 거절당하자, 그는 음악으로 마을의 아이들을 매료시켜 복수한다. 아이들은 모두 그를 따라 산 중턱까지 가지만 그를 뒤따라 갈 수 없는 한 절름발이 소년이 남겨졌다.

프로젝트 A의 이야기는 현대적 맥락으로 설정되었으며 많은 사회적·도덕적 문제에 초점을 맞추기 위해 사용되었다. 학생들은 다양한 역할을 채택해 다양한 시나리오를 즉흥적으로 만들었다: 거주자들은 쥐의 침입에 대해 의회에 불평했다; 피리 부는 사나이가 그의 정당한 지불을 요구하기 위하여 시장을 직면하는 장면을 둘씩 짝지어 연기했다; 그들은 빚 지불에 대하여 논쟁하는 다른 당의 의회 회의를 했다; 그들은 자식을 잃은 가족의 역할도 했다. 드라마 과정에서 교사는 내부로부터 드라마를 인도하면서 역할을 채택했다. 드라마 내부 혹은 드라마 외부의 토의에서 사람들은 무반응의 관료주의에 직면했을 때의 어려움, 도덕적 결정을 내릴 때 사람들이 자기기만에 빠지는 경향이 있다는 점, 마을이 어떠한 주요 재앙에 영향을 받는 방식을 고려했다. 출발점이 '피리 부는 사나이'라는 사실은 어떤 면에서는 관련이 없다; 이것은 수업 교과목의 주제로 접근하기에 편리하다.

프로젝트 B 이야기는 시를 기반으로 한 연극이며, 여기에는 가면, 의상, 조명 및 움직임이 포함되었다. 여기서 학생들은 다른 역할을 채택하지 않았지만 프로젝트 전반에 걸쳐 지속되는 연극의 한 '부분'이 가지고 있는 것에 대해 이야기한다. 이야기의 연기는 음성 프로젝션voice projection, 톤, 무대 디자인 및 제작의 다양한 지점에서 인물의 적절한 위치와 이동과 같은 문제에 주의를 기울여 신중하게 리허설한다. 교사는 연출의 역할을 맡았지만 학생을 이야기의 무대화에 참여시킨다. 궁극적으로 그 연극은 초청된 부모의 소수 관객을 위해 수행될 것이며 최종 결과물은 인상적일 것이다.

두 번째 예는 <그림 1.1>의 씨어터 1의 개념에 가깝지만, 부정적인 의미가 없는, 아주 전통적이고 형식적인 연극을 구현한 것으로 보인다. 두 프로젝트 모두 각각의 관점에서 보면 성공한 것으로 나타낼 수 있다. 이것은 다른 사람들은 동의하지 않는 성공적이지 않은 방식이지만, 자신이 선호하는 접근 방식에서는 성공적이라고 생각하는 인간의 본성인 것이다. 그러나 그 결과는 이론화에 관해서는 왜곡일 수 있다. 보다 일반적인 논점에 대해 열린 마음을 가지고, 각 프로젝트의 드라마에서 매우 성공적이지 않은 시도가 어떻게 보일지 생각해 보는 것이 도움이 될 수 있다.

프로젝트 A는 꽤 급속도로 혼돈에 빠지게 된다. 아이디어가 나온 과정에서 일어난 주민과 시장 간의 활발한 교류 대신, 아이들은 가상의 쥐에 대해 비명을 지르고 그것을 짓밟기 시작했다. 다른 학생들은 쥐가 되고 싶어 했고, 쥐와 비슷한 얼굴로 그들의 얼굴을 나타내기 시작했다. 그 그룹의 뒷편에서는 쥐와 주민이 싸우기 시작한다. 쥐는 화려한 공수 움직임을 선보인다. 교사가 아이들을 잃은 도시를 대표할 때, 다른 그룹들은 그 사실을 축하하는 파티를 갖는 것이 즐겁고 샴페인 코르크를 가져와서 술을 마시는 것이 굉장히 재미있다고 생각한다. 나중에 동료에게 이 수업을 설명할 때, 교사는 일부 주민들이 '실제로 어떻게 참여했는지', 그리고 수업은 '그들의 드라마를 아주 즐기는 것처럼 보였다'고 설명한다. 이후, 교사는 드라마 수업에 대해 성찰하면서 수업의 중심주제 중 하나가 자기기만으로 의도되었다는 아이러니에 대해 생각할 것이다.

물론 프로젝트 B도 마찬가지로 부정적인 설명을 할 수 있다. 이곳의 일은 재앙은 아니었지만 무미건조하고 영감을 받지 못했다. 학생들은 약간 당황하며 여러 번 대사를 했다. 연극에서 밀고 나가는 인물은 중앙에 있고 쥐들은 별이 연습할 때까지 기다리면서 아무것도 하지 않고 시간을 보냈다. 참가자의 목소리는 들렸지만 교사가 만족할 때까지 반복적으로 시도하여 작업 내용에는 거의 관심을 두지 않는다. 대부분의 학생들은 그들이 선호하는, 연극이 진행되는 동안 짝다리로 서 있고, 무대에서 관객에게 인사를 할 때, 다행히 관객인 그들의 부모는 눈물을 흘린다. 이러한 경우 관객은 작품의 질이나 프로젝트의 가치를 보지 않는다.

이 재앙 같은 두 프로젝트에 대한 설명은, 비록 패러디이긴 하지만, 드라마 관련 도서에서 보편적으로 특히 이론적인 용어로 또는 활동이 이상적이라는 설명으로 표현이 되어 왔으며, 이 두 상반된 주장은 실용주의에 의해 균형을 이뤄야 한다는 것을 상기시켜준다. 서로 다른 접근방식은 성공의 정도가 다를 수 있으며, 특정 드라마 방식과 관계없이 무엇이 성공으로 간주되는지 결정하는 데 있어 드라마 관련 도서들은 충분한 관심을 가지지 않았다; 많은 작가들은 작품의 질이 주제에 대한 하나 혹은 다른 접근방식과 관련 있다고 가정한다. 흥미롭게도, 두 프로젝트에 무엇이 잘못되었는지 비슷하게 진단할 수 있다: 허구에 대한 믿음의 부족, 드라마 형식에 대한 실질적인 감각, 드라마 운영에 대한 이해 부족.

언뜻 보기에 프로젝트 A와 B는 이전에 웨이가 언급했던 드라마와 씨어터 구분에 각각 해당하는 것으로 보인다. 그러나 각 프로젝트의 세부 사항을 면밀히 검토하면 다소 단순한 그림이 드러난다. 프로젝트 A에서는 학생들이 서로의 작품을 여러 번 관찰하여 관객으로 참여했을 수 있다. 두 번째 예에서는 프로젝트가 공연으로 끝나긴 했지만 초기 워크숍과 리허설은 관객 없이 드라마 작업에 참여할 수 있다. 드라마의 작가들은 웨이가 정의한 '드라마'와 '씨어터'의 구분이 명확하지 않아서 각기 차이가 있는 다른 용어인 '보여주기', '발표하기', '제작하기' 및 '공연하기'와 같은 용어를 사용하는 경향이 있음을 종종 인식했다. 학생들은 반드시 무대에서 공연할 필요는 없지만 드라마 스튜디오에서 불가피하게 서로의 작품을 공유하게 된다. 단편적인 드라마 활동과는 대조적으로 복잡한 드라마 프로젝트에는 발표와 공연의 요소가 포함될 수 있다. 더욱 더 형식적인 제작과는 달리 '공연'이 모든 드라마의 중심에 있다고 주장할 수 있다.

따라서 엄격한 범주를 사용하는 것보다 드라마의 다양한 방향에 대해 이야기하는 것이 더 적절하다. 작업의 완전한 공유가 없을 때조차도, 참가자들은 서로의 관객이 됨으로써 드라마에 적극적으로 참여한다. 참가자들이 잠깐 동안 드라마에 대한 적극적인 참여를 멈추게 되면 그들은 행동의 관찰자가 되지만, 모든 참가자들이 동시에 관객과 행위자라는 점에서 지속적인 드라마의 성찰적 요소가 된다. 따라서, 주로 결과물을 향하는 작업이 아니더라도 그 안에는 3개의 숨겨진 관객 요소가 있다: 그룹이 서로의 작품을 관찰하기 위해 멈추었을 때, 참가자가 순간적으로 '배우'에서 '관객'으로 바뀔 때, 그리고 마지막으로 모든 참가자가 그들 작업에 대해 동시에 관찰자 또는 '통찰력 있게 지각을 하는 사람'이 되는 것이 드라마의 본질이라는 것을 인식할 때. 참가자가 공연을 하는 정도는 작업의 유형에 따라 다르다. 아무도 관찰하지 않는 워크숍에서 자발적으로 둘씩 짝을 지어 하는 것과 무대 위에서 공연하는 것 간에는 분명히 차이가 있다. 그러나, 둘씩 짝을 지어 행하는 것에서조차 심지어 참가자는 수시로 그 작업이 외부인에게 어떻게 보일지 그 작업의 의미를 창조하고 있다.

드라마 활동의 통합적인 요소가 보다 분명하게 드러나는 피리 부는 사나이의 또 다른 예를 고려해 볼 필요가 있다.

◆ 시를 읽은 후, 교사는 시를 요약할 수 있는 5개 장면 또는 책에 있는 5개의 그림을 얘기하도록 한다. 그런 다음 각 그룹은 장면 하나를 선택하고 그 그림을 표현하기 위해 정지 이미지 (frozen images) 혹은 타블로를 만든다. 이 기법은 6장에서 보다 자세하게 설명할 것이다. 첫 번째 활동은 우선 순위를 판단하여 이야기의 중요한 순간을 선택하는 것이다; 학생들은 서사와 극적 형식이 어떻게 다른지 암묵적으로 고려하기 시작한다. 타블로를 만들면서 그들은 의미 창출을 위한 공간과 기호의 사용에 대해 배우고 있다.

- 둘씩 짝을 지어, 학생들은 쥐를 싫어하는 두 이웃의 역할을 하는데, 쥐를 싫어한다는 것을 인정하는 그 자체를 서로 부끄러워한다. 이는 점차적으로 그들의 대화를 통해 나타난다. 이 활동을 통해 학생들은 사회적 맥락에서 외형적인 것을 중요시하는 인간의 특성을 인식하고 있다. 또한 그들은 극적인 대화가 전개되는 방식에서 그들이 전달하는 말 이면의 중요성도 포함된다는 것을 배우고 있다.
- 도시의 시민의 역할을 맡고 있는 학급은 시장에게 쥐의 침입에 대해 뭔가를 하도록 요구한다. 시장 역할을 맡은 교사는 그들의 사유물을 돌보지 않는다고 비난한다. 교사는 그들의 결단력을 테스트하고 학생들은 자신의 주장을 내세우기 위해 적절한 언어로 주장을 해야한다. 장면이 드라마로 운영되려면, 서로의 단서를 듣고, 작업이 진행됨에 따라 교사가 준극적 기호를 읽어야 한다. 즉, 그들은 극적 형식의 관습을 수용하고 작업하는 법을 배워야한다. 전체 학급이 즉흥극에 참여하는 것이 어려울 수 있지만, 학생들은 소수의 그룹을 관찰하고 장면이 전개되는 방식에 대해 의견을 말할 수 있다.
- 그런 다음 교사는 수업을 통해 사람들이 어떻게 약속을 깨고 자신들이 옳은 일을 하고 있다고 확신할 수 있는지 생각해 보도록 한다. 마을 사람들 중 일부는 약속을 지켜야 할 도덕적인 양심의 가책을 느끼겠지만, 짧은 만남으로 그들은 마음이 바뀐다. 이러한 순서는 즉흥적으로 하기 어려워서 교사는 그룹으로 나누어 자기-기만의 주제와 관련된 짧은 대사를 만들도록 한다:

'나는 그가 돈을 많이 지불하길 기대하고 있다고 생각하지 않는다.'
'처음에 그는 쥐를 거기에 넣었을지도 모른다.'
'아마도 피리 부는 사나이가 일하러 가는 시점에 쥐가 떠난 것은 우연일 것이다.'
'그는 그만큼 돈을 많이 줄 것으로 기대하지 않았다.'
'그는 그 금액의 일부만으로 만족할 것이다.'
'그는 마을의 중요한 프로젝트로 우리가 돈이 필요하다는 것을 이해할 것이다.'
그런 다음 학생들의 아이디어를 결합하여 대본이 만들어진다.

마을의 아이들이 피리 부는 사나이와 함께 떠난 지 몇 개월이 지났다. 그룹으로 나누어 자녀들이 없는 마을을 보여주도록 장면을 준비, 리허설하고 공연하도록 한다. 이것은 순전히 자연스럽게 하는 것이 아니라, 감정 없이 적절한 수준의 울림이 있는 상징적인 장면을 창조하도록 하는, 상당히 어려운 과제이다. 교사는 학생들이 아이디어를 만들고 개발하는 데 도움을 줘야 한다. 그들은 이 장면이 상당히 단순해야 한다는 것을 알아야 한다- 예를 들어, 상점에서는 과자를 더 이상 팔지 않고, 공원의 그네는 쓸모 없어지고, 가족은 사진 앨범을 살펴본다. 최근 이 마을에 대해 모르는 사람을 장면에 투입함으로써 극적인 아이디어를 배울 수도 있다. 그들에게 작업할 수 있는 명확한 공간이 주어지고 대사는 몇 줄로 제한된다. 그들은 시작과 결말에 대해 생각하고, 그룹의 작업 경험에 따라 의상, 소품과 조명, 빛을 사용하도록 한다. '피리 부는 사나이'의 무대화에 관해 좀 더 일반적인 질문이 나올 수 있다: 시에 다 있는 희극이나 불길한 톤을 강조하기 위해 연극 관습을 사용하여 어떻게 분위기를 바꿀 수 있을까?

표 1.1 '피리 부는 사나이'의 다른 접근

나이	주제 내용	드라마 초점
7+	약속 위반의 결과. 도덕적 행위의 판단: 누가 가장 잘 못을 했나? - 시장인가, 피리 부는 사나이인가?	마임과 간단한 역할 연기를 사용한 내레이션 활용. 인물을 전달하는 다양한 방식(의상, 행위, 톤).
11+	시민의 권리가 존중된다는 것을 어떻게 확신할 것인가? 마을 검시관들의 부패를 확인하기. 남겨진 아이들의 감정이 엇갈리는지 알아보기.	전체 그룹 즉흥극. 숨은 뜻으로 된 대본 만들기.
14+	정치적 결정에 대한 미디어의 영향력 조사. 자기-기만을 확인하기. 신화적 차원의 검사-학생들은 더 나은 세상으로 향했는가?	다른 극적인 구조와 시간 틀, 다른 극작가들에 의해 다루어질 이야기의 방식 조사.

연령대가 다르면 <표 1.1>에 나와 있는 것과 같이 그룹들은 동일한 출발점에서 서로 다른 주제별 콘텐츠 및 다양한 드라마 접근을 탐구할 수 있다.

또한 피리 부는 사나이 주제는 <표 1.2>에서 볼 수 있듯이 새로운 교사 그룹이 약 10분 만에 개발한 통합된 커리큘럼의 접근법을 제공한다. 이 목록은 수업 계획안을 나타내진 않지만 보다 자세한 계획을 세울 수 있는 몇 가지의 가능한 아이디어를 보여준다.

고학년 학생들의 수업에서는 어떻게 다른 극작가들이 그 스토리에 접근했는지 꽤 가벼운 방식으로 탐구될 수 있다. 모든 모방과 마찬가지로, 모방된 발췌본은 특정 스타일을 정확히 모방하진 않는다; 예를 들어, 피리 부는 사나이의 이야기는 그리스의 비극에 대한 적절한 주제는 될 수 없다.

표 1.2 피리 부는 사나이- 범교육과정 통합을 위한 아이디어

과목	가능한 행동	질문
지리	타락 경로 발견하기 시를 위한 맥락과 설정	쥐 습격의 원인은 무엇인가? 우리가 시에서 추론할 수 있는 지역은 어디인가?
역사	진짜 이야기에 관한 다른 이론 연구: 전염병과 연결지어; 정치적인 주제. 로버트 브로닝(Robert Browning) 연구	그 시의 단서는 무엇일까? 작가의 현재 시점에 관해 우리는 무엇을 알고 있는가? 이야기가 사실을 근간으로 하는가? 어떠한 추모식을 만들 수 있는가?
종교 교육	약속 유지하기 도덕적 결말	약속을 어기는 것이 괜찮은가? 피리 부는 사나이의 복수는 정당한가? 거짓말과 자기-기만에 차이가 있는가?
언어/문해	결말 쓰기. 현대 버전. 두운법. 30개의 주된 단어를 사용해 다시 시 쓰기. 구두점과 톤의 효과	현대도시에서 내레이션은 어떻게 재창조될까? 시에서 두운법의 효과는 무엇인가?
예술	무대 스케치. 이야기의 기존 삽화 보기.	삽화는 코믹스러운가 아니면 단조로운가? 삽화가 주는 인상을 바꾸려면 어떻게 바꿔야 할까?
시민	중요한 목소리 찾기. 또래 압력. 청결함.	그 시에서 그 마을의 고위 간부들이 부패했다는 단서는 무엇인가? 현대적 맥락의 유사한 상황에서 시민들은 어떻게 만족을 얻는가?

☐ 소포클레스

연극활동은 시장의 회의실에서 코러스로 활동하는 마을 사람들과 함께 진행된다. 연극은 아이들이 피리 부는 사나이에게 끌려간 날에 초점을 맞춘다. 이전 쥐와 관련된 사건들, 침입 및 이행되지 않은 약속은 각종 대화에서 나온다. 소식을 전하는 자가 아이들이 없어졌다는 소식을 들고 등장한다.

메신저: 들어라, 하멜린의 사람들아, 들어라

너는 보지 못했다,

그리고 보지 못할 것이다, 이것은 최악의 경우, 고통을 덜 것이다.

그러나 나는 그것을 보았고, 기억할 것이며, 내가 기억하는 것을 말할 것이다.

피리 부는 사람은 얼룩덜룩 한 옷을 입고

별로 장식이 된 직조로 짠 옷을 입고.
그는 파이프를 입술에 대고 부드럽게 불었다.
그리고 거기에 있는 아이들이 각각 문 밖으로 나왔다.
홍조를 띤 아이들
그들은 뛰어 다니며 활발한 발걸음으로 춤을 추었다.
나는 큰소리로 외쳤다.
'불행한 아이들, 너의 발걸음을 멈추어라.'
그러나 그들이 나타날 때까지 아이들은 묶였다.
높은 산의 바위 앞에서.
끔찍한 광경이 내 눈을 사로 잡았다...

유의 사항: 그리스 비극의 많은 행동이 무대 밖에서 발생되고, 보고된다; 운문의 사용; 메신저의 연설에서 직접적인 화법의 사용; 풍성한 톤.

❏ 셰익스피어

시장은 피리 부는 사나이에게 비용을 지불하겠다는 약속을 깨려고 의원들을 설득했다. 사나이가 회의실을 떠날 때, 시장은 자신의 진정한 의도를 드러내는 독백을 한다.

(사나이가 나간다)
시장: 이것은 세계 최고의 복장이다
    권력에 있는 사람들이 쉽게 구부리거나 흔들 수 있는.
    그들은 나를 잘 알고 있다– 그것에 관한 내 목적을 더 잘 알고 있다.
    나는 이 사나이를 안다. 그는 복수를 위해 이 마을을 떠날 것이고
    첫 번째 것보다 훨씬 높은 것을 추구할 것이다.
    그런 다음 나는 주름잡인 이마와 매끄러운 처분으로
    이 마을의 돈을 지불하여 시민들의 분노를 진압할 것이다.
    사나이는 부드럽게 내둘려질 것이다.
    멍청이처럼.
    그는 뻗은 손으로 오늘 밤 내 집에 갈 것이다.

그리고 맨손으로 내가 그를 파면할 것이다.

이 사나이는 내일을 보지 못할 것이다.

유의 사항: 관객에게 직접 전달하는 관습; 명백한 무대 지시가 없음; 이 말은 더 복잡한 서사로 활용되는 방식임. 즉 시장은 도시 주민과 피리 부는 사나이 모두를 두 번 배신할 계획임.

□ 체홉

피리 부는 사나이가 하멜린에서 아이들을 데려 간 이후 정확히 2년이 지났다. 약속을 깬 것에 대한 책임을 지고 있는 의회 의원들은 그 사건을 염두에 두지 않으려고 한다:

프로콥스의 집에서. 올가는 창 밖을 내다보고 있다. 이리나는 소파에 앉아있 다. 한쪽 벽에는 두 명의 웃는 아이들의 그림이 있다. 흔들리는 말은 먼지 투성이며 구석에 서 있다.

올가: 그들이 떠난 지 정확히 2년이 지났다. 2년 전 오늘– 5월 5일. 나는 결코 그것이 살아남아서는 안된다고 생각했다. 하지만 이제 2년이 지났다. 우리 는 다시 그것에 대해 아주 차분히 생각할 수 있다. 그때는 오늘처럼 더웠 고, 뜨겁고 아늑했다.
(시계는 12시를 알린다)
시계는 그때도 계속 눈에 띄었다.
(정지)
나는 음악과 파이프 연주를 기억한다. 나는 그들이 뛰고 춤추는 것을 기억한다.
이리나: 왜 그때의 일을 기억하는거야?
올가: 만약, 만약 그들이 떠나기 전에 나는 적어도 그들과 대화를 나눴으면 좋았 을텐데.

유의 사항: 무대 지시 사용; 대화를 사용하여 분위기를 불러 일으킨다. 과거의 사건들로 인해 긴장이 발생하는 일반 가정집의 환경.

□ 오케이지

이 장면은 마을 사람들 중 일부가 쥐를 없애기 위해 아무 돈도 지불하지 않았다는 사실을 축하하고 있는 술집이다.

거리 구석에 있는 공공 주택. 청중에게 공공 주택의 한쪽 구석이 보인다. 카운터는 무대 길이의 2/3를 차지한다. 카운터에는 맥주와 안경이 있다. 카운터 뒤에는 카운터 전체에 달린 선반이 있다. 이 선반에 병들이 나열되어 있다. 바텐더가 카운터를 닦고 있다. 무대의 왼쪽에는 어둠이 있는 술집 바깥의 거리가 있다. 미키는 술집에서 술을 마시고 있다. 그는 약 30대의 키가 작은 사람이다. 그는 한쪽으로 끌어 당겨진 넥타이와 바지, 체크 셔츠를 입고 있다. 때는 1시간 후이다.

바텐더: (카운터를 닦으면서) 그래서 그는 돈을 받지 못하고 사라졌나요?
미키: 나는 그에게 때릴 테면 때려보라고 했고, 그리고 나는 다음 주 중에 너를 두들겨 주겠다고 말했어.
지미: 하나님이시여, 당신은 그에게 두려움을 나타냈습니다! 저는 당신이 그의 감춰져 있던 부분을 들춰낸 줄 알았습니다. 그의, 그의 뾰족한 모자와 구부정한 모습으로부터요.
미키: 내가 그를 세게 치게 되면, 그의 추접한 모습을 너는 보게 될거야. 그는 우리가 많은 돈을 지불할 것이라고 어줍잖은 생각을 하고 있었던거야. 물론 포보는 내 집의 쥐를 쫓아내진 않았지. 나는 사나이가 필요없어. 그는 일주일 내내 음악을 틀고 있었고 어떠한 쥐도 구멍에서 나오려고 엿보지 않았거든.
지미: 그는 이제 사라질 것이고 우리는 그를 다시 보지 않을 겁니다. 그는 다른 늙은 바보들에게 시도하려고 할 겁니다.

술집의 빛이 희미하게 무대 옆에 조명이 어두워진다. 마을 사람들은 마치 대화하는 것처럼 계속 마임을 하지만, 술집은 침묵이 계속된다; 그들은 외부에서 일어나고 있는 일을 알지 못한다. 사나이의 애처로운 목소리가 점점 더 커진다. 피리 부는 사나이는 나타나고 그를 따르는 어린이 그룹과 함께 무대 오른쪽으로 이동한다.

유의 사항: 자세한 무대 설명; 술집에서의 우스꽝스러운 모습과 바깥에서의 사건 간의 분위기와 행동의 대조; 구어체의 언어와 스타일.

□ 핀터

우리는 피리 부는 사나이의 집에 있었다.

거실. 왼편의 가스불이 켜진다. 무대 우측 상수에 주방 문이 있다. 테이블과 의자가 무대 중앙에 있다. 더블 침대가 벽감으로부터 튀어나와 있다. 피트는 좌측 문에서 들어와 테이블에 앉는다. 그는 주머니에서 악기인 파이프(피리)를 꺼내 입술에 댄다. 그는 행동을 멈추고, 마음이 바뀌어서 그것을 주머니에 넣는다. 그는 종이를 집어 들고 읽기 시작한다. 앤지는 접시를 들고 들어와 그것을 그의 앞에 둔다.

앤지: 여기 있어요. 좀 따뜻해질 거예요.
(가스불을 끈다)
앤지: 뭐 좋은 일 있어요?
피트: 뭐라고요?
앤지: 무슨 좋은 일 있어요?
(정지)
피트: 그걸 다시 시도해야 해요.
(정지)
앤지: 무슨 일이 일어날 거예요.
(그는 신문을 읽는다)
피트: 누군가 아이를 낳았어요.
앤지: 아, 그럴리가요. 누구요?
피트: 매요레스 아가씨요.
앤지: 그 사람이 소녀인가요?

유의 사항: 자연스러움과 신비함의 조화; 보통의 집 설정; 숨은 의미를 제시하기 위해 침묵과 정지 사용.

☐ 베넷

극은 마을 점원의 집에서 시작된다. 그는 어머니와 함께 살고 있다.

그레이엄은 중년의 남자이다. 연극은 그의 침실, 창문과 문이 있는 작은 방으로 설정되어 있다.

그레이엄: 서비스가 처음부터 끝났다고 말할 수는 없어요. 어머니는 두꺼운 테두리가 있는 머그컵이 아니라 본차이나를 좋아해요. 그리고 크럼핏5)은 조금 오래되었어요. 그들은 그걸 언제 토스트했는지 모를 거예요. 크럼핏을 먹을 때 어머니는 이빨을 뽑고 싶어하죠- 버터를 빨아먹는 것이 더 낫다고 말했어요. '어머니, 어머니는 저를 부끄럽게 하고 있어요.'라고 전 말했어요. 어머니는 "봐라, 너도 언젠가 어떤 치아도 갖지 못하게 될 거야"라고 말했어요. 어머니는 약간의 농담을 좋아하지만 선을 지킬 줄은 알아요. 어머니가 나의 말을 잘랐을 때 우린 웃었어요. 어쨌든 오늘 우리는 평의회에서 약간의 일을 했어요. 쥐를 없앤 그 녀석은 돈을 위해 돌아왔어요. 그는 여전히 그 광경을 보았어요. 나는 그가 비옷을 어디에서 샀는지 모르지만 그것은 내가 보기에는 색이 조금 밝았어요. 우리는 그에게 지불하지 않기로 결정했어요. 어젯밤에 어머니가 '서면을 제외하고는 어떤 것도 구속력이 없다.'라고 말했듯이요.

유의 사항: 독백의 사용; 독백 내의 직접적인 화법 사용; 그 화법을 통한 설명; 화자가 인식하고 있는 것보다 더 많은 것을 전달하는 서브 텍스트의 활용.

드라마를 처음 접하는 사람들에게 이 장의 수업의 예는 모든 실천적인 종류의 질문을 제기할 것이다: 이전에 이런 유형의 작업을 하지 않은 학생들에게 타블로를 어떻게 도입할 것인가? 역할 연기를 요청 받았을 때 학생들이 말하고자 하는 것을 생각할 수 없다면 어떻게 될까? 그들이 킥킥 웃기 시작하면 어떨까? 이러한 질문은 후속 장에서 토의될 것이다.

---

5) 역자 설명: 동글납작한 빵의 한 종류

더 읽을거리

제목에 대한 자세한 내용은 참고 문헌에 나와 있다. 드라마 가르치기에 관한 자세한 내용 아래를 참고하면 된다.

Bolton, G. (1998) Acting in Classroom Drama. Insight into drama's history can also be found in O'Toole et al. (2009) Drama and Curriculum: Giant at the Door. 드라마 가르치기에 관한 다양한 관점은 아래를 참고하면 된다.

Davis, D. (2014) Imagining the Real; Hornbrook, D. (1998a) Education and Dramatic Art; and Bolton, G. (1992a) New Perspectives on Classroom Drama. For a detailed discussion of drama as process, see O'Toole, J. (1992) The Process of Drama. Insight into process drama can be found in books by Bowell, P. and Heap, B. (2001) Planning Process Drama; Taylor, P. and Warner, C. (2006) Structure and Spontaneity.

Taylor, P. (2003) Applied Theatre and Nicholson, H. (2005) Applied Drama provide detailed explanations of applied theatre and drama.

드라마와 이문화 간의 내용은 아래를 참고하면 된다.

Schewe, M. and Crutchfield, J. (2017) (eds.) Going Performative in Intercultural Education. Bennathan, J. (2015) Making Theatre and Orti, P. (2014) Your Handy Companion to Devising and Physical Theatre provide suggestions for devising theatre.

드라마와
교육과정

STARTING
DRAMA
TEACHING

Starting
Drama
Teaching

제2장
드라마와 교육과정

학교에서 드라마의 위치

일반적으로 드라마는 학교에서 위치를 차지할 수 있다: (a) 별개의 과목으로; (b) 다른 과목들을 가르치는 방법으로; 또는 (c) 그 외의 특별활동으로. 그러나 이러한 분류 형태가 너무 엄격하게 해석될 경우, 오해의 소지가 있거나 드라마 가능성을 제한할 수 있다. 그 이유를 이해하기 위해 각 범주를 차례대로 알아보겠다.

❐ 과목으로서의 드라마

1987년 영국과 웨일즈의 국가 교육과정이 처음 발표되었을 때, 드라마를 별도의 기초 과목으로 포함시키지 못한 것은 상당한 충격과 화를 불러 일으켰다. 전국 드라마 협회의 결연한 영향력의 행사가 있었음에도 불구하고 별개의 교과목으로서의 드라마로 인식되지 못하였다. 드라마에 관해서는 국가 교육과정이 정비될 때마다 다르게 변화되어 왔다.

교육과정 2014/15 버전은 드라마를 축소하였으며, 심지어 영어 교육과정[6]의

---

6) 역자 설명: 여기서 언급된 영어는 서구사회의 교육과정에 근거한 것이므로, 우리나라에서는 국어 교육과정으로 이해해도 무방함

요소인 말하기와 듣기에서 드라마도 축소하였다. 어쩌면 더 중요한 것은 드라마가 학문의 핵심 과목이 아니기 때문에 여러 학교에서 GCSE[7] 과목으로 배제되었다. 국가 교육과정이 고시가 되었을 때, 개별 교과목으로서 드라마를 배제하는 각기 다른 이유들이 있었다. 드라마는 학생들로 하여금 그들 스스로를 생각하게끔 하는 급진적인 잠재력 때문에 제외해야 한다는 몇몇 주장도 나왔다. 어떤 사람들은 교수법으로서 드라마를 강조하는 것이 드라마 그 자체 지위를 손상시킨다고도 생각했다.

그러나 더 간단한 이유가 있다. 알려지진 않았지만 드라마는 이미 영미 시와 문학에 하나의 장르로 존재했다. 대수학이 수학과는 별개의 과목으로 존재하는 것처럼, 드라마도 혼잡한 교육과정 내 별개의 과목으로 존재해야 한다고 주장한다. 드라마가 교육과정에서 별개의 과목으로 존재해야 한다고 주장하는 사람들은 딜레마에 빠져 있다. 드라마가 교수학습방법으로서 더욱 인정이 되고 지식과 기술을 배우는 전통적인 하나의 교과목으로 인정이 되지 않는다면, 개별 교과목으로 존재해야 한다는 주장은 묵살될 가능성이 있다. 반면에 드라마가 전통적인 교과목으로 인식이 되면, 드라마는 영어와 겹치는 부분이 많아진다. 특히 '문해 훈련'으로 쓰인다면 더더욱 그러하다.

1장에서 한 편으로는 '연극적 놀이', 다른 한 편으로는 '씨어터'의 드라마 가르치기 역사에서 다양한 방향들을 확인해 보았다. 또한 그것의 분류는 명확하지 않

표 2.1 드라마를 개념화하는 방식

-로서의 드라마	약점	강점
문해 훈련	드라마는 책상에 앉아 수동적으로 공부하기 위해서가 아니라, 보여지고 행해지기 위해 쓰였다.	내용에 중점을 두고 드라마의 의미보다는 연출기법에 지나치게 강조를 두는 방식과 균형을 맞춘다.
연극	연기, 조명, 무대장치가 충분하지 않은 곳에서 학생들이 경험하는 것에 위험이 있다.	드라마를 그 자체의 교과목 주제 내용으로 문화적, 공동 활동으로 복원한다. 공연뿐 아니라 드라마에 대한 반응을 강조한다.
연극적 놀이	주제에 대한 불충분한 훈련은 학습이 어떻게 진행되고 있는지 알기 어렵다는 것을 의미한다. 과정을 사정하고 결정하기 어렵다.	학생들은 참여하고 집중하는 경향이 있다. 왜냐하면 그 작업으로의 접근이 가능하기 때문이다. 교수방법으로서의 드라마 잠재력이 더 커진다.

---

7) 역자 설명: General Certificate of Secondary Education, 영국의 중등자격시험

앉었다. 우리는 이제 여기에 드라마의 세 번째 개념인 극 연구, '문해 훈련'을 덧붙일 수 있다. 이 세 분류는 교과목으로서 드라마를 생각할 때 유용하며, 아래와 같이 다양하게 생각할 수 있다:

- 문해 훈련으로서;
- 씨어터로서;
- 연극적 놀이로서.

그러나, 이런 분류는 과거에 종종 발생했던 것처럼 서로 독립적으로 간주해서는 안 되고, 개별적인 형식으로 간주해서도 안 된다. 극은 문학 텍스트로만 공부하도록 작성된 것은 아니며, 이런 접근은 공연에서 의미 창출보다는 주제와 등장 인물을 탐구하는 결과를 낳는 경향이 있다. 씨어터의 편협한 개념으로는 극작가, 배우, 제작자, 관객의 역할이 구분되어야 하고, 관객은 수동적이어야 하며, 의미 혹은 이해에 관한 집중 없이 표면적인 행위에만 있어야 한다. 오로지 '연극적 놀이'로서 드라마를 생각하는 것은 구조와 형식의 중요성을 깎아내리는 것이다. <표 2.1>은 드라마를 개념화하는 각각 방식의 강점과 약점을 표기해 둔 것이다.

이 표는 1장의 <그림 1.1>을 반복하는 표이다. 여기서 씨어터의 약점은 씨어터 1에 캡처된 씨어터의 부정적인 관점과 부합하고, 반면에 강점은 씨어터 2와 더 관련이 있다.

방법으로서의 드라마

다른 내용을 가르치기 위해 핫시팅이나 타블로 같은 관습, 즉흥극, 역할놀이의 사용을 '방법으로서의 드라마' 범주로 보는 것이 관례이다.

1960년대 이후 드라마 가르치기에 관한 초기의 글 대부분은 드라마 주제에 대한 내용보다는 교수법에 중점을 두었다. 그러나, 교육과정의 개념을 교과목의 집합체로, 교과목의 개념을 지식/내용의 주체로 생각한다는 것은 오늘날처럼 항상 당연시 여겨지는 것은 아니었다. 1960, 1970년대—사회학, 교육과정, 교육철학의 영향으로—교육과정이 교과목의 집합체로 생각해야 하는지에 대한 질문은 결코 당연시되는 것이 아니었으며, 드라마가 발전적이라는 지적인 배경에 대한 불리함이 있었다. 교육과정 설계에 있어 보다 통합되고 창의적인 접근, 그리고 보다 유연한 교수법에 대한 관심이 최근 부활하고 있는데, 이것은 '주제' 혹은 '방법'의 논쟁을 덜 중요하게 만든다.

국가가 요구하는 교육과정에 대한 편협한 접근에도 불구하고, 1980년대 초반에 학생의 학습에 대한 교사의 이해와 접근 방식에 변화가 있었다. 철학과 심리학적 관점에 의해 고무된, 그리고 다양한 형태의 교육을 보급하는, 본질적으로 수동적인 학습 관점에 대한 도전 과제는 상당하였다. 플로덴 보고Plowden Report 이후로 초등학교는 학습 접근법에 있어 항상 활동하기 좋은 조건을 지니고 있었다Central Advisory Council for Education, 1967. 중등수준에서 GCSE의 소개와 함께 시험의 개혁은 지난 몇년 간 교육의 많은 변화를 가져다주었다. 드라마를 포함하는 모든 교육의 시초는 학습이 수동적인 것이 아니라 지식을 구성하는 학습자를 포함한다는 개념과 관련되어 있다. 다중지능의 개념Gardner, 1993, 사람들마다 학습 스타일이 다르다는 인식 Coffield et al., 2004, 그리고 학습에서 얻은 통찰력은 뇌의 생리적 연구로부터 유래되었다는 인식McGilchrist, 2009, 이 모든 것은 드라마가 학습의 강력한 수단이 된다는 강력한 논지를 제공한다.

개별 교과목으로서 드라마 혹은 다른 교과목과 통합된 형태의 드라마 간의 갈등은 필요치 않다. 그러나 통합 교육과정이나 교수학습방법으로서 드라마를 효과적으로 사용하는 것은 드라마가 개별 교과목으로 배울 때처럼 예술 형식의 이해를 필요로 한다. 연극적 놀이가 다소 자연스럽기 때문에 연극사, 연출 혹은 문해비평, 그리고 드라마를 고안하고 구성하는 능력이 지식이라고 생각하는 것이 드라마의 본질이라 생각하는 것은 과거에 만들어진 실수이다. 이것은 복잡하다. 그 이유는 다른 예술형식과 마찬가지로 드라마도 자연스러운 측면이 있기에 모두 '유년기 초기부터 자연과 창조물에 이르기까지 우리가 만드는 자발적인 반응의 근간'Lyas, 1997: 1에 원천을 둔다고 할 수 있다. 그러나, 기예와 기술 개발의 중요성을 부정하는 것은 아니다.

교육방법으로서 드라마의 가치가 왜 대중적인지에 관한 연구는 예술 형식으로서 혹은 교과목으로서 드라마 본질에 관한 암묵적인 용인을 드러낸다. 아래의 논의는 교과목으로서 드라마의 보다 깊은 본질을 재인식하기 위해, 교수방법으로서 드라마가 왜 가치있는지 살펴볼 것이다. 각각 사례의 예들은 범교육과정 드라마의 활용에서 도출된 것이다. 1장에서는 드라마의 목적과 특성에 대해 간략한 설명을 하였다. 다음의 예들은 이 논의의 연장선에서 볼 수 있다.

❏ 드라마는 동기를 제공한다

7학년 교사는 바이킹에 관한 프로젝트에 참여하였는데, 이 프로젝트는 1939년 서튼 후Sutton Hoo에서 바이킹 무덤을 발견한 것에 집중하며 시작된다. 배에 묻힌 바이킹의 무덤에는 우주선, 무기, 보물 등이 함께 있었다. 학급은 그 발견에 관해 읽었고, 교실에서 여러 활동을 수행했지만, 관심도가 낮았다. 학생들이 전문 역사가와 고고학자의 역할로 투입이 되면서 그 드라마는 시작되었다. 그들은 서튼 후가 단지 최근에 발견되었으며, 발견에 관한 책을 출판할 '전문가교사의 역할'의 말을 뒷받침해야 한다.

수업에서 학생들은 사진을 관찰해서 발견하는 장면을 재구성하게 된다. 그리고 그들의 과학적인 작업이 진전되도록 그들이 알고 있는 실제 지식과 '발견'을 일시적으로 보류한다. 그들은 찾으려고 하는 질문에 숫자를 붙인다: 많은 수의 무덤이 이전의 보물 사냥꾼들에 의해 강탈당했을 텐데, 왜 거기에는 여전히 보물들이 있었을까? 왜 시체가 발견되지 않았을까? 누군가가 죽었을 때 왜 보물이 묻혔을까?

교사는 수업이 단순한 시뮬레이션이라기보다는 약간의 긴장감이 있는 드라마 작업으로 여겨야 한다는 것을 안다. 그는 작가의 역할로서 이것이 왕의 무덤이라는 것을 인식하지 못했다는 그의 해석이 잘못되었다는 것에 동의를 얻기 위해 먼저 전문가를 설득해야 한다. 이후 진리를 회피하여 그와 공모해야 한다. 학생들은 스스로를 방어하며, 재구성된 역사적 진실의 본질적인 중요성을 명료하게 인식한다. 또한, 드라마 과정에서 그들은 그 역사적 해석이 자료의 선택에 달려있다는 것을 알게 되고, 사실과 관점의 차이를 구분하게 된다.

수업을 마무리 지어야 하기 때문에, 성공적인 드라마 작업 이후에 '좋았어요', '다음 주에도 할 수 있겠죠?'와 같은 불가피한 코멘트들이 많아진다. 원래의 의도는 새로운 지식을 소개하기 위해 드라마를 사용하는 것이 아니라, 동기를 높임으로써 빈약한 프로젝트를 되살리는 것이었다. 임시 방법으로불확실하게 보여지는 드라마는 많은 방법들 중 단지 하나의 선택이다: 박물관을 방문하거나 비디오를 보는 것이 유사한 효과가 있을지도 모르겠다. 그러나, 역사적 개념의 탐구에 새로운 차원을 가져왔다는 점에서 드라마는 성공을 위해 진보한 단계에 있다.

학생들의 동기에 있어서 성공적인 드라마는 어떤 효과가 있다. 왜냐하면 그것은 기존 일상의 교실로부터 휴식을 가져다주기 때문이다. 그 주장이 진실인 반면,

일상의 변화는 다양한 방식으로 보일 수 있으며, 이러한 변화는 단독으로 드라마가 특별히 매력적이라는 것을 설명해주지는 못한다. 드라마에 대한 동기 부여에 관해 더욱 설득력 있는 설명은 놀이의 성향을 이용한다는 것이며, 놀이의 강점은 유년기부터 청소년기, 아마도 전 생애에 걸쳐 머물러 있다는 것이다. 놀이와 학습의 관계는 교육에 있어 긴 역사를 가지고 있다. 1장에 소개된 드라마의 초기 개척자들은 드라마가 어린 아이들의 본질적인 연극적 놀이에 기원이 있음을 알았고, 드라마가 교육에 진보적인 접근을 취하는 개혁자들과 관련될 수 있다는 것을 인식했다. 드라마 실행에 있어 씨어터의 역사와 개인적 놀이의 역사, 이 둘은 모두 레크리에이션 활동의 원천이며 또한 세상을 이해하는 방법이다.

그러나 드라마는 놀이이며, 또한 놀이가 아니다. '연극적 놀이'가 내용참가자들이 행위의 결과에 직면해야 할 때과 형식참가자들이 그 요구에 의해 제약을 받을 때의 영역에 놓여 있을 때 '드라마'라고 정의하는 것은 어렵다. 이 둘의 차이점은 5장에서 더 자세히 다룰 것이다. 고고학자 역할을 하는 것은 그들이 찾던 보물이 무엇이던, 그들에게 장애물은 거의 없을 것이다. 그들이 고고학자로서 드라마적 의미에서의 '놀이'를 할 때, 그들은 극을 만들어야 하는 제약을 받고 있으며, 그것은 형식, 긴장감과 주제, 예를 들면 서튼 후의 일부 측면에 초점을 맞출 필요성에 대한 요구를 포함하고 있다; 이 둘은 불가분의 관계이다. 초등학교에서 주제는 달라진다 해도 이러한 유형의 프로젝트 통합 가능성은 고려해볼만하다: 역사적 사건이 예술형식으로 묘사되는 방식; **베오울프**Beowulf의 왕의 묻힘에 관한 발췌본과 로알드 달$^{Roald\ Dahl}$의 **밀든홀의 보물**The Mildenhall Treasure 이야기; 보물에 관한 박물관 안내서 쓰기, 배의 정확한 크기 및 이러한 종류의 유물의 원래 크기를 묘사하기 위한 그림 그리기; 서튼 후가 발견된 지역과 유사한 다른 유럽 지역을 지도에 그려 넣기.

☐ 드라마는 구체적인 활동이다

우리는 드라마를 활용하는 매우 간단한 예를 살펴볼 것이다. 그것은 새 학년의 새 학기이며, 개인, 사회 및 건강교육의 PSHE 교사는 학교 방침과 개인의 책임감에 대해 소개한다. 그 주제가 소개될 수 있는 방법은 여러 가지가 있겠지만, 오늘은 드라마로 간단히 소개할 수 있다. 교사는 자원봉사자를 요청하고, 단순히 교사와 학생 간의 교류를 볼 것이라고 말하는 최소한의 계획을 가지고 '오늘 아침에 왜 늦었니?'라는 질문으로 둘이 하는 간단한 즉흥극을 시작한다.

그들은 그들 앞에 펼쳐질 매우 간단한 광경을 보면서 수업의 고요함은 사라진다. 그것은 단 몇 분간 지속될 것이며, 토의(교사의 반응이 합당한가?), 수정(이번에는 다른 변명을 할 수 있나? 선생님이 거짓말을 하고 있다는 인상을 주며 이 즉흥극을 다시 시도할 수 있나?), 확장(선생님이 늦는 사건을 만들 수 있을까?)의 대상이 되고, 반면 드라마가 지속되는 동안에 학생들의 관심을 사로잡음과 동시에 드라마를 보는 것은 매력적이다. 내용에 있어 필수적인 다양한 역할극 활동은 또한 드라마의 기술을 개발하는 방식으로 비춰질 수 있다. 그것의 힘은 우리가 단지 사건을 말하고 있는 것이 아니라, 현재 우리 앞에 펼쳐진 것들을 보고 있다는 사실로부터 나온다. 드라마는 '영원한 현재'를 만든다[Esslin, 1987: 25].

도날드슨[Donaldson, 1992]은 드라마를 호소하기 위해 이론적 토대를 마련하였다. 그녀는 정신 기능의 네 가지 주요 방식을 구분함으로써, 마음이 발전되는 방식을 분석하였다: '지점', '대사', '핵심 개념', 그리고 '초월'. 이것들은 그녀가 묘사한 '관심의 중심'에 의해 정의된다: 아동은 '여기 그리고 지금'에 관심을 더 갖게 되고, 성숙해지면서, 관심에 대한 보편적 수준이 바뀌게 된다. 이 중 첫 번째인 '지점 방식'은 초점이 항상 현재 순간에 있는 어린 아동들이 사용할 수 있는 유일한 방식이다. 이러한 발달은 아이들이 나이가 들면서 연이어 일어나지만, 다른 것들로 대체되진 않는다. 드라마는 '지점 방식' 내에서 부분적으로 작동하므로, 세상에서 작동하는 우리의 기본적인, 주된 의미가 반복된다. 그것은 '현재를 살고 있는 시공간의 직접적인 경험으로서 기능을 하는 방식: 여기 그리고 지금'으로 정의된다[Esslin, 1987: 3]. 물론 드라마는 현재와 관련이 없다. 왜냐하면 랭거[Langer, 1953: 307]는 '그것은 진실로 드라마적인 미래로 가득 찬 현재일 뿐이다'라고 썼기 때문이다; 그것은 명백히 지점 방식으로 국한되지 않는다. 그러나, 드라마는 유아기로서 우리의 첫 정신기능을 연상시키는 '순간의 흡수'이며, 예술형식으로서 그리고 교육방법으로서 드라마에 특별한 힘을 가져다준다. 이 책의 서론에 소개된 것처럼 '예술로서 드라마'와 '연극적 놀이'의 차이점을 인식하는 것이 중요하다. 그러나 놀이와 드라마의 긴밀한 연관성을 인식하는 것 또한 중요하다.

□ 드라마는 아이디어 탐색을 위한 안전함을 제공한다

드라마는 그것이 기능하는 구체적인 방식 때문에 교과목의 주제를 소개할 때 특히 유용하다. 환경 이슈에 관해, 우회로를 짓는 제안을 논의하기 위해 공개 회의에 참석하는 주민들의 역할을 부탁한다. 그들은 그 역할을 할 것이기 때문에, 교사는 그들에게 회의에서 표현할 그들의 관점(당신은 우회로에 호의적이다)과 그들의 의견에 대한 진짜 이유(당신의 업무와 관련이 있을 것이다)가 기술되어 있는 '대본'을 줄 수 있다. 그리고 시골에 피해를 입히는 것을 꺼리는 내용의 대본은 대중들의 의견과 일치할 수도 있고, 그렇지 않을 수도 있다.

공적인 의견과 사적인 의견의 잠재적인 불일치는 역할로서 단순한 토의 분위기를 고조시키고, '모든 것이 보이는 것처럼 반드시 그럴 것 같지 않다'는 중요한 긴장감을 줄 것이다. 학생들이 자신의 의견을 나타내기보다 특정 관점을 도입하여 연기한다는 사실은 커다란 안정감을 제공한다. 자신의 의견을 표현해야 한다는 소유권에서 벗어나, 그들은 창조적이고 탐색적인 방식으로 아이디어를 가지고 '놀' 수 있다. 드라마에 참여하는 것은 종종 잠재적으로 당황스러운 경험이라 여겨질 수 있고, 아동이 그런 활동에 참여할 때 그들이 느낄 수 있는 것들을 깎아내리지 않는 것이 중요하다. 그러나, 그것을 세심하게 다루게 되면, 드라마는 사회적인 규칙과 아이디어가 '가면'의 안전함 속에서 탐구될 보호장치로 여겨질 수 있다.

킹맨Kingman 보고서DES, 1988: 45는 드라마가 보호장치를 제공할 수 있다는 다른 예시를 제공한다. 그 맥락은 구술 수업으로, 금연구역으로 인해 개인의 권리가 위협받을 수도 있는지에 관한 그룹 토의의 결과를 개별 학생들이 발표하는 것이다. 각각의 '수행의 대상'은 다른 학생들의 발표와 그 내용에 대해 코멘트를 다는 것이다. 이 수업은 '사용 중인 언어'에 명백한 주의를 기울이는 데 있어 킹스맨의 보고서와 완벽하게 일치한다. 그러나, '교사는 학급의 일부가 형식을 발견하였고 … 그것이 너무 스트레스였다는 것'에 매우 흥미롭다고 기술하고 있다. 누군가의 언급이 도전을 받고 비판을 받는다는 것은 위협적인 일일 수 있으므로 이것은 놀랍지 않다. 여기에서 문제는 학생에게 어떻게 생산적인 코멘트와 피드백을 주느냐이다. 이와 동일한 수업이 금연 구역에 관한 텔레비전 프로그램 제작에 관한 드라마라고 상상해보자. 역할에 대한 보호('네가 카메라 앞에 있는 것이 처음이라면 긴장할 수 있다')가 있고, 지시와 코멘트, 연습할 기회('촬영 전에 한번 전체적인 예행연습을 해보자')가 있고, 개인적인 위협이 되지 않은 허구의 맥락 안에서 코멘트를 할 기회가 있다.

❏ 드라마는 초점과 선택을 통해 작동된다

1장, 드라마의 본질에 관한 논의에서, 드라마 특징 중 하나는 '깊이있게 탐색하기 위해 단순화하는 것'이었다. 이것은 다음 예에서 드러난 것처럼 초점과 선택을 통해 일어난다. 다른 교실에서 학급의 학생들에게 그룹을 지어 선한 사마리아인의 비유를 현대적으로 각색된 버전으로 준비하게 하였다. 이런 작업이 실패하는 이유는 많은 집단이 비유를 연기하려는 경향이 있고, 혼란 속에서 끝이 나거나 그들의 부족함을 가리기 위한 수단으로 유머스럽게 끝을 내기 때문이다. 드라마가 성공하려면, 서사는 '플롯'으로 뒤바꾸어야 하고, 이를 위해 그룹은 드라마적인 형식에 대한 감각이 필요할 것이며, 작품을 만들 수 있는 능력이 필요할 것이다. 이것은 비유의 중요성에 대한 이해를 필요로 하고 동시에 드라마적인 초점을 발견할 수 있어야 한다. 드라마를 효과적으로 배운 그룹은 사마리아인에게 도움을 제공하지 않는 동료에 의해 희생자에 대한 압력을 보여주는 것이 그 작품에서의 초점과 긴장감이 나온다는 것을 깨달으면서 공격을 연기할 필요가 없다는 것을 인식할지도 모른다. 이것은 즉흥적으로 혹은 짧은 대본을 만드는 것을 통해 제시될 수 있다. 드라마적인 용어로 비유에 대한 학생들의 이해를 얻지 못하는 성공적인 연기를 상상하는 것은 어렵다. 유사하게도, 방탕한 아들에 관한 드라마는 아들의 여행이나 돼지고기 먹는 모습을 묘사할 필요는 없지만, 그가 집에 되돌아와서 그의 축하 파티에 참석하기를 꺼리는 형에 초점을 둘 수 있다.

이 예들은 매우 간단한 경우에도 소위 교과목 주제에서 드라마를 성공적으로 사용하는 것은 본질적으로 각 교과목이 강조하는 것이 다르더라도 교과목으로서 드라마를 가르치는 것과 본질적으로 다르지 않다는 것을 보여준다. 심지어 각각의 경우에서 강조하는 바는 다를지라도 말이다; 둘 다 드라마적인 형식과 내용의 집중을 요구한다. 그것은 방법으로서 드라마가 학교에서 무분별하게 사용해도 된다는 것을 의미하는 것이 아니다. 제안을 위한 논쟁이 있는데, 그것은 드라마 전문가 팀이 교과목 담당 교사와 함께 가르치는 것이며, 교육과정 계획에 대한 통합된 접근 방식을 통해 더 많은 잠재력이 생길 수 있다. 드라마를 방법론으로서 사용하고자 하는 교사는 예술형식으로서 드라마 본질을 이해해야 한다. 그렇지 않으면 그들은 단순히 학생들에게 그룹을 짜서 하나의 극을 만들라고 할 것이다. 그래서 드라마와 교과목 전문가 간의 파트너십은 생산성을 높일 수 있고 외부 기관과의 파트너십 또한 그럴 수 있다. 영국에서는 많은 수의 TIE 그룹들이 1980년대 금융위기부터 학교의 위기까지 다방면으로 고통을 받고 있다. 그러나 아츠마크Artsmark와 같은 국가적 사업과 포지The Forge and Curious Minds와 같은 지역 기관들은 교육과정의 공식 시간표 및 제약에 국한되지 않는 작업의 기회를 제공하였다.

☐ '그 외의 특별활동'으로서 드라마

전통적으로 '그 외의 특별활동'으로서 드라마라는 용어는 연극반 활동, 드라마 클럽을 언급하기 위해 사용되었으며, 종종 외부 연극 단체 방문 및 극장 방문을 언급하기 위해 사용되었다. 그러나, 만약 이러한 활동들이 항상 문자 그대로 공식적인 교육과정의 '외부'에 있는 것으로 보이게 되면, 이 엄청난 기회는 상실된다. 일부 학교에서는 교육과정을 풍부하게 하고, 새로운 교육과정을 시작하며 교육과정 중심에 드라마를 위치하게 함으로써 외부 기관(TIE 그룹, 연기자, 드라마 촉진자)들과의 파트너십의 중요성을 점차 인식하고 있다.

그래서 단지 교과목으로서 드라마를 운영하는 것보다는 더욱 강력한 교육의 힘으로서 드라마를 운영하고 있다. 외부 기관과 연결하여, 교과목에 영향을 미치는 혹은 전체 학교에 영향을 미치는 프로젝트를 만드는 곳은 상당히 많다. 학교에는 더 많은 전문적인 직위가 필요할 수 있다. 하나의 과목으로서 전통적인 드라마 교사뿐 아니라, 교육과정 코디네이터, 촉진자, 외부 기관과의 파트너십 코디네이터 등이 그것이다.

드라마와 예술

영국의 공식 교육과정에서 드라마는 전통적으로 영어 교과목 내에 존재해왔으며[8], 단위 학교들은 드라마가 분리된 교과목으로 인정받아야 한다고 싸워야만 했다. 그러나, 많은 다른 국가들에서 드라마는 보통 무용, 음악 및 시각예술 교과목과 함께 주로 발견된다. 이러한 범주체계가 예술로서 문학과 시를 배제하고, 새로운 혼성체를 위한 공간을 만들어내지 못하나, 그것은 공식적인 정책 문서에서 가장 자주 발견된다는 것을 알아야 한다.

교육에서 다양한 예술이 개발되는 방식에는 흥미로운 유사점이 있다. 무용은 그 역사에서 미적인 이점보다 물리적으로 그리고 상대적으로 중요하지 않은 사회적인

---

8) 역자 설명: 서양이므로 영어 교과목 내에 존재해왔다고 이해하는 것이 좋고, 국내에서는 현재 초등학교 국어 교과목에 존재하고 있음

가치가 있다는 점으로부터 어려움이 있었다. 드라마와 마찬가지로, 무용은 자기표현과 창의성을 중시하는 진보적 사상가들에 의해 영향을 받아왔다. 일부 종사자들은 그들이 목격한 개인의 성장에 중점을 둔 무용 기교의 훈련[Taylor and Andrews, 1993: 34]에 반대하였다. 드라마 세계의 분열처럼 무용교사들도 마찬가지로 서로 대립하는 그룹으로 나뉜다. 한 그룹은 결과물, 기교와 성과를 강조하였고, 다른 그룹은 과정, 느낌의 표현 그리고 개개인의 성장에 더욱 강조를 하였다.

시각예술교육의 역사에서도, 체계적인 훈련을 강조한 측면과 자기표현과 창의성을 강조한 측면으로 나뉜다. 자연주의적 사상가인 루소의 영향, 심리학의 발달적 사상과 원시미술양식의 인식, 표현의 조잡함보다는 민감한 형태로서 부족 예술의 영향은 뚜렷이 구분되는 현상으로서 아동예술의 인식을 선도하였다. 이것은 결과적으로 아동 드라마를 인정하게 하는 데 영향을 주었다. 오스트리아 교사인 프란츠 치젝[Franz Cizek, 1927]은 아동 예술을 그 자체의 예술로 승화하였다. 아이들의 낙서를 관찰하면서 그는 부분적으로 영향을 받았다. 그는 그 다채로움과 리드미컬함에 감명을 받았다. 예술교육의 역사에서 종종 살펴볼 수 있듯이, 열광적인 추종자들은 그 중심적인 사상을 작업과정에서 오해하고 과장했다. 치젝의 접근방식은 기술을 위한 지도와 주의가 아니라 여겨졌다[MacDonald, 1970].

드라마와 공통점이 많은 음악 교육의 요소는 '만들기'와 '감상' 중 어느 쪽에 상대적으로 강조를 두어야 하느냐에 따른 논쟁이 있었다. 전통적인 접근 방식은 음악은 지식의 한 몸통으로 감상과 노래 부르기를 포함한 공연에 강조를 두는 경향이 있었다. 진보주의자들은 표현적인 용어로 음악을 정의하였고, 아이들은 음악을 만들고 시험 삼아 직접 해 보아야 한다고 생각했다. 피츠[Pitts, 2000: 120]는 1980년대 아이들의 창의성을 위해 소리와 악기를 실험하는 문제의 딜레마와 논쟁에 주목했고, '작곡'이라는 용어가 적절한지에 대해서도 주목했다. 유사하게도, 초창기에 DIE는 타인이 만든 드라마에 대한 반응에 거의 주목하지 않았고, 대부분 드라마를 만드는 데 주목하였다. 이것은 부분적으로 반응 자체가 창의적인 행위로 간주되지 않았기 때문에, 텍스트 혹은 드라마 공연에 대한 반응이 수동적이거나 비-창의적인 과정과 거리가 멀다는 것을 입증하기 위해 리더-반응의 비평과 교수법 발달의 도래를 가져왔다[1장 참조].

다른 학교 예술영역에 대한 논의의 확장은 **교육과 창의성에서의 예술**[Arts in Education and Creativity, Flemming, 2010]에 기술되어 있으며, 거기에 더 자세한 내용이 있다.

그러나, 이 부족한 성명에도 불구하고, 전통적인 예술 교과목들 간의 유사함의 정도에 관한 논의는 놀랄만하다. 초기 드라마 가르치기 관련 도서의 상당 부분은 이런 부분과 관련없이, 그 자체의 쟁점과 분쟁에 몰두해 있었다. 이 중 많은 도서가 극작가들을 언급하지 않았다; 마침내 스타니슬라브스키^{Stanislavski}와 브레히트^{Brecht}가 언급되었고, 정서적인 참여, 전념과 거리두기 관련 문제가 상당히 조명되었다. 예술 교과목들의 발전에 있어 수평적으로 검토할 때 언급해야 할 것이 많다. 왜냐하면 비교의 종류들은 보다 더 폭넓은 이론과 사회적 맥락의 기능을 하고 있다고 강조를 하였기 때문이다. 이것은 결과적으로 차이에 대한 보다 성숙하고 사려깊은 반응을 유도할 것이며, 과거의 노력에 대한 가치와 강점을 확인하도록 할 것이다.

많은 학교에서 그러하듯이, 다른 예술 과목과의 연결을 탐색할 때 비슷한 이점이 있다. 드라마를 향상시키기 위한 음악의 사용, 뮤지컬과 오페라의 발전에서도 볼 수 있듯이, 무용, 드라마 그리고 음악은 본래 친화적이다. 그러나 드라마와 시각예술 간의 연결고리 또한 풍부한 잠재력을 가지고 있다. '예술 형식으로서의 드라마' 개념은 '학습을 위한 드라마'와 대조되어 왔는데 이러한 두 개념은 잘못된 이분법임을 증명하기 위해 세심한 주의가 필요하다.

드라마와 학습

'학습매개체로서의 드라마' 개념은 역사 안에서 널리 활용되었지만 많은 혼란을 야기하는 원천이 될 수 있다. 다른 과목을 가르치기 위해 교육과정 전반에 걸친 드라마 활용에 대한 언급의 해석은 쉽다. 그러나, 전통적으로 'DIE' 개념에 구체화된 드라마의 전체적인 전통보다 더 폭넓은 활용이 언급되어 왔다.

학습으로서 드라마에 관한 혼동은 부분적으로 학습 그 자체 개념의 본질에 기인한다. 여기에는 인간 발달의 아주 폭넓은 개념을 포용하는 용어의 사용이 있다. 어떠한 의미에서, 학습된 인간이 가장 기본적인 것을 기술하는 것이 가능하고, 드라마가 어떤 식으로든 이러한 것의 습득을 용이하게 하였다면, 비록 그것이 유용하지 않아도 학습이 일어났다고 해도 되는 것이다. 따라서, 연극적 놀이, 즉흥극, 연극 감상, 심지어 활동과 게임에 전념하는 것에 대해 학습 개념을 적용하는 것이 가능하다. 이러한 점에서 '학습'은 '발달'과 쉽게 구분되지 않는다.

'발달'에서 '학습'을 구분하려는 시도는 교육의 철학과 평행선을 이루었다. 몇몇 작가들은 교육의 맥락에서 학습의 용어를 사용하는 것은 학습의 특별한 목적을 정의할 수 있어야 하고, 학습자의 의도를 구분짓는 것으로 인식해야 한다고 주장하였다. 아주 간단하게, 누군가는 그가 발전하고 있다는 의미에서 그의 인생을 통해 배우고 있다고 말하지만, 교육의 맥락에서 '학습'이라는 용어는 실질적인 활용이 될 수 있도록 특별한 방식으로 정의될 필요가 있다는 것이다. 이제는 언어가 우리를 잘못된 이분법적인, '발달'과 '학습' 사이의 인위적으로 좁은 범위의 선택으로 강요한다는 것이 명백한 것처럼 보인다; 현실은 더 복잡하다. 그러나 결과적으로 드라마에 '학습'이라는 용어를 적용함으로써 그 결과는 학생들이 학습에 수반되는 것을 말해야만 하는 도전에 취약하게 만들었으며, 비평가들은 얼마나 모호하고 불만족스러운 시도들이 이루어지고 있는지 재빠르게 지적하여 왔다.

언어가 현실과 관련있는 방식에 대한 탐구는 드라마 결과로 어떤 새로운 형태의 학습이 생길지 항상 명시할 필요없이 드라마가 학습의 형태로 갖는 특정 능력에 대해 우리가 이해할 수 있도록 도움을 준다. 여기서 주된 개념은 '표현'이다 — 1960년대 진보적 이론의 중심인 자기표현의 개념이 아니라, 공동체적인 표현으로서 개념을 말하는 것이다. 표현 이론은 언어가 우리의 생각을 외형화하지 않고, 사람들 사이의 '공동체적 공간'을 형성하는 데 많은 도움을 준다는 것이다; 그것은 공공 영역에 특정 문제를 제기하는 역할을 한다. 그 과정은 정립의 한 부분이고, 그러므로 변혁의 과정이다. 성공적인 드라마에는 인간의 기본 요소인 명백한 인식과 구분짓는 과정이 있다. 왜냐하면 예술형식은 감정을 내용으로 선택하고, 거기에 집중하고 그것을 조명하기 위해 수반되기 때문이다. 과거에 DIE는 학생들과 함께 성공적인 드라마를 만들었지만, 학습이 일어났다고는 정확히 표현할 수 없었다. 학습의 형식으로서 표현과 정교화를 강조한 것이 딜레마가 되었다. 더욱 중요하게도, 역사 수업에서 진행되는 역할극과 스튜디오에서의 드라마 워크숍 및 극장에서의 무대 공연 간의 좀 더 가까운 관계를 형성하게 되었다.

그렇다고 해서 특정한 새로운 통찰력, 새로운 학습, 새로운 변혁이 드라마의 결과로 발생했다는 것은 아니다. 리어왕을 보고 난 후 나는 가족 관계에 대해 구체적인 무언가를 배웠지만 내가 배운 것을 분명하게 말하지 못한다고 해서 특정한 경험의 힘과 효능을 부인하는 것은 아니다. 주된 개념으로서 표현(자기 표현이 아닌)을 강조하는 드라마에서 학습의 관점은 우리로 하여금 참가자가 배운 것뿐만 아니라, 단순한 의사소통의 과정이 아닌 극적 형태의 질에 초점을 맞추도록 한다. 내용과 형식의 관계가 중요한 것이다.

공식적인 형태인 드라마의 결과로 발생하는 학습 혹은 이해를 시도하는 것이 적절한 경우도 있다. 몇몇 작가들은 이러한 방식으로 학습을 묘사하는 것은 예술 형식의 본질을 부정하는 것이라고 주장했다. 하지만 그것은 언어가 의미하는 방식에 대한 잘못된 견해를 취하는 것이다. 공식적인 것을 형성화함으로써, 예를 들어, 1장 피리 부는 사나이의 한 예에서 학생들은 사람들이 종종 도덕적 의사결정을 내릴 때 자기기만에 걸리기 쉽다'는 것을 배웠다. 그런데 이것은 학생들이 인간 행동에 관한 시험 문제에 답을 할 수 있다는 것을 말하는 것이 아니며, 이러한 방식으로 그들의 학습을 명료할 수 있고, 수업 전에는 이것에 대해 통찰력이 없음을 말하는 것이 아니다. 이것은 그들의 학습 '취향'을 더 잘 포착하게 한다. 우리는 이런 관점의 힘을 확인하기 위해 일반적인 언어만 사용해야 한다. 만약 누군가가 우리에게 리어왕을 본 경험으로 '사람들은 매우 잔인할 수 있다'는 것을 배우게 되었다고 말한다면; 아주 거친 사람들 혹은 무미건조한 사람들은 '그러나 분명히 당신은 그것을 이미 알았지'라고 말할 것이다. 학습과 이해는 '그게 전부이던 혹은 아무것도 아니던'이 아니다. 비록 언어가 때때로 그렇게 생각하도록 만들지만 말이다. 그러므로 모든 성공적인 드라마는 최종적으로 학습과 이해에 관한 것이고, 그러한 점에서 예술 형식으로서 드라마는 우리가 세상에 있다는 것을 이해하도록 도와준다.

드라마와 언어 발달

언어발달을 위한 드라마의 중요성은 수많은 작가들에 의해 당연시되어 왔다. 왜냐하면 드라마는 언어의 사용을 위한 다양한 맥락을 제공하기 때문이다. 그러므로, 우리가 학생에게 정치인, 왕, 교사 혹은 신부의 역할을 준다면, 요구되는 언어는 때에 따라 바뀔 것이다. 드라마는 또한 언어 발달이 보다 심오한 수준에서 일어나도록 하는데 필요한 동기와 참여를 제공한다. 언어의 사용은 다소 인식의 문제이고, 언어를 가르치는 것은 느낌을 인식하는 전체론적 접근을 요구한다. 언어는 종종 특정 가상의 상황에 맞게 고양된다. 다음의 대화에서 의사 역할을 취하는

4살 아동의 언어가 어떻게 완벽한 문장으로 만들어지는지 알아보자. 12분짜리의 전문은 12장에서 볼 수 있다.

아동(의사 역할): 주사를 맞아야 해요. 울지 마세요. 울지 마세요. 입을 다물지 마세요.

거기에 밴드를 붙여야 해요. (정지) 끝났어요. 집을 얻을 때 미라에게 석회 반죽을 발라달라고 할 건가요? 좋아요. 그럼 가세요. 미라에게 석고를 달라고 하세요, 좋아요.

있을법한 오해를 피하기 위해 '맥락'이라는 용어를 사용하는 것은 잠재적인 모호함을 불러올 수 있다. 비트겐슈타인[Wittgenstein, 1953]은 '맥락'과 '언어 게임'을 흥미롭게 구분짓는다. 그는 '맥락'이라는 용어를 언어의 특별한 사용, 예를 들어 특정 문장에서 그 기능과 관련될 경우에 사용한다. 그는 '언어 게임은 언어를 말하는 것이 활동이나 삶의 형태의 일부라는 사실을 두드러지게 나타내기 위한 것이다'라고 설명한다[Wittgenstein, 1953: 11]. '삶의 형태'라는 언급은 언어가 넓은 문화적 맥락 안에 있다는 사실을 의미한다. 여기서 '맥락'과 '언어 게임'의 차이점을 많이 언급하지 않는 것이 중요하다. 몇몇 해설자에게는 언어 게임의 개념은 단순히 언어적 표현의 의미를 이해하거나 설명하고자 할 때 맥락을 취하는 것의 중요성을 강조한다[Schulte, 1992: 101]. 우리는 두 용어를 구별하는 만큼 서로 다른 유형의 맥락을 언급할 수 있다. 언어 사용에 대한 '협소한' 그리고 '풍부한' 설명이라는 것을 구별하는 것이 중요하다. '맥락'과 '언어 게임'이라는 용어는 그 차이를 포착하는 데 사용되며, 외국어 교실의 예로 설명할 수 있다.

언어가 탈맥락화된 일상에 거의 독점적으로 의존해왔기 때문에 언어를 가르쳐왔다. 전통적으로, '내일 나는 백화점에 가서 큰 테디 베어를 살거야'라는 문장은 단순히 시제와 형용사의 사용을 설명하기 위해 언어교실에 존재할 것이다. 의사소통적 접근은 언어를 더욱 맥락에 두지만 때로는 이것이 인위적이고, 기계적이며, 겉핥기 식이다. 예를 들어, 부모가 어린이에게 말하는 이 문장을 상상해보자. 여기에는 문장이 기능하는 방식을 설명하려는 협소한 맥락이 존재한다. 그러나, 그 문장이 보다 드라마적인 재구성을 시도하려는 질문은: '누가 누구에게 말하는거지?'가 아니라, '왜 테디 베어를 사려는거지?', '그것이 큰 테디 베어라는 것이 중요한

가?' 와 같은 질문인 것이다. 드라마는 더욱 발전하여, 참가자는 테디 베어를 사겠다고 말하는 사람이 되거나 혹은 그 사람과 얘기를 할 것이다. 드라마는 문장에 스며들 수 있는 '언어 게임'에 참여하도록 한다. 이것은 아이를 달래려는 엄마인가, 냉소적인 아빠인가, 첫 데이트 계획을 세우려는 십대인가, 몇 달만에 처음으로 아이를 보는 외로운 아버지인가, 세관을 통해 몰래 마약을 갖고 오려는 밀수꾼인가? 드라마에서 삶을 말로 표현하기 위해 보다 풍부한 맥락을 만드는 것은 어조에 관한 질문을 만들어낸다. 가벼운 마음으로, 풍자적으로, 도전적으로 혹은 화를 내며 문장을 말하는가? 아마도 그 대사는 남편과 부인과의 감옥에서의 마지막 대화일 수 있다. 이것은 매우 간단한 예이지만, 드라마가 삶으로 언어를 가져올 수 있는 방식을 보여주고, 보다 심오한 학습을 위한 맥락을 제공해준다.

1990년대 후반에 소개된, 영국에서 잘 계획된 문맹 퇴치 전략은 궁극적으로 실망을 안겨다 주었다. 그 이유는 그것이 '문해 참여'의 필요성에 대한 이해가 없는 수업을 통해 '문해력 달성'만 강조했기 때문이다[Guthrie, 2004]. 그러므로, 성급하게 만들어진 자료 중 일부는 드라마의 진전 및 체계적인 적용 범위를 보장하도록 구조화된 협소하고 제약적인 논리를 기반으로 했고, 주요하게 작용하는 학습자의 동기와 정체성에 대한 인식이 충분하지 않았다. 대부분의 초기 문서는 범위가 제한적이었고, 언어상의 실수가 있었다[Cajkler, 1999].

엘람[Elam, 1980]은 드라마적이고 일상적인 담론을 다른 방식으로 기술했고, 후반에는 허술한 시작과 반복, 그리고 '의례적인' 언어사용에 더 주의를 기울여 세분화하지 못하는 경향이 있었다: 아이디어의 전달보다는 관계를 설립하기 위한 언어적 교환.

'의사의 방문' 발췌본에서 사용된 표준 양식의 정도가 중요하다. 현실적인 목표는 학생들이 그들 마음대로 언어 사용역을 확장해야 한다는 것이다. 표준적인 영어 말하기를 가르치는 몇 가지 효과적인 방법 중 하나는 드라마 맥락에 있다. 화자의 말이 한 사람의 존재에 대한 공격처럼 느껴질 수 있는 비판을 이끌어냈다는 것에 있어 언어는 상당히 사회 문화적이다. 표준 영어를 사용하려는 시도는 정확하게 원하는 방향의 반대 방향으로 나타난다. 드라마는 학생들이 언어를 사용하는 것을 늘리고, 가상의 상황이기 때문에 언어에 대한 부적응적인 감정으로부터 그들을 보호할 수 있다. 이것은 말하기 및 듣기와 마찬가지로 읽기와 쓰기가 가능하다.

그러나, 언어 발달을 위한 드라마의 가치는 감정, 의미, 동기의 맥락을 창조하고, 앞에서 언급한 '삶의 형태'와 동일한 축소된 경험에서의 예술 형태의 힘에 대한 이해와 관련되어 있다. **어린이의 마음**children's mind에서 도날슨Donaldson, 1978은 그의 실험에서 피아제Piaget가 말한 어린 아동의 지적 능력에 대한 많은 가정을 드라마적 형식을 사용하는 방식을 반복한다.

따라서, 사람이 다른 위치에서 무엇을 볼 것인지 분별하려고 하는 추상적인 문제는 마치 경찰관으로부터 숨는 장난꾸러기 소년에 관한 문제로 재구성될 때 더 쉬워졌다. 대상의 간격이 더욱 멀어질 때 그 대상의 수가 증가했는지에 관한 연속된 질문은 장난꾸러기 테디가 실험자가 아니라 대상의 간격을 방해할 때 더 쉬워졌다. 도날슨의 결론은 친숙한 인간의 감정, 목적 및 목표가 없어지게 되면, 실험자의 언어와 그 작업 자체가 어린 아동에게 훨씬 어렵다는 것이었다.

교육에 사용되는 언어는 아동들에 의해 자발적으로 자연스러운 방식으로 사용되기 때문에 교육에 시사하는 바가 중요하다. 도날슨은 아이들의 놀이를 관찰했을 때, 그들은 검증했을 때 보여주지 못했던 논리적인 추론을 할 수 있는 능력이 있다고 하였다. 그녀는 소위 '실생활'에서 사용하는 언어의 사용에서부터 사고 과정의 보다 추상적인 본질을 반영하는 맥락으로 이동하는 데 있어 학생들의 어려움을 학교는 인지하지 않는다고 주장한다. 그리고 새롭게, 이탈된 방식으로 전환하는데 필요한 것이 무엇인지 명확하게 이해하는 것이 교육에서 중요하다고 주장한다. 드라마의 중요성은 아동 삶의 친숙한 사건 이외의 영역을 확장하는 데 있지만, 언어와 사고는 감정, 의도 및 동기 부여에 주의를 기울이는 의미가 내포되어 있다.

그러나, 말하자면 그것은 동시에 두 방향으로 움직이려는 예술 형식으로서 드라마의 본질에 있다. 그것은 우리 인간이 허구 맥락에 있기 때문에 '실제'의 경험에 더 가까이 가져다준다. 그러나 동시에 선택적으로 관련없는 요소들을 분류해주기 때문에 동일한 실제 경험으로부터 멀어지게 한다. 의사와 엄마와의 대화에서, 4살짜리 아이는 정확히 죽음과 장례식의 영역에 들어갈 수 있다. 왜냐하면 진정한 맥락에서 언어를 사용하는데 압박이 없기 때문이다.

아이(의사 역할): 우리는 그를 묻을 거예요. 간호사가 할 수 있는 일은 없어요.
어른(엄마 역할): 글쎄, 어떻게 그럴 수 있죠? 묻는다뇨?
아이(의사 역할): 우리는 십자가가 있어요. 내 의사의 집에도 있어요, 우리는 십자가에 그의 이름을 새기죠. 그의 이름이 뭐죠?
어른(엄마 역할): 데이빗이에요.

아이(의사 역할): 좋아요, 데이빗을 새기죠. 어서 우리는 그를 묻어야 해요.

　진정한 의사소통은 특히 낯선 사람과의 공개적인 맥락에서는 드라마에서 보다 의식적인 통제 하의 숨은 의미, 풍자 및 자의식으로 가득차 있다. 실생활에서 리더는 본인이 모든 종류의 오해, 부러움, 경쟁 및 범죄를 일으키고 있다는 사실을 모르고 있을 수 있다. 드라마에서 한 사람이 말한 것의 결과는 그 사건 직전 혹은 직후에 이미 결정되었을 수 있다. 드라마는 우리가 단순히 언어를 사용하도록 하는 것이 아니라, 우리가 언어 사용을 경험하고 정말 그 언어의 단순한 사용이 명료한 것임을 인식하게 해준다.

더 읽을거리

Anderson, M. and Dunn, J. (2013) (eds.) How Drama Activates Learning provides perspectives on drama and learning in a range of different settings. For a discussion of drama and the curriculum from an international perspective, see O'Toole (2015), 'When advocacy meets opportunity … what's the reality?' in Fleming, M. et al., The International Handbook of Arts Education.
O'Toole, J. et al. (2009) Drama and Curriculum: A Giant at the Door. Dickinson, R. et al (2006) Improve Your School through Drama provides an example of embedding drama in the work of one school. Publications showing how drama can be linked with the development of language include Winston, J. (2000: 5-11) Drama, Literacy and Moral Education; Ackroyd, J. (2000) Literacy Alive; Toye, N. and Prendiville, F. (2000) Drama and Traditional Story for the Early Years; Toye, N. and Prendiville, F. (2007) Speaking and Listening through Drama; Baldwin, P. and Fleming, K. (2003) Teaching Literacy Through Drama. Publications which deal specifically with drama and the National Curriculum in the primary school include Woolland, B. (2013) Teaching Primary Drama; Farmer, D. (2012) Learning Through Drama in the Primary Years; Doona, J. (2012) Drama Lessons for the Primary School Year; Clipson-Boyles, S. (1998) Drama in Primary English Teaching; Baldwin, P. (2008) The Primary Drama Handbook.

드라마 계획: 수업과 수업 계획안

STARTING
DRAMA
TEACHING

제3장
드라마 계획: 수업과 수업 계획안

계획

　1장에서는 피리 부는 사나이 이야기를 기반으로 드라마를 가르치는 다양한 접근을 기술하였다. 슈퍼마켓 혹은 다른 현대 상황에서 쥐를 발견하게 하는 간단한 활동을 학생들은 둘씩 짝을 지어서 하게 된다. 이 활동의 목적은 무엇인가? 어떻게 역할 연기를 하는지 가르쳐 주기 위해? 협동심을 함양하기 위해? 이후에 쥐에게 감염되었을 때 반응하는 것을 대비하기 위해? 사회적인 압력에 관한 무언가를 이해하기 위해? 그들의 언어를 배우기 위해? 정보 없이 만들어지는 드라마적 대화를 이해하기 위해? 이 장은 질문이 중요한 역할을 하는 특정 수업의 계획 및 지도안과 연관된 다양한 문제들을 다룰 것이다.

　이것은 단순히 계획된 지도안을 제공하는 문제가 아니다. 무엇보다도 실질적인 문제인 것처럼 보이는 이 수업 계획은 실제로는 이론적인 토대를 제공하고 교사에게 수업의 우선 순위와 가치에 대한 질문을 하게 한다. 예를 들어, 학생들이 수업의 형태와 내용을 결정할 여지가 거의 없는, 매우 구조화된 수업 계획으로 운영할 것인지, 혹은 보다 융통성 있게 수업을 운영할 것인지에 대한 결정은 교사의 경험과 안도감에 달려 있는 것이 아니라, 어떻게 학습을 할 것인가에 관한 근본적인 신념과 관계가 있다. 반대로, 교실에서의 수업 결과가 생산적이지 않은 경우와, 이데올로기적이고 이론적인 관점이 실천적인 고려사항보다 우선하는 경우, 그 경우는 거의 가치가 없다 할 수 있다. 구체적으로 말하자면, 예를 들어 구성주의 학습이론이나 심오한 학습의 개념에서 비롯된 이론적인 관점에 의해 동기가 부여된 교사에게 만약 수업이 혼란스럽다면 매우 열린 결말을 갖는 수업은 의미가 없다. 매우 열린 상태에서 수업을 시작했으나 그 결과가 혼란을 가져다주는 그런 수업을 진행하는 교사들은 수업의 요점이 없다. 드라마의 효과적인 계획은 이론과 실천의 균형을 맞추어야 한다.

이 책의 다른 장의 제목과 마찬가지로, '드라마 계획'에 대한 아이디어는 다음과 같은 애매모호한 것을 포함하고 있다. 이것이 성공적인 드라마 수업의 계획을 강조하는 것인가? 혹은 드라마의 결과로 뒤따라오는 학습의 계획에 관한 것인가? 그리고 어느 정도까지 이 목적을 달성할 수 있을까? 그것이 드라마를 계획하는 교사의 업무인가? 아니면 학생들이 그 능력을 습득하는 것이 목표인가? 교육과정 전반에 관련된 작업에서 드라마의 목표와 특정 교과 목표의 균형은 어떻게 맞출 것인가? 때때로 드라마에서의 목표는 특정 드라마 기술(드라마에서의 학습)의 발달과 관련이 있는지 혹은 그것들이 드라마의 결과로 뒤따라오는 학습(드라마를 통한 학습)과 관련이 있는지 혼돈이 생기곤 한다. 내용에서 기술을 강조하는 것은 유의미한 목적 없이 그저 바쁜 활동을 촉진하게 하지만, 오로지 학습 내용과 관련한 목적만 있다면 주제별 사정 및 진행 과정의 가능성이 감소될 수 있다. 진전은 최근의 Ofsted[9]에서 주된 개념이 되었는데, 여기서 주된 강조를 두는 것은 시험 결과의 절대적인 점수가 아니라, 학생들의 실제 점수와 예상되는 점수 간의 차이를 판단하는 데 가치를 둔다는 것이다. 이것은 성취도가 높은 학생들의 결과에만 중점을 두고 특권 지역의 학교를 선호하는 경향이 있는 과거의 방법보다 더 공정한 시스템이다. 그러나, 시험 점수에만 의존하여 측정하는 것은 학습에 있어서 축소된 관점을 가져다줄 수 있다. '진전을 위한 계획'은 그것이 더 광범위하게 구상되고, 실천으로 구체화될 때 유용한 개념이다: 개별 학급과 학생들의 요구에 맞추는 유연한 실천; 학생들에게 '강요'하는 게 아니라 그들을 자극하고 참여할 수 있도록 노력하는 실천; 사전 학습을 고려한 실천; 명백하게 언제 학습의 결과에 초점을 두는 게 적절한지 그리고 적절하지 않은지 아는 실천10장 참고.

---

9) 역자 설명: the Office for Standards in Education, 영국의 교육규준청

드라마와 학습에 내포된 가정을 고려하지 않은 채 어떤 계획의 뼈대를 채택하지 않는 것이 중요하다. 특정 계획 모델을 채택함에 있어 주의해야 할 것은 드라마를 별도의 과목으로 가르치는지 여부이다. 이전 장에서 논의되었던 것은 '교과목'으로의 드라마와 '방법'으로서의 드라마 간에는 종종 생각하는 것보다 더 일반적이며, 이 장에서 논의된 대부분의 것은 이 두 가지 모두에 적용될 것이다. 목표는 달라질 수 있겠지만, 사용 가능한 공간 및 질문을 고려하고 빠지기 쉬운 오류들을 예상하는 그런 실질적인 사항들은 드라마가 어떠한 형식으로 취해질 것인지와 상관없이 모두 고려해야 한다. 또한 단일 수업 혹은 프로젝트와 전체 작업 계획 간의 관계를 고려하는 것이 중요하다.

명백한 목표 혹은 '이 수업으로 인해 학생들은 x를 배울 것이다'와 같은 학습 결과는 최근 많은 수업 계획을 지배하여 왔다. 교육과정과 수업 계획을 위한 일반적인, 잘 짜인 모델은 명백한 목표를 가지고 있고, 그러한 목표들이 잘 성취되었는지 결정하기 위해 일종의 시험에 따른 객관성을 충족시킬 수 있는 교수 활동들도 여기에 포함되어 있다. 불가피하게 가르치고 배우는 맥락에서 중요한 많은 것을 무시한다는 것을 깨달을 때까지 그 모델의 논리와 단순함은 강력할 지 모른다. 예를 들어, 수단가르치는 활동은 목적목표을 쉽게 구분할 수 있다. 이전 장에서 방법으로서 드라마의 사용이 종종 어떻게 확대되고 학습을 심화시키는지 보았다; 예를 들어, 그것은 드라마를 사용하고 DVD를 보여주는 것을 임의로 선택하는 것과 같은 단순한 문제가 아니다. 그 모델은 단지 가치가 있는 목표만이 교수활동에 앞서 쉽게 동일시될 수 있다는 것을 말해주고, 학습목표를 결정하는 데 있어 학습자의 중요한 기여도는 부정한다; 이것은 특히 대부분의 가치있는 결과들을 미리 알 수 없을 때 예술 교과목에서 중요한 고려사항이다. 목표 지향적인 모델은 단지 가치 있는 목표들은 쉽게 사정되고, 언어는 항상 '명확'해야 한다는 가정을 기반으로 하고 있고, 모든 것들이 단순히 학습의 결과가 미리 쓰였고 공유되어졌기 때문에 그것에 대한 일반적인 이해를 공유할 것이라고 생각한다.

언어는 종종 모호하고 해석에 있어 열려 있다. 준거지향평가절대평가와 관련된 대부분의 어려움이 이러한 어려움에서 파생된다. 심지어 우리가 수학에서 두 수를 더하는 능력과 같이 단순한 목표를 취한다고 하더라도, 학생들이 최종적으로 그 능력을 습득했는지는 명확하지 않다. 일부 학생들에게는 작업의 정확한 수행이 그 숫자들이 직렬로 쓰였는지(25+32=) 혹은 병렬로 쓰여졌는지에 따라 달라질 수 있다.

그러므로 목표가 우선인 모델을 따르는 대신에, 많은 교사들은 그들이 생각했을 때 성공적이라고 생각되는 활동을 선택함으로써 계획을 짠다. 나는 현재 교육 풍토에서 많은 드라마 교사들이 그 개념이 내포하는 객관성과 책무성의 명백한 결여에 관해 죄책감을 느끼면서 동시에, 어떤 '작업'이 효과가 있을지 생각하며 수업을 운영한다고 생각한다. 그러나, 그것은 '작업'의 아이디어를 선택함으로써 의미 있는 것으로 풀어내는 데 도움이 된다. 드라마 제작을 목표로 하는 수업 맥락에서 최종 결과가 성공적이었고 주제에 적절한 정서적 참여가 있었고 작업에 충분한 긴장과 초점이 있었다는 것을 말하는 간략한 방식이 있다. 드라마가 성공적이라면, 드라마와 주제나 내용 두 가지 모두에 대한 학생의 이해를 향상시켰다고 우리는 말할 수 있다.

드라마를 가르치는 데 있어 발생되는 다양한 문제들처럼, 이러한 논의는 양극단으로 갈리기 쉽다. 한편으로는, 책임감 및 객관성의 기준을 충족시키는 것처럼 보이는 목표가 우선인 모델이 호소력은 있어 보이지만, 논리적으로 설명할 교육과정의 다양성을 왜곡하고 감소시킨다. 다른 한편으로는, 교육과정을 단순하게 만들어서 구체적인 근거를 명시하지 못하는 접근방식은 거의 받아들일 수 없다. 예술로서 드라마의 본질을 왜곡한다는 이유로 학습목표에 관해 이야기하는 것을 부정하는 경향이 있다. 그러나 그 선택은 그렇게 극명진 않다. 만약 어떤 사람이 모든 언어와 이론화가 반드시 귀납적이고 단순하다는 걸 인식한다면, 그리고 실제 그것이 그것의 가치라면, 그 방법은 계획하는데 더 합리적인 ('이성적인'의 반대 개념) 접근을 할 수 있다.

여기서 '타당한reasonable' 것과 '이성적rational'인 것과의 구별이 매우 중요하다. 귀납 논리에 인간의 복잡성을 무시하는 것처럼 암시하면서, '이성적인 계획'이라는 개념이 다소 부정적인 의미를 지니고 있다는 사실은 흥미로울 수 있다. 그것은 경험이 그렇게 쉽게 길들여지지 않는다는 인식 없이 시스템과 구조에 과도한 믿음을 두고 있다. '타당한' 계획 세우기에 대한 접근으로 특정 활동이 달성하고자 하는 것이 무엇인지 부모, 학생뿐 아니라 교사는 알 필요가 있으며, 폭넓은 목표가 작업에 장기적인 방향을 제시하는데 필수적이라는 것을 인정해야 한다. 그것은 또한 목표가 학습 성과를 제한하기 위해 성립될 필요는 없음을 알아야 할 것이다.

목표를 활용하는 데 있어 주의를 기울여야 하는 부분이 너무 많다. 그러나, 가르치는 데 있어 초점과 방향을 부여할 때 목표의 가치를 인식하는 것 또한 필요하다. 책이나 인터넷에 나온 수업 계획을 검토한 결과, 드라마의 많은 저자들은 목표의 특징을 쉽게 찾지 못한다. 그것들은 다음의 예처럼 종종 모호한 용어로 쓰이곤 한다.

+ 그룹으로 작업해라.
+ 상상력을 활용해라.
+ 역할을 맡아라.
+ 즉흥적인 기술을 개발해라.
+ 공간의 활용을 탐구해라.
+ 역할 내 교사로 반응해라.
+ 짝과 함께 작업해라.

이러한 종류의 목표는 수업에서 종종 초점과 방향을 충분히 제시하지 못한다. 몇몇은 그룹으로 작업하는 사회적 기술과 관련되어 있고, 혹은 상상력의 활용처럼 매우 일반적인 특성과 관련되어 있다. 사회적 기술의 향상이 드라마의 명백한 이점이 아니라는 것을 말하는 게 아니라, 수업 목표로서 매우 모호하고 일반적이라는 것이다. 더 초점이 명확하지 않은 수업은 목적에 대한 전반적인 이해가 없는 그저 일련의 임의적인 활동(웜업, 게임, 둘씩 하는 활동, 정지 장면)으로만 구성될 수 있다.

문헌에서 발견되는 또 다른 유형의 수업 목표는 학습내용과 관련이 있다. 예를 들어, '왜 사람들이 그들의 고향을 떠나려고 하는지 이해하시오'. 내용의 중요성을 강조하기 때문에 이러한 방식은 수업의 목적을 표현하려는 데 논쟁이 있다. 그러나, 목표로 수업 혹은 프로젝트의 주제와 반대되는 그러한 성과를 표현하길 시도하는 것은 실제로 학생의 탐구를 제한하게 한다. 더군다나 이런 종류의 목표는 사정하기 쉽지 않다. 내용이 질문으로 표현되는 경우 더 많은 지침을 제공하는 데 도움이 될 수 있다. 이는 불필요하게 처방되지 않고 학습 성과에 더 가까워지기 때문이다.

그러므로 목표를 특정 드라마의 초점과 연결짓는 것은 의미가 있다. 1장에서 기술된 것처럼, 역사의 다양한 시기에 개인적 성장, 학습 및 이해, 드라마에서의 기술 습득과 같은 광범위한 드라마의 목표가 진보되었다. 실제로 이것은 어느 정도 성공적인 드라마의 결과가 될 수 있지만, 드라마 능력을 개발하는 관점에서 목표를 바라보는 것이 더 좋다. 너무 유연하지 않고 기계적으로 취급하지 않는 한, 내용을 손상시키는 것보다 그 내용에 깊이를 부여하는 데 도움이 될 수 있다. 앞서 제시한 바와 같이, 내용에 주의를 기울이지 않고 어리석은 행동을 조장하는 드라마를 가르치는 것에 대한 귀납적인 접근을 막는 것이 중요하다. 이러한 이유로 목표 영역과 내용영역을 정하여 균형잡힌 수업 계획을 수립할 수 있다. 이것은 명제적인 용어로 내용과 관련한 학습을 기술할 필요가 없다. 이와 관련된 문제는 2장에 기술하였다.

그러므로, **드라마를 시작하는 여러 방법을 이해하는 것**과 같은 목표는 **내부의 중압감을 느끼면서 가족이 고령의 친척에게 어떠한 책임감을 가져야 하는지**과 같은 내용의 초첨과 관련될 수 있다. 내용의 초점이 어떻게 더 개방적이고, 진정한 예술적 노력의 정신에 역행하는 학습결과를 명시하고 제한하는데 의존하지 않는 지 주목해라. 내용과 관련해서 명시적인 용어로 표현된 더 제한된 학습목표는 가정에서 발생할 수 있는 진정한 인간의 관심과 갈등을 탐구하는 대신, 고령의 사람들에게 친절해야 한다는 감성적인 연극을 초래할 수 있다. 이 장에서는 피리 부는 사나이 프로젝트의 예를 통해 확인했다. 사회적 압력과 연관이 있는 주제별 내용에 관해 **정보 없이 드라마적 대화가 어떻게 만들어질 수 있는지 이해하기 위한** 드라마 특유의 목표를 이제는 이해할 수 있다: '사회적 압력이 사람들의 행동에 어떠한 영향을 미칠 수 있는가?'

아래의 <표 3.1>은 초점화된 목표와 이와 관련된 드라마 활동들의 예이다.

표 3.1 특정 드라마 목표와 이와 관련된 활동들의 예

목표	관련 드라마 활동
다른 분위기(적대심, 여유, 예민함)를 만들기 위해 공간 활용하기	한 위치에서 다른 타블로 만들기(의사 대기실, 기차 짐 칸)
서사와 플롯의 차이 이해하기	그룹에게 이야기의 윤곽을 제공하고, 다양한 방식으로 드라마 순서를 묻는다
드라마적 효과를 창출하기 위해 비-자연적인 테크닉 활용하기	한 인물이 청중을 모으기 위해 잠시 정지하는 그룹 즉흥극 만들기
불일치하고 동일시되지 않는 것이 코믹 효과에 어떻게 사용될 수 있는지 이해하기	둘씩 짝을 지어, 한 명은 상담자 혹은 경찰이 되고 다른 한 명은 동화 속 인물이 되어 인터뷰를 진행한다.
분위기를 더 강화하기 위해 음악 활용하기	그룹은 집을 떠나는 주제로 마임을 하기 위해 두 개의 대조되는 음악을 선택한다.
배경정보와 동기를 탐색함으로써 인물을 더 연구하기	극으로부터 인물과의 핫 시팅(hotseating)

모든 수업이 새로운 드라마 초점을 소개하진 않으며, 수업은 다양한 형태와 다양한 목적(도입 수업, 연속적인 수업)을 취한다. 새로운 학습 성과의 특징이 항상 모든 수업에 적절하다는 것은 아니다. 목표는 종종 'X를 통합하거나', 'X기술을 개발하는 것과 같은' 방식으로 쓰여져야 한다. 앞에서 제안했듯이 수업 계획을 세우는 데 올바른 길은 하나뿐이라고 가정하는 것은 실수이다. 그러나 <그림 3.1>에 제시된 예는 이 장의 도입 부분에 설명된 피리 부는 사나이 수업을 위한 한 가지 방법을 보여준다.

❏ 수업 계획안 수립

하나의 안전한 구조 내에서 작업하는 것과 동시에 충분히 융통성을 발휘하는 작업 간의 동일한 긴장감은 수업 계획뿐 아니라, 그 수업의 계획을 작성하고 수립하는 데 적용된다. 실제적인 학습계획을 세우는 수업 계획과 반대로 수업 계획안은 종종 아이디어와 준비물의 수집으로 간주된다. 그러나, 진행방식(진행방식은 9장에서 설명될 것)을 반영하기 때문에 수업 계획안의 형태를 생각하는 것이 중요하다. 장기 계획은 1년 단위의 작업 단위로 분류된 광범위한 수업 계획안(예를 들어, 각각 절반씩 지속하는)을 반영한다. 중기 계획은 수업계획에 속하는 세부사항 없이 각 차시 내에서 폭넓은 접근을 말한다. 이 장의 마지막 부분 더 읽을거리에 수업 계획안의 예와 함께 설명이 자세히 나와 있다.

수업 계획안의 설계는 주제, 프로젝트, 대본, 장르 및 스타일 혹은 기술과 같은 측면으로 다양한 방식으로 실행될 수 있다(표 3-2) 참조. 주제별 접근은 드라마의 내용(집단 따돌림, 학교, 가족 갈등)에서 더욱 강조하는 드라마 모델과 더 밀접한 관련이 있다. 이 접근의 이점은 '비자연주의적 기법'이라기보다 '도시생활' 혹은 '디스코클럽에서의 살인'이라는 측면에서 이 드라마를 보는 것이 학생들에게 더 참여하고 싶게 하고 재미있을 것이다. 순전히 텍스트를 기반으로 하는 접근은 드라마의 명백한 초점과 그 작업이 무엇인지에 관한 실제적인 묘사를 제공하지만, 이는 교실에서 특정 접근에 관한 수업에 따라 다를 수 있다. 일부 학생들을 소외시키고 다른 학생들은 지루할 수 있다.

피리 부는 사나이 수업 계획(Pied Piper Lesson Plan)

목표:

- 정보없이 드라마의 대화가 어떻게 만들어지는지 이해하기
- 짝으로 역할극과 대본쓰기 능력을 더욱 함양하기

내용 초점: 사회적 압력이 사람들의 행동에 어떠한 영향을 주는지에 관한 방식

준비물:

- 지난 주 피리 부는 사나이 시 복사본
- 종이/펜

수업 순서

도입

웜업 게임: '조각상'(한 학생이 원의 중앙에 있고, 다른 두 번째 학생이 그림을 완성한다. 세 번째 학생이 첫 학생의 어깨를 치고 두 번째 그림을 만든다.)

교사가 시의 한 구절을 읽을 동안 학생들은 지난주 타블로를 다시 만들면서 요약하기

둘씩 하는 즉흥극: 둘로 된 학생들. 그들은 둘 다 서로 쥐라고 의심을 한다-그들은 실제 쥐를 본 적은 없으나 신호는 봤다. 그들은 서로 같은 의심을 하고 있다는 것을 안다. 즉석에서 매우 짧은 시간 동안 즉흥극을 한다.

활동 반복하기-이번에는 교사의 신호로 한 쌍이 다른 쌍과 만난다. 교사의 다른 신호로 네 쌍이 마을에서 놀라며 험담을 퍼뜨린다.

그룹 토의: 어떻게 우리가 첫 번째 활동을 확장할 수 있었지? 왜 이웃들은 그들이 두려워한 다는 것을 인정하지 않으려는 걸까? 어떻게 이것이 표현될 수 있을까?

증명-교사와 지원자: 이번에 쥐는 언급되지 않으나 이 상황을 아는 관객은 이웃들이 무언가에 관해 불안해한다는 것을 알 수 있다.

둘씩 즉흥극을 만들고 대본을 만든다.

작업 재현: 학급은 서로 다른 쌍이 주된 정보를 보류하는데 사용한 기술을 안다. 이것이 사람들이 행동하는 방식인가? 모든 사람들이 그러한가?

기회의 사정: 마지막 발표는 그들이 핵심내용을 이해했고 그것을 포함하였는지 여부에 관한 것이다.

평가: …

그림 3.1 수업계획의 예

표 3.2 수업 계획안 수립의 접근

수립 계획으로의 접근	설명
주제 (예, 환경, 해적, 공간, 여행)	그것은 분명 학생 중심이고 의미에 중심을 둔다. 그것의 목표는 개인적인 성장에 더 관련이 있다. 반응보다는 종종 창조에 강조를 둔다. 학생들이 내용 측면에서 진전상황을 도표로 그리는 것이 어렵기 때문에 드라마 초점을 설명해야 한다.
프로젝트(예, TIE, 공연을 위한 연극 고안, 다른 주제 기반의 작업)	'프로젝트' 접근은 결과 및 성과에 더 많은 관심을 기울이므로 1년의 마지막 부분에 유용하다. 명확하고 구체적인 목표를 가지고 있다는 사실은 유용한 동력이 된다.
텍스트 기반(학생에 의해 쓰인 텍스트 혹은 대본)	텍스트로 작업할 때의 이점은 초점이 명확하고 교사가 새로운 콘텐츠를 계속해서 고를 수 있다는 것이다. 영어 강의계획서와 연결하는 것이 더 쉽다. 텍스트 프로젝트는 물론 '과정 작업'(즉흥극, 관습, 전체 그룹 드라마)을 포함할 수 있다.
장르와 스타일(예, 멜로드라마, 마스크)	이 접근은 드라마 교과에 보다 폭을 넓히고 주제 관련 내용을 보다 구체적으로 만든다. 올바른 방법으로 접근하지 않으면, 학생의 참여가 어려울 수 있다.
기술	목표가 명확하고 사정을 위한 계획이 보다 수월하다. 물론 적절한 방법으로 접근하지 않는 한 중요한 콘텐츠를 하찮게 여길 위험이 있다.

여기서 '프로젝트'라는 용어는 일반적인 용어로 일정 기간 동안 연장되는 작업을 일컫고, 그러나 특별히 주제(TIE 프로젝트 혹은 공연을 위한 판토마임 만들기)와 관련있지 않은 작업을 일컫는다. 장르 혹은 드라마 형식 기반의 접근은 TIE 같은 주제도 포함하고, 신체 연극 혹은 부조리 연극의 이야기도 포함한다. 기술의 초점은 다음을 말한다; 목표를 설정하는 것은 어렵지만 콘텐츠에서 기술을 격리시킬 위험이있다. 실제로 이러한 다양한 방법을 사용하여 수업 계획안을 설계하는 것이 좋다. 예를 들어, 장기 계획은 유용하게 학생들의 흥미를 끌어당길 주제별 접근으로 시작해서 후속 단계로 특정 텍스트에 관한 작업을 포함시켜도 된다. 그것은 프로젝트로 끝날 것이다. 예를 들어, 한 지역의 중학교에서 TIE의 한 주제.

수업 계획안은 오로지 맥락에서 적절히 계획될 수 있다. 학생들의 흥미를 끌기 위해 작업의 초기단계에 상당한 주의를 집중하는 것은 좋은 생각이다. 초기 단계에서 작업을 공정하고 밀접하게 구조화하는 것이 현명하다. 작업이 자체적으로 추진력을 취함에 따라 융통성이 향상된다. 다음의 질문들은 수업계획의 구조화를 취할 수 있게 할 것이다:

- (드라마 초점과 내용, 이 둘과 관련된) 광범위한 목적이 무엇인가?
- 교실에서 성취의 범위는 어떻게 되는가?
- 얼마나 많은 시간을 사용할 수 있나? - 학급의 수와 기간
- 그 수업은 학생들의 이전 학습과 어떻게 관련이 있나?
- 사정 전략은 무엇인가?

9-11세 아동들을 위한 중기 요약 계획 구조의 예는 <표 3.3>에 있다. 전체 프로젝트는 5학년 수업에서 다루어졌고, Chaplin(1999)에 쓰여 있다.

교사의 역할에 중요한 두 목표가 있는데 - 내용에 대한 이해와 드라마 능력의 개발 - 드라마를 계획할 때, 상당한 인정을 받을 수 있고, 가르칠 때 지속적인 대화와 균형을 유지하는 것이 중요하다. '드라마를 잘한다'는 것에 대한 중요한 이해는 반드시 내용에 대한 언급을 포함해야 한다. 그래서 다른 주제와 통합될 때 드라마가 잘 작동되는 것이다. 다음의 함정과 드라마 계획에 대한 논의, 이 두 측면을 염두에 두어야 할 것이다.

☐ 일반적인 함정들

• 플롯보다는 서사 강조

드라마를 계획할 때 교사와 학생들이 가장 자주 범하는 실수 중 하나는 '플롯'(서사적 사건이 구조화되는 수단)보다는 '서사'(이야기의 기본 윤곽)의 관점에서 생각하는 것이다. 형식에 대한 인식이 부족한 상태로 드라마를 계획하려는 시도는 종종 복잡한 이야기로 완성이 되고, 그 행위를 드라마로 변환하려는 시도는 실망스럽다. 나는 12살의 학생들로 구성된 그룹을 섬의 탐험가 역할로 묻혀진 보물의 발굴, 잃어버린 부족의 발견, 신비로운 질병에 대한 해독제 검색, 이 모든 것을 포함하여 복잡한 모험을 시도하려 했던 것을 기억한다. 그 중 하나는 일관되고 복잡한 이야기로 엮어졌다. 그들은 성공하고자 하는 동기에도 불구하고(수업시간에 그들은 열성적으로 임했음에도 불구하고), 그들은 드라마를 성공적으로 완료할 수 없었다. 학생들이 서사를 복잡하게 하는 경향은 학생들의 위치가 쉽게 바뀔 수 있고 행동이 가속화될 수 있는 영화나 TV 속 드라마의 경험 때문이다. 학생들은 그룹 활동에 대해 구체적이고 세밀한 관심을 기울일 필요가 있다. 예를 들어, 그들은 섬에 있고 혼자가 아닐 수 있다는 암시적인 증거를 찾는다. 작업하기 쉬운 드라마는 내용을 탐구

할 가능성이 더 크다는 점에 주목하는 것이 흥미롭다. 토착민은 어떤 종류의 징후를 남길 것인가? 이들이 적대적일 가능성이 있는가? 우리가 지금 출발해서 탐험을 하는 것이 과학자로서 도덕적 의무인가? 혹은 그들을 그냥 내버려둬야 하는가?. '서사'와 '플롯'의 차이점을 학생들과 구체적으로 탐구해야 한다.

후자의 제안플롯에 대한 문제는 드라마를 처음 접한 교사들이 종종 동일한 오해를 하고 있다는 것이다. 나는 전체 학생들 그룹의 즉흥극을 활용하여 다른 행성으로의 여행이라는 주제에 대해 수업을 계획하는 것을 보았다. 그들은 엄격한 학급 체계를 기반으로 학생들이 '멋진 새로운 세계'를 발견할 수 있는 또 다른 행성의 우주 여행자가 될 것이라고 결정했으며, 그 학생들은 정부에 맞서 대항하려는 반란군에게 도움을 줄지 여부를 결정해야 한다. 세부 사항은 실제로 다소 복잡했지만, 중요한 것은 흥미진진함과 도덕적 의사결정 모두 부족하지는 않았지만, 드라마가 어떻게 실현될지에 대한 생각은 거의 없었다는 것이다. 예를 들어, 반란군과 여행자 간의 만남. 그러나 이 예는 선택된 우주여행 주제와 동일한 열정을 특정 학급이 가지고 있다고 착각하는 또 다른 '실수'를 범하게 된다.

표 3.3 중기계획의 개요- 아일랜드 감자 기근

세션 주제	준비물	드라마 활동	관련 작업
주제 소개	기근이 일어난 때에 그들의 오두막 바깥에 있는 가족 사진	정지 장면. 가족 중 한 사람으로 역할내 교사 질문하기	아일랜드의 지도 그리기. 1841년 연구.
감자 상태 발견하기	감자 상태의 원인에 대해 작성	가십거리 퍼뜨리기. 교사의 시연 이후 (이웃이라고 불리는) 짝과 함께하는 역할극	작물 실패의 여러 이유를 열거하기. 작물 실패에 관해 영국 주변국에게 편지 보내기
제거와 무료식당	무료식당 폐쇄 관련 팩스 보내기. 감자를 제거하는 것에 관한 목격자의 설명.	제거와 관련있는 생각추적하기. 정지 장면. 소그룹의 작업.	무료식당 포스터 만들기. 감자 제거에 관한 목격자의 설명.
작업실	종이와 펜. 대본.	전체 학생들 즉흥극-위원회 회의. 대본 작업.	위원회 권고안의 서면 진술. 작업실 규칙 작성.
이민	이민에 관해 생각하는 사람들이 만든 모순되는 진술서의 목록.	그들이 이민을 갈 것인지 결정할 때 머리 속에 떠오르는 생각 말하기.	이민자의 역할로 일기 쓰기.
최종 발표	이야기의 개요 작성. 다양한 소품.	소그룹 발표.	전체 작업으로서 프로젝트의 최종 성찰일지.

• 학생과 내용을 관련시키지 않은 경우

위의 예제는 드라마적인 형식에 충분히 주의를 기울이지 않고 내용에 너무 많은 강조를 두었다. 또한 내용의 본질에 불충분한 주의를 기울일 수 있다. 드라마가 성공하기 위해서는 동기 부여가 높아야 한다. 다행히 이전 장에서 논의된 것처럼, 학생들은 성공에 도움이 되고 당혹스러운 상황에 놓이지 않게 되면 드라마에 참여하는 경향이 있다. 드라마가 다른 교육과정의 주제를 도출하는 경우 내용과 관련한 동기 부여의 문제가 덜 발생한다. 그러나 대본 이외의 내용을 선택할 때 그 선택은 상당히 꽤 제멋대로이다.

예를 들어, 반드시 선택된 주제에 관심을 가져야 하는 이유는 무엇인가? 이것은 수업 계획안을 짜는 데 있어 중요한 쟁점이며, 다양성을 위해 필요한 일이다. 1년 중 특정 단계에서의 '프로젝트'의 접근은 학생들에게 주제를 선택하도록 한다. 학생들이 처음부터 참여하는 것이 중요한가에 관해서는 왜 학생들이 그 드라마 주제에 대해 제안을 하고 투표하게 함으로써 수업을 시작하는 것이 DIE 초기에 매우 일반적이었는가가 설명해 주고 있다. 이 접근법은 학생을 참여시키는 분명한 이점이 있다. 하지만, '무엇에 관해 연극을 해야 하지?'라는 질문 이상으로 그 계획은 진전되지 않을 수 있다. 그것은 교사가 학생들이 주제를 선택할 때 어떻게 진전시켜야 할지 모르기 때문이다. 교사가 주제 선택에 있어 교육적인 가능성을 볼 수 있고 학생들의 성공적인 작업을 창출하는 데 도움을 주며 드라마를 시작한다는 것은 어려운 일이다. 매우 열린 시작은 오늘날 자주 발생하는 것은 아니지만, 제안한 것처럼 학생들에게 내용을 선택하도록 하는 방법이 있다. 성공적인 드라마를 위한 레시피는 교사에게는 자신감을 주지만, 학생에게 그 구조 내에서 선택할 수 있는 충분한 자유를 주는 것 자체가 매우 확실할 수 있다.

그래서 매우 열린 방식으로 수업을 시작하는 것과 학생들이 강한 동기 부여 없이 특정한 주제에 몰두하는 것 사이의 균형점을 찾아야 한다. 여기에는 여러 가지 해결책이 있다. 드라마가 소설 혹은 역사에서 특정 주제로 '쏙 들어가기way in' 또는 '낚아채기hook'로 사용될 수 있는 것처럼 드라마 주제가 어떻게 도입될지 신중하게 생각해야 한다. 그것은 교사가 의도한 특정 주제를 선택하도록 학생들을 조작하는 것이 아니라(비록 그렇게 보일지라도), 많은 사람들이 점차 그 주제에 매력을 느낄 필요가 있음을 인식하는 것이다. 드라마 주제를 소개하는 데 유용한 다른 시작점(예: 인공물, 그림, 헤드라인, 대본)은 도움이 되며, 9장에서 논의할 예정이다. 워크숍 분위기를 만들어내는 게임 및 웜업은 선택된 주제로 성공적으로 이끌 수 있다; 그 제안은 4장에서 제공할 것이다. 때때로 그 '방식'은 <표 3.4>[Flemming, 2004]에 주어진 것처럼 매우 간단할 수 있다.

표 3.4. '쑥 들어가기[way in]'의 예[Flemming, 2004]

주제	낚아채기	설명
박람회 여행	원으로 서서 박람회에서 찾을 수 있는 40개의 놀이기구 또는 가판대를 생각해보기 (Owens and Barber, 1997: 46).	이것은 효과적이고도 현혹적인 간단한 시작이다. 그것은 긴장감의 요소를 포함하고 (목표에 도달할 수 있는가?), 속도와 에너지를 주입하고, 전체 그룹을 공동의 목표로 통합하며, 다음 활동으로 이어질 수 있는 아이디어를 사용한다.
유명인	차례대로 각각의 사람에게 한 문장으로 유명하면 가장 좋은 점이 무엇인지 질문한다 (O'Neill, 1995: 105).	드라마는 토크쇼 주최자로서 역할을 하는 교사에게서 소개된다.
혹독한 시련	학생들은 그들이 생각할 수 있는 모든 미신을 빨리 생각한다 (Bolton, 1998: 222).	이런 종류의 브레인 스토밍 활동은 학생들에게 약간의 생각을 유도하므로 드라마 수업에 유용한 출발점이다. 주제에 위협적이지 않은 방법으로 토의하고 아이디어에 초점을 맞춘다.
마을의 낯선 사람	초등학생들은 숲으로 기어와 침묵 속에 추워하는 마임을 한다 (Winston, 2000: 17).	더 어린 학생들에게는 신체활동을 활용하는 것이 적절하다.
통과의례	학생들은 과거 어른들이 표현한 '내가 어렸을 때…'로 시작한다 (Bennathan, 2000: 131).	둘씩 짝을 지어, 그들은 어른으로 대우받지 않은 사건을 보여주는 짧은 장면을 만든다. 그 대화는 짧게 한다.
탈출	학생들은 순서대로 소리내지 않고 눈 가리개를 하고 열쇠를 빼앗으려고 하는 '열쇠 지키기 게임'을 한다.	학생들은 게임을 하기 위해 필요한 자질을 확인하게 되고, 이는 프로젝트 핵심 주제와 관련이 있다.
로미오와 줄리엣	둘씩 짝을 지어 가족행사에 가고 싶지 않은 부모와 십대 간의 즉흥극을 한다.	연극의 3막 5장의 발췌문일 때 후회하게 될 것이라고 부모들이 얘기할 때 즉흥극은 멈추게 된다.
잠승인 블로딘[10]	학생들은 삽화를 보고 묘사된 문화와 자신의 문화 간의 5개 차이점을 나열한다(DfES, 2003: 26).	학생들은 마이클 모퍼고(Michael Morpurgo) 이야기로 드라마 활동을 시작하기 전에, 블로딘(Blodin)의 문제와 그들의 관점의 차이가 어떤 영향을 미치는지 교사와 토의한다.

세일즈맨의 죽음	교사는 "왜 아빠는 나를 항상 놀려?"라는 간단한 문장을 쓴다. 학생들은 가능한 맥락을 제시하고, 그 문장을 말한 사람의 역할로 교사에게 질문을 한다.	주어진 시나리오를 간단히 토의한 후, 학생들은 그 화자가 실제로 34세의 비프(Biff)라는 인물이라고 듣는다. 그들은 그 인물이 얘기한 다른 대사들을 듣고, 이 대사로부터 더 많은 맥락을 풀어내야 한다: 우리는 비프에 관해, 그리고 아버지와 아들의 관계에 대해 무엇을 추론할 수 있나?

드라마를 시작하기 전 학생들이 토의에 참여하는 것에 주의를 기울여야 하는데, 종종 주제와 관련된 방법의 선행문헌을 살펴보는 것을 추천한다. 교사와 학생들이 드라마에 대한 이야기를 하고 그것을 실제 실행하는 것으로 전환하는 것은 종종 어렵다. 사전에 대화를 나누는 것의 장점은 학생들이 자신의 경험을 가지고 주제를 구축하게 할 수 있다는 것이다. 하지만, 실제로 그 대화는 드라마로부터 벗어날 수 있다. 예를 들어, '유령' 또는 '유령의 집'의 주제를 생각해 보자. 대부분의 수업은 이 주제에 관해 끊임없이 이야기할 것이다. 그러나 그들의 이야기는 완수하기 어려운 수준의 서사 방식일 것이다. 유령 역할을 피하려는 학생들에게 그들을 검사관의 역할로 삼거나 사냥을 유발하는 과거의 사건을 탐구하는 것과 같은 유사한 접근법을 취하는 것이 좋다.

그러나 이러한 제안은 학생들이 주제 안에서 길을 만들어가며 얘기하는 것과 반대되는 방식으로 진행될 수 있다. 다시 말해, 드라마는 외부에서가 아니라 드라마 내부에서 구체적이고 특정 행동으로 완수하게 될 것이다. 예를 들어, 둘씩 짝을 지어 한 학생은 유령을 보았다고 주장을 하는데, 그 학생을 인터뷰하는 면접관은 그 말을 의심한다.

• 질문과 토의 계획의 실패

경험있는 교사에게 있어, 질문을 계획해서 미리 만든다는 것은 실제로 수업에서 발생하고 있는 것에 민감하지 않음을 의미하므로 형편없는 교수법을 조장할 위험이 있고, 엄격한 수업 형태일 수 있다. 나는 그 견해에 동감했다. 그럼에도 불구하고 수업 계획에서 '토의'라는 단어가 나왔을 때 교사는 무엇을 묻는지 모르거나 혹은 진행방법을 알지 못해 다소 모호한 방식으로 혼란에 빠지기 때문에 여러 프로젝트가 제대로 진행되지 않는 것을 보았다. 이러한 일은 종종 그룹 역할극

---

10) 역자 설명: 마이클 모퍼고의 동화책 이름

이나 타블로를 발표한 후에 '너희들은 어떤 생각을 했니?'와 같이 수업 전체에 던져지는 모호한 질문으로 '토의'라는 단어가 해석될 때 발생한다. 드라마를 계획할 때는 학생들이 드라마에 반응하도록 돕는 생산적인 질문이 가치가 있다; 그 질문은 이들이 기계적인 방식으로 따라야 한다는 것을 의미하지는 않는다.

• 어떻게 그룹의 작업을 지원할 수 있을지에 대한 계획의 실패

나는 그룹 준비와 발표의 형태가 많은 드라마 프로젝트와 관련이 있을 것이라고 생각한다. 그리고 이것은 나의 경험에 있어 다른 과목에서 사용되는 경향이 있는 드라마의 일반적인 특징이다. 역사, 종교 교육 및 영어와 같은 과목에서, 교사는 위험을 무릅쓰고 드라마로 다시 모험하기를 꺼려해서 종종 '극을 만들기' 위해 그룹에게 질문을 한다. 또한 나는 학생들이 그들이 뭘 연기해야 하는지 말해주어야 하고, 그들이 효과적으로 잘할 것이라고 말해주어야 하는 드라마 도서들에 충격을 받았다. 교사들이 그룹에 '수감자가 사라지는 방법을 보여주는 장면을 만들어봐' 또는 '떠나는 여행자를 보여줘'라고 말할 때, 드라마의 완성된 주제가 붕괴되는 순간이 있다. 교사에 의해 통제된 전체 학급의 DIE는 학생들이 일반적으로 완성된 드라마를 제작하지 않을 것이라는 사실을 어느 정도 인정하고 있다는 것을 강조한다. 그러한 이유로 그룹 활동을 주의깊게 소개해야 하며, 행동을 늦추는 법, 신체적인 행동을 다루는 법, 긴장을 조성하기 위해 일시 중지를 효과적으로 사용하는 법, 비-자연주의적인 기법을 활용하는 법 등의 문제를 학생들에게 가르쳐야 한다. 그룹 작업에 대한 더 많은 제시는 5장에 나올 것이다.

▌ 계획 시 고려사항

계획을 할 때 고려해야 하는 실용적이고 맥락적인 쟁점이 많이 있다.

❏ 사용가능한 공간

예술형식으로서 드라마의 가장 중요한 요소 중 하나는 실제 시공간에 일어나는 것이다. 그러므로 공간의 중요성과 그것을 사용하는 최선의 방법에 대해 생각하는 것이 중요하다. 염두에 두어야 할 두 가지 고려사항이 있다: 수업에서 사용할 수

있는 공간과 드라마를 위해 만들어진 공간이다. 드라마는 어디서든, 작은 교실에서도 일어날 수 있다. 하지만, 작업의 가능한 범위는 사용가능한 공간으로 제한될 수 있다는 점에는 의문의 여지가 없다. DIE는 인위적이고 비현실적인 반응을 유도하지 않으므로 외적 요인이 작품의 질에 영향을 덜 미치는 경향이 있다; 조명과 음악의 사용은 작품 내용에서 감정 이입보다 중요하지 않게 여겨졌다. 드라마는 학생들이 상징주의를 창작할 수 있는 상상력을 통해 만들어지며, 종종 성공적인 드라마를 만드는 환경에서 외부 요인에 대한 의존도를 최소화한다. 그러나 학생들이 드라마 스튜디오의 분위기에 빠져있을 때에는 교실을 무인도로 믿는 것이 더 어려울 수 있다. '기분'은 적절한 감정을 만드는데 기여하는 외적 요인의 사용을 의미하기 때문에, 그 기분을 만들어내는 것이 적절한 목표이다. 이상적인 환경이 없다고 해서 학교에서 드라마가 성공적으로 이루어지는 것을 막을 수는 없지만, 교사가 자신의 작업을 위한 전용 공간을 위해 영향력을 행사하는 것을 막을 수는 없다.

드라마를 위한 이상적인 공간은 워크숍과 작은 공연 모두를 위해 사용할 수 있도록 제작된 스튜디오이다. 종종 드라마를 위한 적절한 공간이 커다란 메인 홀이라고 가정을 한다; 실제로 그것은 종종 교실을 제외한 유일한 사용가능한 공간이다. 커다랗고 열린 공간은 종종 매우 활동적인 움직임과 관련이 있으며, 드라마 분위기와 어긋난 유형을 만들어낼 수 있다. 그 공간들 때문에 드라마를 중단하기 힘들어지고, 드라마가 발생할 수 있는 구석구석의 공간들로 인해 통제하기가 더 어려워질 수 있다. 적절한 영역으로 선을 그어 놓으면, 사전의 수업과 명확하게 경계가 지어지는 더욱 친숙한 분위기를 만들 수 있다. 실제로 기자재를 제거할 필요가 있는지 없는지 여부를 고려해야 하기 때문에, 종종 복도보다 교실에서 일하는 것이 더 적절할 수 있다. 역할 내 교사, 짝과 함께 하는 즉흥극, 역할 내 질문하기(6장에서 논의될 것)는 기자재와 무관하게 교실에서 편하게 진행될 수 있다. 물론 우주공간을 잘 사용하는 법을 배우는 것은 DIE의 일부이며, 그것은 학생들이 그들의 역할뿐만 아니라 드라마에 비판적으로 반응을 하게 되면 향상될 수 있다.

❏ 드라마에서 사전의 성취

드라마에 관한 전체-학교 규정의 장점 중 하나는 드라마를 가르치고 있는 학교의 맥락에서 모든 학교 교사들이 드라마의 활용을 인지할 수 있다는 것이다. 드라마에서 개인이나 그룹의 능력에 중점을 더 두지 않고, 교사나 그룹 리더에게 더 많은 것을 강조하는 것이 DIE 전통 중 하나였다. 만약 드라마가 성공하지 못했다면, 그 원인은 참가자들이 수행을 매우 잘 하지 못했더라도, 리더가 업무를 제대로 수행하지 않았을 것이라는 가정에 있었다. 교육학적인 관점에서 나는 이 전통이 칭찬할만한 것이라고 생각을 하고, 특정 수업이 성공적이지 않으면 학생 탓을 하는 관점과 대조적으로 보았을 때 이는 종종 환영을 받아왔다. 토의에 반응하지 않는 수업은 종종 사용되는 특정 기술에 의문을 제기하는 대신, 활기가 없거나 '죽은' 수업으로 여겨진다. 그러나 드라마의 능력이 기술이나 역량을 발전하는 것으로 여겨진다면, 수업 이전의 성취는 계획하기에 있어 중요한 요소이다.

❏ 교사의 경험

역할 내 교사와 전체−그룹 즉흥극과 같은 드라마의 가장 강력한 접근법 중 일부는 위압적일 수 있다. 드라마 문헌에서 이러한 기술들이 널리 퍼져있기 때문에 교사는 드라마의 사용을 미루어서는 안된다. 교사가 드라마 사용을 두려워하지 않는, 보다 관습적인 교수법을 채택함으로써 이 책에서 보다 많은 가치있는 드라마 작업을 성취할 수 있게 되기를 바란다. 따라서 웜업, 짝과 함께 하는 즉흥극, 텍스트 만드는 소그룹 작업, DVD 감상, 3-4줄 짜리의 짧은 공연 등을 학생들에게 제시하도록 계획된 워크숍은 효과적인 드라마를 만들 수 있고, 이것은 교사에게 참여할 수 있다는 자신감과 함께 작업에 대한 개인적인 도전정신을 안겨줄 것이다.

❏ 그룹의 연령과 성숙도

이것은 단순히 드라마를 계획하는 데 있어 중요한 학생의 나이에 관한 문제만은 아니다; 그룹 내 존재하는 학생들의 성숙도와 사회적 결속력의 정도를 고려해야 한다. 이것은 드라마 프로그램의 도입 단계에서 예비 웜업 활동과 게임이 그들의 태도와 적성을 진단하는데 유용하고, 행하는데 두렵지 않고 부담이 되지 않는 활동을 실천하는 데 유용할 수 있다. 그룹 작업은 논쟁을 위해 간단히 중지될 수 있으며, 이 경우에는 그 다음 수업을 위해 새로운 그룹을 조성하는 것이 좋다.

교실 문제 다루기

교실 통제에 대한 문헌으로부터 많은 것을 배울 수 있는지 의문이 간다. 도입에서 학생들의 이름을 외우고, 지침서를 만들고, 긍정적인 격려를 하고, 무의미한 협박을 하지 말고, 너무 친절하지 않고, 굳건하지만 공정하고, 합리적인 수준이지만 충분히 고려되지 않는 규칙 등은 충분히 합리적이다. 그러나 그것들은 교실에서 한 사람의 행동이 그가 어떻게 느끼는지, 자신의 성향과 가치, 자신이 알고 있는 것과 어떤 관련이 있는 것인지 고려하지 않는 것으로 보인다. 나는 드라마 문헌에서 볼 수 있는 훈련에 관한 거의 모든 유형의 조언을 아주 짧은 시간에 보여주지 못했던 학생교사 그룹을 만난 적이 없다. 그렇다고 해도 그것들이 교실에서 아직 효과적으로 기능하지 않는다고 본다.

드라마의 통제와 관련해서 힌트를 제공하는 것도 가능하다: 예를 들어, 홀과 같은 넓은 공간의 범위를 벗어난 영역에서는 '신체적 접촉 없음'의 규칙을 사용하고, 토의를 위해 원형 또는 타원을 만들고 특정한 신호(예를 들면, 손을 들어라)를 가지고, 이러한 것들은 수업의 질서를 가져다줄 것이다. 그러나 규율을 단지 규칙의 문제로 줄이는 것이 아니라, 아마도 주제의 본질 때문에 발생하는 긴장의 일부로 이해하는 것이 더 도움이 될 것이다. 발생하는 행동 문제 중 일부는 형편없는 수업 구조와 결합된, 긍정적이고 과도한 태도 때문에 그렇게 된다.

주어진 상황에서 학급이 어떻게 반응할 것인지 예상하기 어렵기 때문에, 일련의 정해진 일상적 패턴과 활동으로 어떤 형태의 가르침(드라마를 가르치는 것은 물론이고 열린 결말과 위험을 감수할 경향이 있는 가르침)을 줄이는 것은 어렵다. 그러나 수업이 잘못되기 시작하고 계획대로 진행되지 않을 때 취할 수 있는 조치가 있다. 여기서 강조하는 것은 단지 수업을 만회하는 것이 아니라, 드라마 수준이 작업 프로그램 내에서 유지되게 하거나 드라마가 교육과정 전반에 걸쳐 장기간 사용되는 것을 보장하는 데 있다.

- 성공적이지 못한 드라마 이후에 교사가 비생산적으로 다음 수업에 수업내용을 진행하는 것은 쉽게 찾아볼 수 있다. 이것은 '무엇이 잘못되었지?'라는 교사의 질문에 학생들은 '저희는 그저 바보같았어요'라고 대답하는 결과를 가져다준다. 이러한 대화는 사기를 저하시키므로 피해야 한다. 숙련된 수업은 드라마가 왜 효과가 없었는지에 대한 구체적인 이유를 파악하

게 해 주지만, 종종 학급은 지나치게 까다로운 특정 작업을 수행하지 못했다는 책임감을 느끼게 한다. 비난을 피하는 것은 좋지만 드라마에 긍정적인 태도를 유지하는 것이 좋다.

• 때로는 토의 방식으로 역할 내 질문하기를 할 때, 학생들은 단순하게 무슨 말을 해야 할지 몰라 멈추게 된다. 이러한 경우 짝을 지어 그 순간에 대해 질문을 하거나 말하고 싶은 것을 말해보라고 하는 것이 유용할 수 있다.

• 수업의 마지막 부분에 그룹 작업을 준비하도록 할 때, 가장 신중한 일조차도 어떤 그룹에게는 아무것도 제시할 수 없게 될 때가 있다. 교사는 진정한 노력에 대해 부정적으로 반응하지 않도록 주의깊게 판단을 내려야 한다. 그룹에게 아이디어에 대해 발표하도록 요청하는 것만으로도 충분할 수 있다.

• 다른 속도로 일하는 그룹과 다른 그룹보다 먼저 끝내는 그룹이 함께 있을때 간단한 해결책은 없다. 교실 작업과 마찬가지로, 학생이 작업을 마치지 못한 경우 처벌의 문제가 발생할 수 있으므로 작업을 확장(예: 추가적인 타블로, 역할 내 질문하기의 순서, 대본)하는 것이 유용하다.

• 학생들은 적절한 방법으로 믿음이 형성되지 않으면 드라마를 진지하게 받아들이지 않는다. 그러나 가르침과 준비가 얼마나 조심스럽든지 간에, 학생들이 드라마를 조롱하며 촌극으로 만들지 않을 것이라는 보장이 없다. 여기서 중요한 점은 드라마에 대한 이러한 접근 방식이 일반적으로 되지 않게 하는 것이다. 스타일과 적절한 장르에 관해 학급과 구체적인 토의가 필요할 수 있다. 공연수행이나 비디오를 통해 다른 학급의 작품을 관찰하면 기대치를 높일 수 있다. 자기 표현과 창의성이 우세한 작업은 다른 드라마들이 너무 새롭지 않다라는 생각, 두려움 때문에 그 드라마 모델을 사용하지 않으려는 경향이 있지만, 그것은 단순히 다른 사람들의 작품을 모방하는 것이 아니라 수업에 동기를 부여하는 것이다. 또한 학생들이 다음 수업에서 작업할 텍스트를 받거나 일부러 코미디 작업을 하도록 다양성을 가져오는 것이 적절할 수 있다.

• 때로는 낄낄거리지 않고 타블로를 할 수 없는 경우가 있다. 이 경우에는 정지하고 있고, 그 정지된 이미지를 유지하는 등의 기본적인 활동으로 다시 돌아가는 것이 도움이 될 수 있다. 드라마에 대한 태도는 수업의 경험뿐만 아니라 그날그날의 분위기에 의해 결정된다. 그 사실에 대한 민감함이 필요하다.

• 드라마가 너무 활기차고 신체적이라면, 교사는 학생들에게 활동을 멈추고 서사를 중단하게 한 뒤, 서사가 다시 시작되기 전에 짤막한 사건을 구성하게 할 수 있다.

이 장에서는 드라마가 별도의 주제로 작동하거나 다른 주제와 통합되는 경우—즉, 즉흥극, 텍스트 발췌본 작업, 연극 관람, 희곡 작업, 마스크 사용 등—1년이 넘는 수업계획과 지도안에 기여할 수 있는 광범위한 드라마 작업을 강조했다. 그러나 연극적인 놀이에서부터 전체 학급의 즉흥극, 과정 드라마에 이르는 오랜 역사의 DIE에서 교사와 학생들은 모든 수업이 매우 창의적이고 활기찬 활동과 비슷해야 한다는 기대를 하게 된다. 회의 워크숍이나 제시 형태의 수업은 괜찮지만, 주별 수업을 담당하는 교사는 계획에 대해 보다 절제적이면서도 다양한 접근방식을 필요로 한다. 여기서 어려운 문제 중 하나는 교과목으로서 드라마와 영어와의 관계이다. 영어는 전통적으로 텍스트 연구, 공연 및 극작 분석 등 문헌 연구로서 드라마에 책임이 있으며, 드라마 수업은 '창의적 드라마'가 발생했던 곳이라는 의미이다. 그러나 제한된 참고문헌으로 의미있는 드라마 교과를 만들기 위해 노력하는 것은 어렵고, 훈련에 관해 종종 부정적인 영향을 미친다. 또한 초등 교사에게는 쟁점이 되지 않지만 중등 학교에서는 드라마에 대한 전체 학교 규정이 쟁점이 될 수 있다. 예를 들어, 2장에서 제안한 것처럼 학교교육과정에 매주 드라마를 포함시키는 것 말고 다른 방식이 있을 수 있다. 그것은 외부 기관과의 파트너십을 허용하는 것이다. 보다 다양한 드라마 수업계획은 편협한 방식의 작업에서 때때로 발생할 수 있는 문제들에 도움을 줄 수 있다.

더 읽을거리

중등학교에서 수업계획에 관한 예들을 참고하고자 하면 이 책들을 참고하면 좋다.

Doona, J. (2013) Secondary Drama, A Creative Source Book; Hulson, M (2006) Schemes for Classroom Drama; Lewis, M. and Rainer, J. (2005) Teaching Classroom Drama and Theatre; Wheeller, M. (2010) Drama Schemes; Bennathan, J. (2000) Developing Drama Skills. Insights into planning can be found in the later chapters of McGuinn, N. (2014) The English Teacher's Drama Handbook.

초등학교에서 수업계획에 관한 참고할만한 책은 아래와 같다.

Chalmers, D. (2007) Drama 3-5 a practical guide to teaching drama to children in the foundation stage; Cremin, T. et al. (2009) Jumpstart Drama 5-11; Winston, J. (2000: 5-11) Drama, Literacy and Moral Education; Chaplin, A. (1999: 9-11) Drama. For specific chapters on planning see Kempe, A. and Nicholson, H. (2001: 11-18) Learning to Teach Drama; Kitson, N. and Spiby, I. (1997) Primary Drama Handbook; Owens, A. and Barber, K. (1997) Dramaworks; Bolton, G. (1992a) New Perspectives on Classroom Drama. For planning approaches to 'process' drama see Taylor, P. (2000) The Drama Classroom; Bowell, P. and Heap, B.S. (2012) Planning Process Drama; O'Neill, C. (1995) Drama Worlds.

드라마
시작하기

STARTING
DRAMA
TEACHING

Starting
Drama
Teaching

제4장
드라마 시작하기

▌일반적인 오해

이전 장에서는 드라마 수업을 계획할 때 수업에 포함될 수 있는 잠재적 활동의 폭과 다양성을 기억하는 것이 도움이 된다고 제안하였다. 한편 학생들을 위한 드라마는 연극적인 놀이와 관련이 있으며, 드라마 제작에 대한 적극적인 참여는 드라마의 교육적인 힘의 일부라는 것을 기억하는 것도 중요하다. 그러나 단지 충격에 휩싸이고 환멸을 느껴서 많은 학생들과 교사들은 단순한 역할극을 시작한다. '그들은 서로 치고 싸우기 시작했다… 그들은 단지 킥킥대는 웃음으로 무너졌다… 나는 그들을 심각하게 만들 수 없었다… 그들은 차를 만들어 운전하는 척하고 브레이크를 밟았다…' 이 예들은 수업 내 학생에게서 도출될 것이지만, 드라마를 촉진하기 위한 일반적인 제안과 모든 수준에서 관련이 있다. 이 장의 목적으로 나는 흥미롭고도 중요한 '역할극', '드라마', '즉흥극' 간의 개념적 차이를 제안하지 않는다. 여기서 논란은 성공적인 드라마를 만드는 요소가 무엇인지 아는 것이 역할극을 포함한 가장 기본적인 형태의 작업에 영향을 미친다는 것이다. 그리고 강조점은 드라마에서 둘씩 짝을 지어 하는 작업에 있으며, 게임과 웜업 활동의 건설적인 활용에 있을 것이다.

둘씩 하는 작업이 항상 드라마를 처음 접하는 교사와 학생들에게 가장 좋은 출발점이라고 주장하는 것은 아니다; 타블로나 역할 내 질문하기와 같은 6장에서 설명할 기술 중 일부는 매우 안전하고 통제된 시작을 제공할 수 있다. 마임, 움직임 및 독백은 모두 드라마의 중요한 측면이지만 '드라마의 그물망dramatic web' 중심에 있는 것은 대화이다Szondi, 1987: 17. 둘씩 하는 작업을 효과적으로 촉진할 수 있는 능력은 드라마 활동의 본질에 대한 이해를 필요로 하며, 드라마를 별도의 주제로 가르치거나 다른 주제와 통합되는지 여부에 관계없이 다른 모든 측면의 작업에 영향을 미친다. 또한 둘씩 하는 작업은 어떻게 하면 수업에서 연극을 잘 시작하는 것이 가장 좋은 방법인지에 대한 오해를 예방할 수 있다. 비록 오해가 있더라도, 한편으로 연극의 경험에서 얻은 합당한 근거와 다른 한편으로는 연극적인 놀이에 대한 아동의 능력을 기반으로 한다. 연극 경험을 위해 항상 드라마를 시작하기 위해 인물 캐스팅을 하고, 시나리오를 짜서 연기를 지시해야 한다고 생각한다; 그것보다는, 드라마를 촉진시키기 위해 더 심오한 수준에서 연극이 작업하는 방식을 알아야 한다. 반면에 연극적인 놀이에 대한 아동의 능력은 특정 드라마 기술과 구조를 아는 정도로 과소평가될 수 있다. 단, 규칙을 거스르기 위해 항상 예외라는 것이 존재하기 때문에 너무 독단적이지 않는 한, 드라마를 시작하는 가장 좋은 방법에 대한 오해에 대해 더 자세히 논의할 수 있다.

❏ 캐스팅

관습적인 극의 텍스트는 일반적으로 '등장인물들'의 목록으로 시작하며, 드라마를 시작하는 적절한 방법은 텍스트 고안 작업인지 즉흥 작업인지에 관계없이 텍스트를 해체하는 것이라고 생각하는 게 합리적일 수 있다. 그러나, 극 텍스트 작업의 경우, 한 부분의 연기를 시작하게 되면 상당한 수준의 기술과 경험을 요한다. 텍스트로 작업을 시작하는 방법은 7장에서 논의될 것이다. 즉흥의 다양한 맥락에서, 각기 다른 부분들의 분배는 필연적으로 복잡한 구조에 대한 기대와 요구로 이어지고, 이것은 학생과 교사가 행하기 어려울지 모른다. 왕, 시장, 피프스Pepys,[11] 등의 역할을 캐스팅하여 런던대화제Fire of London에 관한 드라마를 시작하는 것은 이 인물들이 차별화된 역할로 서로 설득력있게 상호작용해야 한다는 것을 의미한다. 그러나 운명의 밤에 잠들기 전 어떠한 행동을 할 것인지에 대해 짝을 지어 제빵사에게 화재

---

11) 역자 설명: 영국의 정치가이자 해군

를 진압한 것이 확실하냐는 질문을 하는 인터뷰를 하라고 한다면, 이 수업을 시작하는 것이 더 쉽다. 또는, 반대로 학급은 화재의 정확한 원인을 밝히기 위해 일련의 증인에게 질문하는 조사관의 역할을 수행할 수도 있다; 이 구조는 말 그대로 조사위원회가 질문을 제기하는 것과 같이 둘씩 작업할 필요는 없다. 그러나 두 인물 간의 동일한 대화/구조적 패턴의 대립이 이어진다.

텍스트의 다양한 부분을 해체하는 또 다른 방법은 특정 관점을 드러내거나 혹은 그 태도를 채택하는 것보다 더 까다로운, 개별화된 역할과 인물화를 위한 암묵적 요구가 있다는 것이다. 학생들이 '화재에서 용감하게 싸운 왕의 남자들' 역할을 맡게 되면, 자신들의 역할의 기틀을 마련하고 그것을 유지하기 위해 다른 학생들과 서로 단서를 얻으면서 그 인물에 대한 구체적인 입장을 갖게 된다. 여기에서 태도를 채택하는 것에 더 기반을 두는 역할 개념이 보다 아우르는 창조에 기반한 인물 구축보다 항상 우선시되어야 한다고 논하는 것은 아니다. 인물의 중요성을 위해 만들어진 경우가 있긴 하지만, 그 캐릭터를 시작하고 유지하는 실질적인 어려움을 깎아 내리지 않는 것이 중요하다.

❏ 서사 만들기

서사와 플롯의 차이점은 3장에서 논의되었다. 서사는 드라마의 근간이기 때문에 이야기를 만드는 것은 드라마를 접하는 데 필요한 예비 단계라고 가정하는 것이 당연하다. 그러나 학생들은 종종 창의적이고 상상력이 풍부한 아이디어를 드라마적인 행동으로 전환하기 어려울 수 있다. 예를 들어, 참가자들에게 이야기를 시작하도록 요청해서 '로빈 후드'에 기반한 드라마를 시작하는 대신, 볼튼은 화살을 만드는 법을 아들에게 가르치는 아버지, 이렇게 참가자들을 둘씩 배치했다. 마찬가지로 '요셉과 그의 신도들Joseph and His Brethren'에 기반한 작업은 '구덩이' 사건 이후 수년간 인터뷰를 해 온 요셉으로 시작되었다[Bolton, 1992a]. 이런 식의 접근은 에피소드 중심의 사건으로 치중되는 것을 막는다.

❏ 실제 세계의 모방

영화와 TV의 자연주의적 형태의 드라마에 노출된 결과로 드라마의 목표가 현실을 가능한 정확하게 모방하는 것이 될 수 있다. 1장에서 지적했듯이, 예술로서 드라마의 핵심 요소는 그것이 실제가 아니라는 것이다. 따라서 교사의 본능은 문을 열고 차를 마시고 돈을 계산하는 것과 같은 마임을 완벽하게 하려 할 수 있다. 이것은 복잡한 문제이다. 왜냐하면 때때로 올바른 행동을 취하는 것에 중점을 두는 것이 적절하지만, 이러한 사례는 주제에 대해 생각하는 사례보다 훨씬 적다. 종종 드라마의 행동은 의미와 내용에 종속되어야 한다. 따라서 십대 자녀에 대해 걱정하는 남편과 아내 사이의 간단한 대화를 시작하고 자식의 어리석은 행동 때문에 서로를 비난하는 대화를 시작하기 위해, 어머니가 찻잔에 차를 따르는 법을 정확히 이해할 필요는 없다. 그러나 가정에서 하는 성역할을 상징하기 위해 어머니가 다림질하는 것이 적절할 수도 있다. 한 캐릭터의 지배력이 중요시될 때, 그 사람이 앉아 있거나 서 있는지에 집중하는 것이 적절할 수 있다. 행동이 기표로서 중요해지면, 그 대상에 대해 더욱 의식적으로 주의를 기울일 필요가 있다. 상황에 믿음을 쌓기 위해 혹은 참가자를 '말뚝peg'의 역할로 참여시키기 위해 몇몇 행동을 지시하는 것이 때때로 적절할 수도 있다. 가상의 문을 두드려서 열고 방에 들어가는 것은 노동자와 보스 간의 공식 면담을 위한 '전조'일 수 있지만, 그 마임의 정확성은 중요하지 않다. 또한 실제 세계를 필수적으로 반영하지 않는 드라마의 개념은 학습과 이해와도 관련이 있다. 왜냐하면 드라마는 신선한 통찰력으로 세상을 다르게 볼 수 있도록 도와주기 때문이다.

❏ 행동의 지시

드라마를 시작하는 가장 좋은 방법은 '더 부드럽게 말해봐… 천천히 걸어봐… 너무 빨리 반응하지 말아라' 등 교사가 행동을 지시하는 데 있어 주된, 강요적인 역할을 수행해야 한다는 생각은 교육적으로 바람직하지 않다. 이는 학생들의 헌신뿐만 아니라, 드라마의 내용과 형식에 대한 그들 이해의 발달을 제한할 수 있기 때문이다. 그것은 또한 연극과 연출의 역할에 대한 매우 전통적이며 시대에 뒤처진 시각을 바탕으로 한다 〈그림 1.1〉에서 설명된 씨어터 1. Brook[1968: 17]에 따르면:

> 리빙씨어터(Living theatre)[12]에서 우리는 매일마다 어제 발견한 것들을 리허설 할 것이고, 진정한 연극이 또 우리를 벗어났다는 것을 믿을 준비가 되어 있다. 그러나 죽은 연극(Deadly Theatre)은 고전을 어딘가에서 누군가가 발견하고 연극이 어떻게 이루어져야 하는지를 정의한다는 관점에서 접근한다.

---

12) 역자 설명: 삶의 신성함을 목표로 1947년 미국에서 만들어진 극단

DIE의 역사에서 연극에 대한 비판은 '죽은 연극Deadly Theatre'에 대한 비판으로 볼 수 있다. 여기에 설명된 다른 '오해'들과 마찬가지로, 그것은 어떤 형태의 전통적인 지시도 완전히 금지하는 것이 아니라, 출발점으로서 그러한 접근법은 학생들에게 자의식을 갖게 하고 교사에게 지나치게 의존할 가능성이 높다는 것을 인식하는 것이다.

❏ 학생들만의 방법으로 그들을 내버려두기

1950년대와 1960년대의 자기 표현 이론의 상당한 영향으로 인해 학교 내 드라마에서 학생들에 대한 지나친 개입이 줄었다. 이 시기에는 학생들의 작업에 대해 교사가 개입을 하지 않는 것이 미덕이었다. 그러나 드라마가 자연스러운 활동이기 때문에 연극적인 놀이를 위한 학생의 능력은 학생들이 그들만의 방법으로 남겨질 수 있다는 가정으로 이어질 수 있다. 이 책의 도입에서 언급했듯이, 문헌에서 권장되는 많은 드라마 접근법은 학생들이 잘하게 하기 위해 예술 형식의 기술을 습득해야 한다는 암시없이 그저 연극이나 장면을 구성하기만 하면 된다고 생각한다.

일반적인 문제들

학생들과 드라마를 시도한 교사 중 다시 무언가를 가르치려는 생각을 버리려는 교사를 만나기 쉽다. 흥미롭게도, 그들은 종종 드라마의 가치와 인기에 대한 확신을 가지고 있지만, 그들이 겪는 어려움 때문에 그 확신을 뒤로 미룬다. 드라마 작업을 시작할 때 교사가 종종 겪게 되는 문제점들을 고려하는 것이 도움이 될 것이다.

❏ 드라마를 심각하게 여기지 않는 학생들

나는 즉흥적인 드라마를 할 때 드라마를 진지하게 받아들이지 못하는 학생들이 더 일반적인 문제라고 생각한다. 즉흥극은 그 자체가 재치있고, 예측할 수 없는 논평들이 오가고, 유머와 패러디가 있기 때문에 학생들이 진지하게 받아들이지 못한다는 것에 놀라지 않을 수도 있다. 즉흥적인 기술을 바탕으로 하는 라디오 및 TV 프로그램이 확산되었고, 이것의 목적은 즐겁게 해주는 것이다. 드라마의 역사에서 즉흥극은 종종 코미디와 관련이 있어 왔다. 물론 드라마 교실에 코미디는 존재하진 않지만, 교사를 지치게 해서는 안 된다. 이는 즉흥 작업에 텍스트와 대본 작성 작업을 배치하는, 드라마의 다양성을 위한 또 다른 이유가 되기도 한다.

❏ 실현되지 못하는 드라마

드라마가 구체화되지 못하는 것의 원인은 동기의 부족으로 볼 수 있으나, 종종 아이디어를 드라마적인 행동으로 바꿀 수 없기 때문이다. 그것은 종종 단순히 어떻게 시작해야 할지를 몰라서이다. 또한 그렇게 해야 한다는 압력을 너무 빨리 느끼고 그 작업을 공유해야 한다는 부담감 때문일 수 있다. 자신의 작업을 수행하고 공유하려는 학생들에게는 그 고통스럽고 부끄러운 전 과정을 보려는 다른 학생들이 있다. 그룹과 개별 학생들이 느끼는 예민함은 성공적인 드라마를 시작하는 주된 요소이다.

❏ 실패한 통제

경험있는 교사의 경우 성패가 달려있기 때문에 드라마를 시작하는 것이 더욱 어렵다; 드라마에 취약한 입문 교사의 경우, 드라마에 노출되는 것은 아마 그들에게 위협이 되진 않을 것이다. 규율과 통제에 관한 문제는 3장에서 논의되었는데, 교사로서 자신의 기준점을 세우는 것이 유용하다고 제안하였다. 이것은 드라마가 시작되기 전에 교사 자신의 마음을 확고히 하는 데 도움이 될 것이다. 드라마 관련 도서를 쓰는 많은 작가들은 내면으로부터 드라마를 통제하고 심화시킬 필요성을 강조하는 것이 당연하지만, 특정 문제에 대해 교사들은 그들이 기대하는 바를 명확하게 알아야 한다고 하였다. 예를 들어, 학생들이 공연하는 경우, 서로의 작품을 존중하고, 공연 중에 논평하는 것에 대한 엄격한 규칙이 필요한 것이다.

▌시작하기

위에서 설명한 부정적인 결과는 여러 이유에서 발생한다: 그 내용이 학생들의 경험과 무관하거나; 드라마가 긴장보다 갈등에 더 많이 근거하거나; 활동이 너무 갑자기 소개되거나; 기대 이상의 혼란이 있을 때이다. 둘씩 하는 작업의 장점은 상대적으로 개별적인 작업이므로 모든 참가자에게 안전한 시작을 제공한다. 그것은 또한 대규모 그룹 작업의 경향이 있는 세밀한 서사를 만드는 데 있어 한계가 있다. 둘씩 하는 작업으로 시작하는 것은 교사로 하여금 이미 사전에 계획된 구조로 작업하게 한다. 3장에서 드라마를 계획할 때, 항상 일상적으로 설정할 필요는 없고, 가장 좋은 계획은 협상과 유연함을 필요로 한다고 제시하였다. 둘씩 하는 즉흥 혹은 대본 작업은 교사뿐만 아니라 학생들에게 더 안전한 구조를 제공하고 있다는 점에서 학생들에게 더 많은 책임감을 가져다주는 일련의 활동들이 도출될 수 있다. 아래에는 둘씩 작업을 할 때 염두해야 할 몇 가지 고려 사항이 있다. 둘씩 하는 작업은 즉흥을 기반으로 할 수 있고, 대본 고안 작업이나 짧은 대본 작성 작업도 포함될 수 있다.

- 중학생이든 성인이든 관계없이 워크숍을 시작하려는 참가자는 흥분과 긴장감을 함께 느낄 것이다 '내가 당황하거나 바보같은 모습으로 보일까?'. 초기 활동은 참가자들이 편안하게 느끼도록 해야 한다.

- 종종 교사가 학생들에게 둘씩 활동하라고 하면, 아무런 활동을 하지 않는 학생이 있기 때문에 드라마가 시작되기 전에 첫 번째 문제가 발생한다. 이 문제에 대한 간단하고 즉각적인 해결책은 없으며, 이러한 문제들은 많은 학급에서 일어난다. 때로는 둘씩 혹은 세명씩 작품을 만들겠다는 확고한 가르침은 있지만, 학생들이 여기에 반대한다고 주장하는 것은 일반적으로 바람직하지 않다. 왜냐하면 이러한 문제는 일반적으로 교사와 학급 간의 대결이 되기 쉽기 때문이다. 때로는 특정 학생을 교사와 함께 작업하게 할 수도 있다. 학생들이 그룹에서 한 명을 분명히 내쫓는 경우, 이것은 장기적인 문제일 수 있으며 여기에 학교의 다른 교직원을 참여시킬 수 있으며 혹은 그 자리에서 해결되지 않을 수 있다.

- 중심이 되는 활동이 무엇이든 간에 전념하게 하는 주요 활동을 하기 전에 웜업 역할극 활동을 해라. 예를 들어, 역사 수업에서 총리 인터뷰, 소설 속 인물에 대한 질문. 도로시 헤스코트는 입문 교사들에게 수업 계획이 끝나면 그들이 의도한 것부터 한 걸음 더 뒤로 물러나야 한다고 조언을 한다. 이것은 보다 중요한 역할극을 하기 전에 학생들에게 그 활동으로 나아가야 할 방향을 '느낄' 기회를 준다. 또한 교사는 학생들이 어떻게 작품에 반응하는지, 그리고 서로 협력하는지 아닌지 사정할 수 있다. 웜업 활동의 문제는 학생들에게 아주 매력적이지 않을 수도 있다는 것이다. 여기서는 활동의 목적과 최종 결과물의 방향을 설명하는 것이

도움이 된다. 한 학생이 파트너에게 아침에 학교로 오는 길에 관해 이야기하는 것이 오프닝(opening) 활동일 수 있다. 따라서 '파트너에게 학교로 오는 길에 대해 이야기를 해 봐...' 대신에 교사는 이렇게 지시할 수 있다: '웜업 활동으로 드라마를 준비하는 데 도움이 되는 아주 간단한 세 개의 활동을 할 것이다.' 다른 유용한 도입 활동(학교로 오는 길에 관한 상상력 넘치는 이야기, 지각한 것에 대한 변명하기, 결함이 있는 물건을 상점에 환불하기, 사고에 대해 목격자와의 인터뷰하기)은 초기에 중심이 되는 활동을 하지 않으면서 학생들에게 너무 많은 요구를 하지 않고 말 그대로 편안하고 비위협적인 분위기에서 침묵을 깨기 위해 사용할 수 있다.

♦ 학생들이 그들의 업무를 시작하기 전에 실제로 그들이 무엇을 할 것인지 생각해보고 말하게 해라. 이것은 그들에게 요구하는 것이 적합한 것인지 판단하는 좋은 방법이며, 사실 실행하기가 어렵다. 역사 수업에서 교사는 두 학생에게 '조약이 체결된 그 순간을 연기해라'라고 할 계획이었지만, 그 작업이 행동의 모방에 그치지 않는다는 것을 반성하게 된 것은 그 이후였다; 그 활동은 긴장감이 없으며 언어적인 대화로서의 가능성은 보이지 않는다. 이러한 종류의 활동은 학생들이 그들 자신을 느끼게 하고 그 상황을 모면할 수 있게 해준다. 드라마의 관점에서 볼 때보다 적절한 활동은 조약 체결은 조약을 서명하는 사람이 서명하기 전에 그의 마음을 바꾸도록 설득하게 하는 것이다. 물론 역사적인 상황에 필요한 적합한 활동으로 말이다.

♦ 역할을 정하기 전에 둘씩 짝을 지어 'A와 B가 누구인지 결정해라'라고 예비 안내를 할 수 있다. 이러한 전략을 사용하는 이유는 역할을 선택하는 것이 종종 임의적이기 때문이다. 실제와 가상의 맥락 간의 관계는 복잡하지만 학생들에게 다양한 종류의 역할을 채택하게 하는 것이 반드시 필요하다.

♦ 드라마 초기 단계에서 학생 및 성인 모두는 그들의 경험과 근접한 역할을 채택하는 것이 더 쉽다는 것을 알게 된다. 그래서 가족, 디스코클럽, 우정 및 특정 집단의 무리들을 포함하고 있는 사회적 현실주의 기반의 드라마가 중학생들에게 일반적인 경향이 있다. 드라마의 주제가 폭넓다는 것이 중요하지만, 학생들에게 익숙한 학교 및 가정 상황에 초점을 둔 둘씩 하는 활동은 실행하기 쉬워서 유용한 출발점이 된다.

♦ 드라마 활동의 어려움을 결정짓는 것은 부모, 노예, 왕 등 역할의 유형뿐만 아니라, 그 역할들이 처해져 있는 상황이다. 13세의 학생들이 과세에 대한 장관의 말에 동의하지 않는 왕의 역할보다는 십대의 자녀가 밤 몇시에 집에 들어오는 게 나은지에 관해 의견이 대립되는 십대 자녀와 부모의 역할을 맡는 것이 처음에는 더 쉬울 수도 있다. 그러나 두 대화는 설득해

야 한다는 점에서 유사점을 지니고 있다. 한 부모가 어떠한 이유로 아이를 위로하는 상황과 이 상황을 비교해 보아라. 드라마에서, '위로'는 '설득'보다 실행하기가 더 어렵다. 그 이유는 전자의 경우에서 둘 중 한 명이 수동적인 역할을 너무 많이 하기 때문이다. '설명'과 '말'은 적당한 웜업 활동이긴 하지만, 실제 드라마에서 잘 작동하지는 않는다. 그룹의 고유한 맥락을 반영하는 활동이 처음인 학생들에게는 다음과 같은 워크숍을 시작하는 것이 유용하다: 학생(학교 기반의 상황); (새로운 수업을 시작하는) 학생들; 교사(학부모와 저녁 만찬). 이러한 경우에 목적이 무엇인지 명확히 할 필요가 있다 ('모든 사람들이 경험한 것과 가까운 활동으로 시작하자').

- 때로는 그 인물에게 의도와 동기를 부여하는 것이 도움이 된다. 인터뷰의 경우: '이 직업은 당신에게 중요하다 ―당신이 그 직업을 얻지 못하면, 당신은 가족들과 기대했던 휴가를 취소해야 한다.' 나는 한때 교사가 드라마를 시작하기 위해 낡은 코트를 사용한 수업을 보았었다. 그것은 좋은 아이디어였는데, 그 이유는 활동에 구체적인 초점을 제공했기 때문이다. 이것의 궁극적인 목표는 그 의상의 외형, 주머니의 정황 등에 관한 유추를 함으로써 그 코트 주인의 인물을 만들어내는 것이었다. 두 학생은 자원해서 그들에 의해 발견된 코트에 관한 장면을 만들었다. 비록 학생들의 동기부여는 좋았지만, 드라마가 실망스러웠다면 그 이유는 그들이 코트를 찾아 집어드는 것보다 뭔가 더 어려운 일을 하려고 했기 때문이었다. 그 두 학생에게 각각 특정한 태도를 부여하는 것이 더 좋았을 뻔했다 '너네들 중 한 명은 코트를 훔쳤다는 두려움 때문에 코트 만지길 매우 꺼려하고, 나머지 한 명은 코트를 집어 들어 주머니를 찾으려고 해봐'.

- 둘씩 하는 작업을 계획할 때, 즉흥의 결과를 미리 설정해야 하는지 여부를 결정하는 것이 중요하다. 코트를 찾는 위의 예를 보면, 학생들은 장면 마지막에 코트를 찾거나 혹은 전혀 찾을 수 없다는 말을 들을 수 있다. 이 사건에서 긴장은 결과를 알지 못해서 파생된 것이 아니라, 알려진 결과를 어떻게 깨달을 것인지 결정하는 것으로부터 파생되는 것이다. 비록 미리 계획되지 않은 자발적인 즉흥극이 참가자들에게 더 현실감을 줄 수 있을지 몰라도, 결과가 정해진 활동으로 시작하는 것이 때로는 도움이 된다.

- 앞에서 제안했듯이, 참가자가 행위를 하도록 돕는 '말뚝(peg)'을 제공하는 것이 종종 도움이 된다. '의견의 불일치가 일어나는 동안 아파트에 새로 이사를 온 사람이 포장을 풀고 있다.' '사장이 도둑에 관해 고용주에게 질문을 하면서 페이퍼 작업을 계속 한다.' 학생들이 특정 활동에 초점을 맞춰야 하는 시기와 방법에 대한 질문은 드라마의 전반적인 의미와 관련이 있다; 학생들에게 그들이 장면을 실행하면서 실제로 할 수 있는 일에 대한 단서를

주는 것은 그들 작업의 질에 도움을 줄 수 있다. '늑대와 빨간모자의 소녀가 바구니에 음식을 담을 동안, 소녀의 어머니는 조심하라고 얘기를 한다.'

♦ 주고받는 것의 적절한 분위기를 설정하는 데 있어 그 시작점을 제공하는 것이 때때로 도움이 된다. 드라마를 접하는 많은 학생들은 단순히 어떻게 시작해야 하는지 모른다. '너의 첫 대사: 하원의장이 학생에게 "너가 이것에 관해 말하기 원하지 않는다는 것을 나는 알지만, 우리가 … 해야 한다고 나는 생각해". 가정 조사를 하는 경찰관이 "몇 가지 질문을 할 시간이 있을까요? 정말 중요한 일이에요".'

♦ 그다지 복잡하지 않은 충돌 상황은 학생들을 피상적인, 대립 장면으로 이끄는 경향이 있다. 중요한 것은 긴장이다. 그들에게 부모가 십대 자녀가 모아둔 돈을 쓰는 상황 속 역할극을 하게 하는 대신(소리치는 성량을 유도하기 위해), 교사는 도덕적인 사례로 부모 측면의 장면을 설정한다(부모는 가족 휴가를 위한 돈이 필요했고 그 돈을 다시 지불할 계획이었다). 이것은 제한을 설정하는데 유용하다.

♦ 간단한 역할극 상황은 시뮬레이션 수준으로 남을 수 있다. 예를 들어, 취업 면접 연습. 그러나 그것은 더 깊은 수준이 될 수 있다: 인터뷰관 중 한 패널이 면접자와 어떤 관계를 유지해왔다.

♦ 학생들은 단지 30초간의 대화를 '열린 문(open door)' 혹은 '엿듣는' 기술을 사용해 작업을 공유할 수 있다. 이것은 학생들에게 너무 많은 부담을 주지 않으면서 그들의 작업을 공유하는 데 가치가 있으며, 그들을 자신감있는 연기자와 수줍어하고 과묵한 사람들로 성급하게 분류하지 않는다. 모든 쌍들에게 말 그대로 아주 짧고 간단하게 그들의 작업을 공유하도록 함으로써, 앞으로 있을 공연을 위해 중요한 근간을 마련해줄 수 있다.

♦ 때로는 수업에서 특히 성공적인 한 쌍의 작품을 보거나 혹은 교사가 수업에서 학생들과 함께 작업을 보는 것이 도움이 된다. 그리고 그들의 작품을 공유하게 되면 그들 또한 행복해진다. 대안으로, 사전에 기록된 작업들이 사용될 수도 있다. 개인의 창의성에 관해 전통적으로 강조해오던 것은 학생들에게 이런 간단한 작업을 제공하는 교사들을 부정하곤 하였다. 그러나, 학생들은 그들이 본 것을 단순히 정확하게 모방하는 경우는 드물다.

♦ 학생들이 둘씩 혹은 더 큰 그룹으로 대본을 쓸 때, 작업에 더 집중하도록 하기 위해 특정 대사의 몇 줄로 제한해서 쓰게 하거나 혹은 대사의 첫 줄을 제공하는 것도 좋다.

게임과 활동

게임과 활동을 과도하게 사용하는 문제에 직면한 교사는 헤스코트[2009]의 말에 귀를 기울여야 할 것이다, '나는 결코 학생들과 많은 활동을 하는 것에 관심이 없다. 그 이유는 말도 안되기 때문이다. 왜 우리는 그들 모두가 참여하게 하고 서로 소리치게 하지 않으면 안되는 것인가?' DIE 초창기에, 게임은 몇몇 드라마의 순수주의자들에게 유일한 적당한 대안으로서 그룹 전체의 자발적인 즉흥극보다 다루기가 쉬웠기 때문에 일부 교실에서 많이 사용되었다. 중요한 것은 게임은 수업을 지배하지 못한다는 것이다: 교사들은 학생들이 자신의 차례일 때마다 종종 기뻐하는 반응을 무시해야 한다. 그러나 드라마에 대한 균형잡힌 접근 방식으로 게임이 차지하는 비중이 있긴 하지만, 게임이 실행되어야 하는 제한적 위치를 더 명확하게 보아야 한다. 교사는 웜업 활동을 제공하며 그룹의 반응과 사회적 응집력을 사정할 수 있어야 하고, 교사와 학급이 안전한 방식으로 정상적인 일상에서 벗어나는 데 도움이 되어야 한다. 또한 특히 공연 작업과 관련하여 특정 상황에서 특정 기술을 습득할 수 있다. 때때로 특정 게임을 하는 데 필요한 기술, 협력의 필요성, 순서대로 하기 등에 대한 학생들의 관심을 유도하므로 드라마 작업에 더 적합한 환경을 제공하면서 게임의 상태와 수업의 톤을 높일 수 있다. 더 중요하게, 그것들은 게임에 의해 생성된 긴장을 제공하며 드라마를 시작하는 한 방법이 될 수 있다.

왜 게임이 드라마보다 관리하기가 더 쉬운지 고려해 볼 필요가 있다. 그 이유는 게임이 몇 가지 유용한 교육적인 교훈을 제공하기 때문이다. 게임에는 사전에 결정된 구조, 매우 명확한 목표 및 순전히 참가자들이 느끼는 것에 의해 생기지 않는 긴장의 요소가 있다.

따라서 중요한 뉴스를 기다리는 상황에서는 극적인 긴장감으로 가득차 있을 수도 있지만, 발전된 연기 기술 없이 이루어지는 것은 어렵다. 반대로, 뉴스를 늦추려고 하는 누군가로부터 그 뉴스를 애타게 기다리는 사람을 행동하는 것은 더 쉽다. 그 이유는 드라마 외부의 구조로부터 긴장이 더 생기기 때문이다. 게임은 드라마에서 요구하는 내부 차원을 필요로 하지 않고 외부 규칙 및 관습의 더 높은 권한을 통해 작동된다. 게임과 드라마의 유사점과 차이점을 인식하는 것이 이 둘을 풍부하게 이해하는 데 중요하다. 이 주제는 추상적으로가 아니라 드라마 관련 문헌에서 상당히 인기있는 네 가지 게임을 묘사하는 맥락에서 전개될 것이지만, 그 구조적 측면때문에 여기에 제시된다. 이 장의 마지막의 더 읽을거리 부분에는 그 게임들을 설명하는 여러 참고문헌이 제시되어 있다.

❏ 왕국의 열쇠

이 게임은 자연스러운 긴장을 만들기 때문에 드라마 관련 책에 나오는 가장 흔한 게임 중 하나이다. 여러 변형이 있지만 신체적 접촉의 가능성을 최소화하는 것이 이 게임을 시작으로 드라마를 개발할 수 있는 가능성을 높여준다. 한 학생 A는 의자에 눈을 가리고 앉아 있다. 학생들은 교대로 앞으로 나아가 열쇠소리를 내지 않고 열쇠를 들어 올린다. 그들이 의자 주위에 그려진 원 안쪽에서 A가 손을 뻗을 때 A에게 붙잡히면 실패한다. 원 밖으로 성공적으로 열쇠를 가지고 나온 학생은 열쇠의 수호자로 A의 자리로 가게 된다. 이 게임은 침묵, 경청 및 은밀함을 요구한다.

열쇠 수호자를 없애고 학생들에게 가상의 상황, 예를 들어 감옥에서의 탈출을 상상해 보도록 요청함으로써 학생들이 특정 상황을 쉽게 판단할 수 있다. 이번에는 학생이 열쇠를 향해 앞으로 기어오르고, 게임처럼 실제 잡힐 확률은 없지만, 마치 거기에 있는 것처럼 행동해야 한다. 이것은 진정한 동기 부여의 맥락을 창출하기보다는 외부 행동을 기반으로 하는 제한된 드라마적인 상황을 만들어 내고 있다. 하지만 완전한 프로젝트로 이어질 수 있는 드라마를 시작하는 유용한 방법이다. 이 게임을 출발점으로 공룡 주제를 소개한 4학년 수업은 10장에 설명되어 있다. 그 수업의 구조는 웰빙이나 그룹의 생존에 중요한 가치있는 무언가를 회수하는 것을 바탕으로 한다.

❏ 킬러(살인자)

학생들은 원 안에 앉는다. '형사'는 가운데 앉는다. 다른 모든 학생들이 눈을 감는 동안 교사는 그들의 등 뒤에서 그들 중 한 명의 어깨를 짚어서 살인자를 선택한다. 형사가 알아차리지 못하는 동안에, 사람들을 죽이려고 그들에게 윙크하는 것이 살인자의 일이다. 죽을 때 사람들은 팔을 접는다. 여기에서 토의는 그들이 살해되었다는 발표를 하기 전에 잠시 기다리면서 죽는 사람을 혼란스럽게 하는 것일 수 있다. 또한 형사가 살인자를 결정하려는 여러 방법을 추측하는 것이 흥미로울 수 있다. 그것은 실제로 윙크하는 행동에서 죽는 사람들을 발견하려고 노력하는 제스처일 수 있다. 게임의 구조는 발견과 추정을 기반으로 한다.

☐ 제스처 게임

여기서의 목표는 말하지 않고 그룹에 정보를 전달하는 것이고, 그 정보는 대개 책, 텔레비전 프로그램 또는 영화 제목을 바탕으로 하며, 음절, 문장 또는 흉내를 내고 있는 전체 단어를 나타내기 위해 다양한 지시가 있다. 그러나 그 게임은 말하지 않거나 어떤 종류의 관습을 사용하지 않으면서 점점 더 복잡한 메시지를 전달할 수 있는 방법을 찾도록 함으로써 게임을 잘 수행할 수 있다. 이 게임은 누군가가 전달해야 할 중요한 정보를 가지고 있지만, 어떤 이유로 말할 능력이 없는 드라마적인 상황으로 발전하기 쉽다. 여기서 이 게임과 드라마에 기여한 제약은 정보의 보류이다.

☐ 탐정 게임

이 게임은 앞서 설명했다. 교사 혹은 그룹에서 지명된 사람은 형사로 연기를 하고 알리바이가 틀렸다는 것을 의심하며 질문한다. 그러나, 전체 학급이 용의자로 연기를 하고, 그들은 각자 다른 사람들의 반응에 경청을 해야 한다. 그래야 모순되지 않는 일관된 이야기가 설립되기 때문이다. 이런 방식은 한 사람이 단순히 다른 사람에게 질문하는 것보다 훨씬 더 많은 관심과 긴장이 있다. 한 사람의 역할을 하고 있음에도 불구하고, 그것은 게임의 질을 제공하는 그룹에 의해 만들어진 알리바이를 훼손하려는 시도이다. 예를 들어, 도시계획 설계자가 주민들의 상충되는 이해 관계를 이용하려 하는 것처럼, 드라마의 유용한 특징인 집단 응집력을 이용하는 것은 어려운 일이다. 다음은 이러한 게임의 기본 구조이다:

- ◆ 검색;
- ◆ 발견;
- ◆ 정보의 보류;
- ◆ 집단 응집력에 대한 도전.

이 요소들은 드라마 구성에 도움이 되는 원칙이라 할 수 있다. 그룹이 탐험가에 관한 연극을 만든다면 드라마 초점은 도난당한 공예품을 회수하고(발견), 미지의 영토가 무엇을 포함하고 있는지 알아내고(발견), 비밀을 밝히지 않을 것이라는 약속을 지키기 위해(정보 보류) 그들의 목표가 나올 수 있다. 그들은 정보를 공개하지 않고 지도자를 신뢰할 것인지 여부를 결정했다(집단 응집력에 대한 도전). 탐험가에 대한 연극을 만드는 경험이 없는 학급이나 집단은 필요한 초점 없이 수많은 모험을 하게 될 것이다.

반복적인 위험에 처해 지나치게 남용하지 않는 한, 교사는 다른 상황에 적응할 수 있는 게임과 활동을 즉시 사용할 수 있는 것이 좋다. 더 많은 예들이 뒤에 나오고 다른 것들은 더 읽을거리에 열거되어 있다.

- 예를 들어, 4명, 5명씩 임의의 그룹으로 학급을 분류하려면, 모든 사람들에게 1, 2, 3, 4, 1, 2 등 숫자 또는 과일을 주고 1번에서 4번 그룹까지 그룹을 만든다. 이것은 새로 그룹을 만드는 데 유용하지만 학생들은 결과를 받아들일 필요가 있다.

- 짝과 함께 '침묵을 깨다'라는 웜업 혹은 시작활동은 연속된 알파벳으로 시작하는 각 대체 문장으로 대화를 진행하게 하는 것이다. 이걸 하고 싶니? 물론이야. 위험하다는 것을 모르겠니? 내가 위험하다는 걸 너도 알지? 분명히 너는 그렇겠지만, 그래도 이번에는 걱정이 된다. 제발 너는 너무 시끄럽다. 이것은 꽤 잘 작동한다; 서로 다른 쌍은 이 상황을 그럴듯하게 유지하려고 노력하면서 학생들 앞에서 자연스럽게 즉흥극을 한다.

- 타블로에 대한 심층적인 작업으로 이어지게 되면, 학급은 둘씩 짝을 지어 활동할 수 있고 교사가 '두려움', '증오', '기쁨'이라는 단어를 부를 때, 그들은 즉각적으로 이미지를 결합하거나 단어를 대표하는 이미지를 만들 수 있다.

- 타블로에 대한 또 다른 것은 그룹이 가능한 한 빨리 몸으로 만들게끔 교사가 오브제의 이름을 부르는 것이다.

- 그룹은 원 안에 각각 의자를 하나씩 가지고 앉는다. 한 학생은 '6월에 생일인 사람은 다른 의자에 앉아… 애완동물 있는 사람…'이라고 소리를 치면 그룹의 나머지 학생들은 의자를 바꿔 다른 자리에 앉는다. 술래는 빈 의자에 앉을 수 있고 의자에 앉지 못하고 서 있는 사람이 리더가 된다.

- 위 활동의 대안으로, 각각 다섯 명의 학생과 함께 시작하여 각 학생에게 과일을 지정한다. 술래는 과일의 이름을 부르거나 '과일 샐러드'라고 말하면서 학생들에게 자리를 바꾸도록 하거나, 전체 학생의 자리를 바꾸게 할 수도 있다.

- 학생들은 원으로 모여 간단한 웜업 게임을 한다. 한 사람이 원의 중앙에서 몸을 이용하여 정지 이미지를 만든다. 또 다른 학생이 원으로 들어가서 스스로 생각한 조각품을 완성한다. 세 번째

학생은 첫 번째 학생을 두드려서 원으로 돌아온다. 세 번째 학생은 두 번째 학생의 조각에 이어 다른 조각품을 완성한다. 네 번째 학생이 들어와서 이 과정을 반복한다. 언제든지 두 사람이 원 안에 이미지를 만들지만 학생과 이미지는 계속 변한다.

◆ 술래인 한 사람을 방 밖으로 내보내고, 학생들이 만든 원 중앙에 있는 의자에 술래가 돌아온다. 술래가 오자마자 학생들은 손을 코에 대거나 머리에 손을 대는 등 일련의 임의적인 행동을 바꾼다. 술래도 그 활동을 이끄는 사람이 누구인지 찾아야 한다.

◆ 학생들은 한 명씩 원 안으로 들어와 자신들 이름의 스펠링을 몸을 이용하여 표현한다.

◆ 둘씩 짝을 지어 한 쌍의 한 사람이 눈을 가리고 파트너를 방 안으로 이끈다. 이때 단지 소리만 낼 수 있다.

◆ 학급은 원 안에서 각자 한 단어씩 말하면서 하나의 이야기를 만들어 간다.

'활동'이라는 용어는 이 장에서 이미 둘씩 작업하는 예를 설명하기 위해 사용했다. 특정 활동이 '드라마', '게임' 또는 '활동'으로 간주되는지 여부를 확인하는 것은 종종 어렵다. 이 책의 다른 부분에서 주장하는 것처럼, 언어가 그렇게 작동하지 않기 때문에 완전히 분리된 범주로 확립될 수 없다. 활동은 웜업이나 어색함을 누그러뜨리기 위한 말 또는 행동으로, 많은 게임들이 가지고 있는 긴장감이 부족하다. 다음 중 특정 활동을 위한 과장이 없음을 아는 것이 중요하다: 믿음과 집중 활동이 그 믿음과 집중을 보장해 주진 않는다. 방 주변을 돌아다니며 눈을 가리고 있는 파트너를 인도하거나 혹은 그 방에 물체를 두고 파트너를 인도하는 활동, 1분간 걸었다가 앉는 활동, 상대방의 행동을 그대로 취하는 그림자 활동은 집중이 되는 아주 조용한 분위기를 조성할 수 있다. 혹은 고학년의 참가자를 안전한 의자에 옮겨 다음의 활동을 위한 준비를 할 수 있다. 게임이나 예비 활동이 필요한지 아닌지에 대한 결정은 그룹의 성향과 드라마 접근 방식의 선택에 달려있다.

더 읽을거리

Winston, J. and Tandy, M. (2009) Beginning Drama 4-11 and Neelands, J. (2005) Beginning Drama 11-14 provide valuable reading for the beginner and experienced teacher. Bolton, G. and Heathcote, D. (1999) So You Want to Use Role Play? provides a guide to setting up role play. The following publications contain descriptions of games and exercises, but, as suggested above, they should only be used with a deliberate purpose in mind: Swale, J. (2012) Drama Games for Devising; Trefor-Jones, G. (2015) Drama Menu: Theatre Games in Three Courses; Young, J. (2008) 100 Ideas for Drama; Radcliffe, B. (2007) Drama For Learning; Farmer, D. (2011) 101 Drama Games and Activities; Boal, A. (1992) Games for Actors and Non-Actors.

드라마의
접근

STARTING
DRAMA
TEACHING

Starting
Drama
Teaching

제5장
드라마의 접근

█ 범주

13세의 학생들은 기자 회견에서 정치인의 역할로 최근 열차 추락 사고의 원인에 대한 자세한 내용을 찾기 위해 역할 내 교사와 마주하고 있다. 다른 유아 교실에서도 이와 비슷한 시나리오로 진행되지만, 여기에서는 학생들이 마을에서 아기를 훔친 것으로 생각되는 마녀역할의 교사와 마주하고 있다. 같은 학교 복도에서는 고학년 학생들이 교사의 도움 없이 시를 표현해주는 마임을 연습하고 있다. 이러한 것들이 드라마, 연극 혹은 연극적인 놀이인가? 우리는 드라마의 다양한 접근 방식을 어떻게 분류하는가?

드라마를 가르치는 다양한 접근 방식을 이해하려고 하는 것은 어리석을 수 있다. '연극적인 놀이', '역할극', '관습', '연극'과 같은 용어는 보통 직설적으로 사용되지만, 종종 드라마 관련 문헌의 저자들이 잘 구분할 수 있도록 특별한 방식으로 사용된다. 존재 방식, 전문가의 망토와 같이 주제에 대한 접근 방식을 구별하는데 사용된 더 많은 특유의 범주를 이 용어에 추가하게 되면, 더 복잡해진다. 표현주의, 자연주의 및 상징주의 사이에서 드라마 비평가 또는 문학자에게 초기 DIE의 많은 부분에서 이 변화에 대한 언급이 없었던 것이 혼란을 야기했을 것이다. 이 장의 목적은 교실에서 교사가 우선 순위를 정하고 주제에 대한 참고자료를 사용하는 데 도움이 되는 드라마 접근법에 대한 관점을 제시하는 데 있다. 지나치게 단순화하지 않으면서 명확성을 추구하는 것이 목표이다.

한 범주의 분류가 다른 범주보다 우수하다는 것을 주장하는 것보다 그 범주가 특정 목적을 위해 형성된다는 걸 인식하는 것이 더 도움이 된다. 드라마에 대한 접근 방식은 다양한 기준들과 다양한 이유로 그 사용이 구분될 수 있다. 범주는 드라마 외부의 것, 교사의 목표 또는 참가자의 감정 등을 기반으로 과거에 형성되었다. 특정 기준은 때로는 드라마를 분류하는 접근법에 기초를 두며, 그 기준은 항상 분명하지는 않다. 다른 범주와 우선 순위를 매기지 않으면서 특정 범주를 취할 수 있다는 점을 주목할 필요가 있다. 역할극, 연극적 놀이, 즉흥극을 창의적인 드라마의 형태로 구별하면 '드라마에 대한 반응'즉, 연극의 관람 및 분석이 교육의 우선 순위인지 아닌지 여부에 대한 질문이 제기된다.

1950년대와 1960년대 초 연극적 놀이에 중점을 둔 슬레이드의 영향으로 드라마에 대한 접근 방식이 상당히 좁아졌다. 다른 작가들은 때때로 즉흥적인 것으로 언급했다. 그리하여 1965년 코트니Courtney는 학교에서의 드라마를 즉흥극으로 보여줄 수 있었지만, 숙련된 기술을 사용하는 것보다 자기 표현에 더 중점을 두었다.

'즉흥극', 혹은 '역할놀이'라고 그 무엇으로 불리든간에, 그것이 지배적이었던 학교에서의 드라마 접근법은 과목으로서이건 교육방법으로서이건 대본없는 드라마 창작이었다. 그러나 1970년대와 1980년대에 DIE가 어떻게 발전했는지 이해하는 것은 즉흥화된 드라마의 유형을 작품의 질에 따라 구별하려는 시도가 있었음을 인식하는 것이다.

슬레이드의 경우 연극적 놀이는 아동 드라마child drama의 최고의 징후였으며, 나중에 '연극'이라는 용어는 그것이 요구하는 질에 미치지 못했을 때 사용해서 비판의 대상이 되었다. 따라서 연극적인 놀이에 의존하는 교사는 '기본적으로 학생들이 무의미한 놀이를 하지 못하게 하는 습관을 키운다'Bolton, 1979: 29. 작가들은 드라마에서 참가자의 경험을 단순한 놀이 이상으로 높게 평가하고자 했다. 드라마와 연극을 구분하려는 시도는 드라마가 얕거나 혹은 깊은 경험을 제공할 수 있고, 미적 형태를 지니거나 그렇지 않을 수 있고, 연극의 영역을 넘어서서 교사의 의도적인 개입이 필요하다는 인식을 바탕으로 하고 있다. DIE의 주창자들은 참가자의 경험을 '예술로서의 드라마'라고 주장했지만, 비평가들은 예술 형식이 무시해왔던 연극 텍스트, 공연 및 연극적 요소를 무시하면서 그들의 의견을 주장하였다. 그래서 드라마 발전 과정에서 '드라마'와 '연극적인 놀이' 간의 차이점은 매우 크다.

연극적인 놀이

2장에서 언급했듯이, 드라마의 동기 부여 일부는 어린 아이들이 연극적으로 놀 수 있는 성향에 기원을 두고 있다는 것이다. 대부분의 저학년 교실에서 역할을 채택하고 다양한 상황을 연기하기 위한 중요한 초점이 집의 한구석이다. 언어가 단순히 그렇게 작동하지 않기 때문에 '연극적인 놀이'와 '드라마'를 구분하는 정확한 방법을 제공할 수 없다는 것을 분명히 해야 한다. 그래야만 두 개념의 보다 넓은 특징을 나타낼 수 있을 것이다. 어른과 함께 '연기하는' 4살 아이의 예는 '연극적인 놀이'보다 '드라마'에 더 가깝게 보일 정도로 흥미롭다.

12장에서 '연극'의 대본을 확인할 수 있다. 어린 아이는 이전에 병이 있었고 이 대사를 주고받기 전에 짧은 시간 동안 의사를 방문했던 경험이 있었다. 여기에서, 아이는 의사를 연기했고, 성인은 아픈 아이를 연기했다. 의사는 아이의 집을 3일 연속으로 세 번 방문했고, 어린이의 건강 상태가 매번 악화되어 결국 사망한다. 처음에는 의사의 태도와 행동을 모방하여 직설적으로 보이는 것—'입을 벌리세요. 입을 벌리세요. 고맙습니다. 맞아요. 우리는 주사를 놓지 않을 거예요.'—은 죽음과 죽음의 장례식에 대해 탐구될 때 더 중요한 의미를 갖는다. 실제 이 연극은 중단없이 20분간 지속되었다: 그 기록은 완성되었고 편집되지 않았다. 이 아이가 드라마 바깥에 존재하며 연기 지도를 하는 순간을 주목해야 한다: '그 때 당신은 어린 소년에게 말을 한다. 그리고 당신이 어린 아이가 된다. 내일 당신은 매우 매우 몸이 좋지 않을 거다. 그러면 당신은 전화를 한다.' 활동에 완전히 빠져들었음에도 불구하고 참가자들이 의식적으로 만들고 있는 허구라는 사실을 완전히 인식하고 있다. 아픈 아이의 건강이 악화되면서 서사의 진행을 강하게 인식하고 있다. 이것은 매우 제한된 속도로 결정적으로 발생한다. 사건의 순서는 소년이 죽으면서 절정에 도달하고 다시 그 아이가 살아남음으로써 해결이 된다. 그러나 이 '부활'은 유아 놀이의 거칠고 혼란한 상태에서 인물이 죽어서 즉각적으로 살아남는 방식과는 매우 다르다: 그것은 의식으로 여겨야 한다. 그 연극은 의사의 의도로 시작되어 전체 연속적 사건들에 심미적인 결속이 부여된다. 자기 지시적인 순간은 막이 내리는 피날레의 느낌을 더한다. 오디오 녹음기로만 들을 수 있는, 완전히 이해할 수 없는 그 어조는 심각하고 열성적이다. 연극의 과정에서, 청중과 대화할 필요는 없지만 의미를 나타내는 방식에 대한 행동에는 의식적으로 주의를 기울일 필요가 있다: 아이는 죽음과 장례를 의미하는 십자가에서 죽은 사람의 이름을 조심스럽게 썼다.

이 예는 연극적인 놀이와는 대조적으로 드라마 특성을 보이는 몇가지이다.이 주장은 그보다 강할 수는 없다.

- 활동은 완성을 위한 작업의 구조를 가지고 있다. 반대로 연극적인 놀이에서는 활동을 끝내고자 하는 목표에 얽매이지 않는 '여기서부터 여기까지의(to-and-from)' 활동이 있다.
- 비록 종종 이것은 암묵적이지만 외부의 관객들과 의사소통하려는 의도가 없이 의미에 대한 의식적인 인식이 있다. 연극적인 놀이에서는 의식적인 인식이 거의 없는 상태에서 활동이 흡수된다.
- 드라마적인 초점과 형식은 미적 질을 부여하기 위해 활동을 형성하는 역할을 한다. 연극적인 놀이에서는 반복을 통해 활동을 새롭게 하려는 경향이 있다: 단지 의사 역할의 아이가 환자에게 끊임없이 주사를 놓을 수 있다.
- 드라마에서 서사가 있고 그 진전은 통제된다. 연극적인 놀이에서는 서사가 측정되고 통제되지 않지만 참가자의 변덕에 따라 더 발전한다.
- 드라마에서 언어는 첫 문장과 2인칭 대명사 'I'와 'You'를 사용하여 완전한 문장을 사용하는 상승된 스타일을 자주 사용한다. 연극적인 놀이에서 언어는 정보 제공의 기능이 적어서 반복적인 말투를 하게 되며, 일상의 말처럼 잘못된 시작을 하게 된다.

예를 들어, 공연에 대한 질문의 순간을 넘어서 연극 형식을 요구할 때 연극적인 놀이가 드라마와 훨씬 더 밀접한 관계가 있음을 알 수 있다. 그리고 중요하게도, 드라마는 연극적인 놀이를 뛰어 넘어 극적 예술 형식으로 **가르쳐질** 필요가 있다. 드라마 형식과 드라마 구조에 대한 교사의 지식에 더 중점을 두었을 때, 교육 관련 문헌에서 드라마는 거의 인정되지 않았다. 3장에서 제안한 바와 같이, 의미있는 내용과 그 의미에 대한 강조가 **필요하지** 않다. 내 연구^{Fleming, 1999}에서 동기가 높은 그룹의 학생들이 자극에 대한 반응으로 그들만의 방식으로 드라마를 했을 때, 그들은 연극 이상의 활동을 할 수는 없었고, 전체 학급의 학생들이 잘못한 행동으로 해석할 여지가 있는 활동에 전념했다. '질'의 개념은 학생들이 드라마 작업을 판단하는 것과 관련해 중요하다나는 여기서 어린이 연극을 언급하는 게 그다지 적합하지 않다고 생각한다. 드라마 관련 도서 저자들은 그 질이 어떻게 완성되고 그것이 어떻게 가장 잘 묘사되는지에 대해 각기 설명이 다르다.

▌접근 방식의 선택

과거와 현재의 논쟁에서 암시된 것처럼, 드라마의 질이 본질적인 목표이지만, 자발적인 즉흥극 혹은 대본을 공연하는 것과 상관없이 한 가지 작업 방식의 유일한 특권은 아니다. 여러 맥락적 요소가 드라마 사용의 접근 방식에 대한 교사의 결정에 영향을 미칠 수 있다고 인식되면, 특정 독단적 입장에 대한 애착이 약화될 것이다. 예를 들어, 어린 학생들은 연극적인 놀이에서 드라마에 이르기까지의 활동을 더 세밀하게 진행할 수 있고, 전체 그룹의 강력한 교사 주도하의 드라마에 참여할 때는 더 높은 수준의 작업을 할 수 있다.

교실이나 드라마 스튜디오에서 해야 할 일의 유형을 적절하게 선택함에 있어 방향, 조직, 방식 및 기법에 관한 광범위한 결정이 내려질 필요가 있다. 이런 종류의 분류 체계는 작업을 계획할 때 균형과 다양성을 확보하는 데 도움이 된다.

- 오리엔테이션: 만들기, 공연, 반응;
- 조직: 짝, 소그룹, 전체 그룹;
- 방식: 대본, 계획된 즉흥극, 계획되지 않은 즉흥극;
- 기술: 타블로, 역할 내 질문하기 등

다음과 같은 설명에서, 특히 교육과정을 넘나들며 드라마가 사용될 때 교수목표와 교사의 경험을 고려하여 적합한 접근방식에 대한 권장사항이 제시될 것이다.

❒ 오리엔테이션

'제작'과 '공연' 간의 구분이 항상 명확하진 않다. 모든 드라마는 연극적인 놀이와 대조적으로 '공연'으로 묘사될 수 있다고 주장할 수 있다[Flemming, 2016]. 반면에 특별히 관객을 위해 만들어지지 않은 작품과 세련된 것을 목표로 하는 작품을 구별하는 것이 유용하다. 1장에서 언급했듯이, '제작'과 '공연'의 구분은 보다 중요한 강조 중 하나이다; 어떤 형태로든 작품을 공유하는 것은 거의 모든 드라마 프로젝트의 주요 구성 요소가 될 것이다.

오랫동안 드라마에 반응하기는 드라마 가르치는 것의 목표로 인정되지 않았다. 왜냐하면 독창성과 자기 표현에 중점을 두었기 때문이다. 물론 드라마 만들기에 참여한다는 것은 드라마에 반응할 수 있는 능력을 키울 수 있는 수단이라고 주장할 수 있다; 의미의 창조에 있어 독자의 활동적이고 구성적인 역할을 강조하는 독자-반응 이론을 포함한 포스트 구조주의의 글은 그 견해에 대한 믿음이 있었다. 학생들이 참여한 드라마에 대한 그들의 성찰은 드라마 활동의 중요한 특징이었으며, 작가들은 성찰 과정에서 학습이 실제로 일어난다는 것을 자주 주장했다. 그러나 드라마가 의미를 통해 그 의미를 성취하는 방식보다는 작품의 내용에 중점을 두는 경향이 있다. <표 5.1>은 내용과 형식의 차이점을 보여준다.

표 5.1 드라마에 대한 반응을 이끌어 내기 위한 질문의 예

내용의 강조	형식의 강조	내용과 형식의 통합
왜 그 인물은 그러한 방식으로 행동했지?	연기스타일은 어땠는가?	연극에서 가장 중요했던 순간은 언제였으며, 그 순간은 어땠는가?
어떤 다른 방법으로 문제를 해결할 수 있었는가?	공연을 위해 사용했던 공간은 어땠는가?	그 인물이 어떻게 유감스럽게 생각하게 만들었는가?
누가 논쟁의 원인이 되었는가?	조명으로 인해 어떤 분위기가 조성되었는가?	그 정보는 왜 중요하며 연극에서 어떻게 전달되었는가?
		어떠한 방식으로 긴장이 생성되었으며 그 사건에 대한 우리의 반응에 어떠한 영향을 미쳤는가?

드라마 작가들이 예외로 둔 내용을 언급하지 않은 연극 기예의 요소에 중점을 두고 있다. 드라마에 대한 반응은 9장에서 더 자세하게 논의될 것이다.

▢ 조직

이전 장에서 짝과 함께 하는 작업은 특히 드라마 참여 초기에 학급 구성에 유용한 방법이라고 제안하였는데, 이것은 경험이 부족한 학생들이 때때로 드라마에서

발생하기 쉬운, 과잉이 되는 부분을 자연스럽게 통제하는 구조 내에서 참가자에게 안전을 제공하기 때문이다. 활동 및 역할 연기에만 사용되는 경향이 있는 짝과 함께 하는 작업은 대본 및 만들어진 즉흥극과 같은 다른 방식에서도 똑같이 사용될 수 있다. 조직을 정하는 데 있어 다른 두 개의 기본적인 방법은 소그룹 구성하기와 전체 그룹 구성하기이다. 여기서 중요한 점은 하나의 범주로 개별적으로 작업하지 않는다는 점이다. 이 접근은 슬레이드와 웨이에 의해 발전된 드라마에서는 지배적이었다. 수업은 복도에서 항상 학생과 함께 시작되었다. 개별 활동이 예비 활동으로 설정되는 경우가 있지만, 본질적으로 공동의 집단 활동이기 때문에 이러한 것을 기반으로 드라마를 가르치는 것은 불가능하다.

❏ 전체 그룹 작업

역할 내 교사와 함께 하는 전체 그룹 작업은 1970년대와 1980년대에 연극을 준비하고 보여주기 위해 그룹으로 작업하는 방식에 대해 부분적으로 우세하였다. 공통된 관심사를 가진 전체 그룹이 참여할 때 즉흥적인 수업은 가능하지만, 참가자는 수업에 집중할 필요가 있고 교사는 수업에 대한 압박감이 클 수 있다는 것은 의심의 여지가 없다. 나는 선원들과 승객들이 바다로 뛰어올라 상어들을 피하면서 수영을 즐기는, 바다의 난파선을 기반으로 한 드라마 학급을 보았다. 그 수업의 실효성이 드라마에서 반드시 적절한 목표는 아니라는 사실을 보여준다. 첫 경우로 실제로 보트에 대한 소동은 매우 혼란스러웠을 것이지만 드라마가 완성되기 위해서는 더 많은 통제와 집중이 필요했다. 두 번째 경우로 교사가 재난의 원인을 밝히기 위해 사고 발생 후 수개월간 난파선 생존자들을 인터뷰하면서 수업을 시작했다. 조사의 일환으로 그들은 재난이 닥친 정확한 순간에 그들이 있었던 위치와 했던 일을 재구성하여 실제로 연극을 만들었다. 연극적인 놀이와는 관련이 없는 구조는 보다 일관된 드라마 작업, 드라마 기능의 방식에 대한 인식 및 내용에 중점을 두었다. 이 접근 방식은 전체 그룹의 자발적 즉흥극(전념, 즉시성, 불확실성, 흥분)의 장점을 보다 세밀화된 작업의 실용적 및 교육적 이점과 결합했다. 그 당시에 성공한 것처럼 보이는 수업에서 종종 몇몇 그룹의 학생들만이 드라마를 지속했다는 것이 드러난다. 따라서 활동의 도입단계에 그룹을 전념하도록 하기 위해 다른 구조와 기술을 결합해 사용하면 더 유용할 수 있다. 따라서 10장에 묘사된 UFO에 기반한 드라마는 보고된 목격을 조사하기 위해 설립된 정부 기관의 구성원의 역할로 시작했다. 후속 연구의 대부분은 소그룹으로 진행되었지만 교사는 초기 단계에서 맥락을 확립하고 신념을 구축할 수 있었다.

❑ 소그룹

지금까지 모든 그룹이 '연극을 만들' 필요가 있다는 잘못된 가정이 여러 번 있었다. 그러나 그룹 작업이 드라마 수업을 구성하는 중요한 수단이 될 수 없다는 의미는 아니다. 이와는 반대로, 그룹 작업은 중학생들을 위한 가장 일반적인 구조 중 하나가 될 가능성이 크며, 이는 고안을 강조하고 명확한 반응의 기회를 제공하기 때문이다. 그러나 성공과 실패를 가르는 중요 요소가 되고, 그 목표 중 하나는 학생들이 그룹으로 드라마를 구성할 수 있는 능력을 습득해야 한다는 것을 인식하는 것이다. 다음은 교사가 소그룹 활동의 질을 높이기 위해 노력할 수 있는 방법에 대한 제안이다. 대부분은 즉흥 작업이나 대본 작업과 같은 다양한 방식에 적용될 수 있다.

- 동일한 친구들의 그룹이 항상 함께 일하지 않도록 그룹을 바꿔라. 이것은 그들을 소외시키지 않으면서도 작품에 신선한 자극을 줄 수 있다. 이를 위한 합의가 사전에 이루어질 수 있고 새로운 그룹을 만들기 위해 단순한 방안이 도출될 수 있다. 만약 학생들이 남녀 혼합 그룹으로 활동하는 것이 금지된 경우에, 그들은 남녀 혼합 그룹으로 활동하게 하려는 교사를 높이 평가한다.
- 예를 들어 옛 아리스토텔레스 연대처럼 시간과 장소를 초점으로 제한하시오. 때로는 학생들이 너무 많은 장소에서 활동을 하고 그 활동에 대처할 수 없기 때문에 그들의 드라마가 혼란스러워진다. 한 음모자의 집에서 계속 진행되어야 하는 화력 발전의 음모에 관한 드라마는 다른 유형의 도전을 제시한다.
- 다른 제약을 부과한다. 예를 들어, 신체적인 공간의 사용을 제한하거나, 준비를 위한 시간 제한을 주거나, 말이나 신체적인 접촉 없이 장면을 정확하게 만들도록 요구한다.
- 그 작업이 다른 학생들에게 어떻게 보여지고 싶은지 의도를 정확히 해야 한다는 것을 미리 분명히 한다. 이는 가치있는 동기 부여 요소를 제공하고, 그룹 작업이 항상 이런 방식으로 공유될 필요는 없지만, 목표는 시작부터 분명히 해야 한다.
- 드라마의 개요를 계획하고 학생들에게 그것을 실행하기 전에 시나리오를 공유해서 예상 가능한 어려움들을 교사와 다른 학생들이 비판적으로 토의할 수 있도록 해야 한다. 또한 그들은

비판적인 조언과 관련해 '대략적인 초안'을 공유하게 할 수 있다.

- 학생들은 소규모 그룹 작업에서 비자연주의적 관습을 사용하도록 할 수 있다(6장 참조). 역할에 대해 질문하고, 인물의 생각을 분명히 말하며, 서사의 일부와 관련된 인물을 활용하는 등의 기술을 사용하여 작업을 심화시킬 수 있다.

- 소그룹 드라마를 주제로 설정하는 대신—예를 들어, '소그룹에서는 도둑에 대한 연극을 준비하고 수행하자'라는 주제를 보다 집중적인 작업으로 설정한다. '희망이 없는 사람이 도둑질에 빠져드는 상황을 보여주시오'. 4장에 설명된 것과 같이 짝과 함께 하는 작업과 마찬가지로 처음부터 긴장감을 형성해서 학생들이 드라마를 구성하는 데 도움을 줄 수 있다—'죄수가 탈출하기로 결정했다'고 하는 대신에, '죄수가 탈출하기로 결정했지만 수감자 중 한 명이 탈출을 꺼린다'.

- 학생들이 드라마가 어떻게 시작되고 끝날 것인지 정확한 원리를 알아내고, 명시적으로 그렇게 하는 다양한 방법을 모색하도록 격려한다. 학생들이 계획한 즉흥극을 수행할 때 종종 학생들은 결론에 도달하지 못하는 경우가 많다.

- 예를 들어: '그 결정을 내릴 권리가 있었는가?'와 같이 다른 그룹의 학생들에게 질문을 함으로써 그 장면을 끝낼 것을 그룹에게 요청한다.

- 드라마의 결말을 결정하는 다른 방법으로 두 개의 다른 결말을 보여줄 것을 그룹에게 요청한다.

- 조명, 음악 및 소도구는 거의 모든 드라마를 향상시키지만 효력을 발휘하려면 아껴서 사용해야 한다. 학생들은 자유로움을 제공받으면 그것을 과도하게 사용하는 경향이 있다. 왜냐하면 그것은 작품의 의미에 대한 대용품이 되기 때문이다.

- 드라마 작업이 완벽하게 되었을 때 우선 그룹들이 사용할 몇 가지 요소를 이야기해라. 예를 들어, 뉴스 방송, 기자 회견 또는 몸싸움과 같은 신체적 행동의 순간.

▢ 방식

다양한 드라마 방식을 묘사할 때, 나는 학생들이 대본 없이 작업하는 모든 드라마 예들을 포함하는 '즉흥극'이라는 일반적인 용어를 사용하고 있다. 대본으로 작업하는 접근 방식과 그렇지 않은 작업의 이유는 7장에서 다루어질 것이다. 여기에서 중요한 사항은 '계획된' 즉흥극과 '자발적인' 즉흥극이다. 지금까지 논의된 거의 모든 개념적 구별과 마찬가지로, 차이점은 강조를 어디에 두는가이다.

어떤 면에서는 '자발적인 즉흥극'에 대한 아이디어는 자발성이 즉흥적인 것을 의미하는 핵심이기 때문에 유의어 반복인 것이다. 그러나 드라마 발생 이전에 맥락이 결정되는 정도는 상당히 다를 수 있다. 극단적인 경우에는 사전 계획이 전혀 없다. '워크 인walk-in' 드라마 작업은 원 안에 한 학생이 앉아있는 것으로 시작한다. 두 번째 학생은 원에 들어가서 즉흥극을 시작하고 세 번째 학생과 네 번째 학생 순으로 진행되며 각 참가자는 학생들이 설정해 둔 원래 상황에 기여한다. 그 상황이 어떻게 전개되어야 하는지, 그리고 '게임'과 '활동'의 도전적인 과제는 가능한 많은 수의 학생들을 원 안으로 끌어들이는 것이다. 이 기술은 드라마 프로젝트의 기초로 사용될 수 있는 여러 아이디어를 수집하는 데 유용할 수 있다. 한 사람이 다른 사람에 앞서 미리 즉각적으로 반응해야 하는 상황에서, 비슷한 활동이 쌍으로 일어날 수 있다.

다른 극단적인 예는 상황, 등장 인물 및 결과가 모두 사전에 정해진 즉흥극의 형태이다. 따라서 짝과 함께 하는 즉흥극은 인물들(아버지와 십대 딸)에게 역할을 주고, 시간과 장소(밤 11시, 집의 부엌), 맥락(딸은 기대했던 것보다 한 시간 늦게 집에 도착한다), 상황(그들은 말다툼을 벌이지만 집안에 잠들어 있는 나머지 가족을 깨우지 않으려고 노력한다)과 결과(딸은 가출할 것이라고 말하면서 자리를 떠서 침실로 간다.), 이미 모두 정해서 알려줄 수 있다. 참가자는 대화를 즉흥적으로 진행하여 지정된 결과를 얻도록 해야 한다. 사전에 계획된, 덜 극단적인 형태의 예는 결과를 제외한 상황의 모든 측면을 정의하는 것이고, 드라마에 대한 이러한 접근은 특히 DIE적 사고에서 중요하게 여겨지는 것이었다. 특히 초기 단계에서 '깜짝 놀라게 하는 것'은 중요 요소로 생각되었다.

전체 그룹 작업, 자발적인 즉흥극 또는 결과를 정의하지 않는 의미에서 드라마를 '통해 살아가기'는 삶의 속도로 드라마를 경험하게 하기 때문에, 참가자로 하여금 가장 깊게 느끼게 하고 작업을 풍부하게 한다. 그러나, 위험과 한계가 없는 것은 아니다. 때때로 항상 존재하는 현실은 드라마의 가상 맥락에 너무 많이 부딪칠 수 있다. 드라마를 진행하기 위해서는 예를 들어 벽에 있는 그림과 같은 일부 환경에만 집중할 때 관찰되는데, 이것은 종종 작품의 진실성을 손상시키게 된다. 더 심각하게는, 드라마는 놀리는 척 하기 위해 사용되거나 참가자들이 모호하거나 어색함을 느끼게 할 수 있다. 한 사람이 '너는 정말로 멍청하구나'라고 다른 사람에게 말하고, 청자는 본인이 그 말을 어느 정도까지 받아들여야 하는지 궁금하다. 때로, 자발적인 즉흥극은 모든 사람들이 기분 좋게 대화를 계속하려고 애쓰는 어색한 사교 모임처럼 느껴질 수 있다. 순전히 자발적인 작업은 구조와 예술적 형식을 쉽게 놓칠 수 있다. 이런 종류의 활동을 하는 데 있어 또 고려해야 할 것은 강조를 두는 것이 드라마 경험일수록, 드라마를 만들면서, 그 의미에 대한 인식의 중요성이 작아진다는 것이다; 드라마의 결과가 미리 알려지면 학생들은 단순히 의미에 집중하는 것이 아니라 의미가 만들어지는 방식에 초점을 맞추기 쉽다. '계획적이고 비계획적인 즉흥극'을 완전히 하나의 별개의 범주에 배치하고 '대본'을 다른 범주(7장 도입 부분의 주제)에 배치하는 것도 가능하다. 드라마를 분류하는 다양한 방식은 실제적으로 다양한 접근 방식을 따로따로 사용해야 한다는 것을 의미하지는 않는다. 여기서 주요 개념은 '통합'으로, 작업의 계획 혹은 심지어 한 차시 수업 내에서 드라마의 다양한 유형들을 통합하는 것이다. '통합'의 개념은 12장에서 더 자세하게 다루어질 것이다.

드라마 질을 알아보기

드라마와 관련해서 질의 문제는 여러 번 언급되어 왔고 이제는 좀 더 구체적으로 알아볼 필요가 있다. 1장에서 지적했듯이, 사정과 평가의 문제와 관련이 있지만, 그것은 더 넓고 근본적인 관심사이다. 과정에서의 평가는 중요하며 10장에서 다룰 예정이지만, 절차에 영향을 미치고 가능성을 제한하는 관료주의 체제 내에서 항상 일어난다. 그러나 드라마에서의 질은 예술 형식의 온전함과 관련이 있다.

드라마에 대한 실질적인 제안을 제시하는 도서의 상당 부분에서 질의 문제는 거의 다루어지지 않는다. 암묵적인 가정은 종종 학생들이 활동적이고 바쁘다면 모든 것이 잘 된다는 것이다. 이러한 관점은 역사적인 것과 관련이 있다. 한때, 질로 간주되는 것을 결정하는 것은 주관적이고 학생 중심의 강조를 둔 '드라마'와 객관적이고 작품에 대해 더 지향하는 '연극'을 구분하는 것에 기반을 두었다. 교육과 다른 예술의 사고에 영향을 받아 자유와 창의성의 개념이 전면에 있었고, 예술은 자기표현으로서 더 우세하게 인정받았다. 그것은 작품 자체보다는 판단을 내리는 것에 대한 불확실함을 느끼는 학생의 감정이 중요했다. 내면에 있는 것이 가려져 있기 때문에 '내적'인 것은 질에 관한 쟁점을 해결하기 위한 문제를 야기했다.

질의 판단은 우리가 관찰할 수 있는 것을 판단하는 것에 달려 있다. 2장에서 논의한 바와 같이, 드라마 작품의 질은 드라마적 형식의 관념에 달려 있다. 그러나 이것은 내부 개념(감정과 참여의 깊이와 관련된 개념)이 부적절하다는 것을 의미하지 않는다. 이것은 1장에 묘사된 '치명적인' 씨어터 1에 대한 접근을 틀림없이 지지하는 행동주의의 한 형태로 이끌 수 있다. 우리의 내부와 외부, 감정과 인지, 주관과 객관성의 이분법으로 우리를 밀어 넣는 것은 언어 그 자체이다. 우리가 누군가의 말에 의해 몇몇 사람들이 우리를 해할 의도가 있는지를 파악할 필요가 있다면, 우리가 그들의 의식에 직접 접근할 수 있고, 그들의 '진정한' 의도나 동기를 들여다볼 수 있다면, 그 문제를 해결할 수 있다고 말하는 것은 이치에 맞지 않다[Flemming, 2009]. 대신 우리는 그들이 사는 삶의 방식으로부터 그들 삶의 패턴을 더 많이 조사함으로써 그들의 의도를 확인한다. 그러나 사람들이 '내적인 삶'을 살고 있음을 부정하는 것은 아니다. 오버가드[Overgaard, 2007: 11]는 주관성이 수반하는 풍부한 감각을 포착하기 위해 '구현'이라는 용어를 사용한다; 우리는 '내부' 또는 항상 존재하는 대상의 '뒤'에 있는 것[ibid: 11], '다른 주제의 신체적 행동은 그 자체로 의미가 담겨 있다[ibid: 14]'는 것을 참조해서 행동을 보다 설명해야 할 필요성을 느낀다.

주관성과 객관성 사이의 긴장은 또한 예술에 대한 판단을 방해하는 역할을 했다. 우리는 선하거나 가치 있는 예술로 여겨지는 것에 대한 차이를 어떻게 설명할 것인가? 리아스[Lyas, 1997: 128]는 주관성과 객관성이 오해의 소지가 있음을 언급한다. 사람이 예술 작품을 좋아하는지 아닌지에 관해 발언하는 것은 문제의 끝이 아니라 시작이다. 사람들이 우리가 하는 것처럼 보도록 유도하기 위해 토의에 초대하는 것은 공동체를 수립하기 위한 노력의 일환이다. 주관성과 객관성의 개념은 단순히 도움이 되지 못한다[Flemming, 2009].

'연극적인 놀이', '예술로서의 드라마', '역할 연기/시뮬레이션'이라는 세 개념은 드라마 실행을 구별하는 데 유용한 수단을 제공하며 드라마를 가르치는 것이 왜 어려운지에 대한 더 깊은 통찰력을 제공한다. 드라마는 '자연주의적'으로 묘사될 수 있으며, 그 기원은 그대로이며, 이는 그 매력의 일부이다. 물론 드라마나 연극은 종교 의식에 기원을 두고 있다고 생각할 수 있다. 진지한 학생들을 원하는 교사들은 어린 학생들이 그들의 드라마에서 즐겁게 놀면 쉽게 짜증을 낼 수 있다. 난파선은 상어와의 싸움으로 최고조에 달했다; 은행 강도는 혼돈의 총격전에 빠져든다; 친구 사이의 대립은 설득력 없는 첫 싸움으로 끝난다. 이런 종류의 반응은 종종 나쁜 행동으로 잘못 해석된다. 때로 그것은 학생들이 무엇을 해야 할지 모르기 때문에 더 빈번히 발생한다.

'역할 놀이 또는 시뮬레이션'이라고 할 수 있는 또 다른 유형의 드라마가 있다. 역할 연기에 문제가 있는 것은 아니며 학생들이 교실에서 역할 연기에 참여하게 되면 그들이 위에서 설명한 연극적인 놀이를 하는 것을 목격한 많은 교사들은 기뻐할 것이다. 모든 언어와 개념이 그러하듯이 여기에는 명확한 구별이 없다. 간단한 정의는 도움되지 않는다. 그러나 역할 연기는 더 깊이있는 예술과 같은 드라마와는 반대로 단순하고 이차원적인 경향이 있다. 그것은 은행 관리자로부터 대출을 원하는 고객과 같은 실제 상황의 표면적인 모방을 포함한다. 그것은 교육에 유용한 장치이다. '시뮬레이션'이라는 용어는 참가자가 복잡성이나 깊은 감각 없이 '동작을 거쳐야' 하는 활동을 나타내기 위해 여기에서 사용된다. 그러므로 새로운 우회로에 관해 논의하는 동사무소 모임은 학생들에게 역할카드를 주는 것으로 설정될 수 있다: '당신은 가게 주인이고, 당신과 상관없는 일이므로 우회로를 반대한다.'

대조적으로, '예술로서의 드라마'는 깊이의 의미와 의미의 뉘앙스를 연상시키는 것을 목표로 삼는다. 고객과 은행 관리자가 어렸을 때 서로를 알고 있었고, 한 명이 다른 한 명을 괴롭히거나 상대방의 여자 친구를 빼앗았다고 가정해 본다; 이제 연기에는 숨겨진 차원이 드러난다. 우회로에 대해 논쟁하는 상점 주인은 이기적으로 보이기를 원하지 않는다. 그래서 그는 실제로 아이들의 안전을 근거로 논쟁한다. 회의 중 다른 사람들은 그의 진짜 동기를 의심하고 있다. 예술로서의 드라마는 '다양한 층위'와 숨은 의미를 찾는 반면, 역할 연기와 시뮬레이션은 표면적 수준의 의미에서 작동하는 경향이 있다. 태도는 시뮬레이션 형태('결혼 사진 만들기')로 작용할 수도 있고 드라마쪽으로 더 기울어 질 수도 있다(예를 들어, 최고의 남자와 신부는 예전 연인이었다).

여기에서 요점은 대중들과 동떨어진 엘리트주의자로서의 드라마를 만들지 않는다는 것이다. 이것은 1970년대와 1980년대에 종종 발생했고, 이 때는 강렬하게 진행되었던 드라마 수업이나 워크숍이 교실에서 재현되기 너무 어려웠던 시기였다. 가르침의 요점은 학생들이 종종 역할 연기와 시뮬레이션 활동이 둔해지고 동기 부여가 부족해질 수 있다는 것이다. 연극적인 놀이는 피상적으로 재미있을 수 있지만, 결국에는 보람이 없기도 하다. 드라마 수업을 평가할 때 충분한 지원, 집중 또는 방향 없이 그룹에 참여하고 뭔가 행동하라는 말을 듣는 등 연극적인 놀이를 하기 쉽도록 학생을 유도하는 것은 피하는 것이 좋다. 학생들이 너무 기계적으로 표면적인 활동을 실시하며 학생들의 흥미를 끌지 못하는 상황을 피하는 것은 현명한 방법이다. <표 5.2>는 명확한 범주보다는 경향을 나타내는 것으로 해석해야 하는 세 가지 개념을 요약한 것이다. 이는 중요한 용어를 정확하게 사용하는 것이 중요한 게 아니라, 기본 원칙을 정확하게 사용하는 것이 중요하다. 또한 일련의 수업에는 역할 연기와 연극적인 놀이의 요소가 포함될 가능성이 높다; 드라마가 드라마의 잠재력을 충분히 발휘하지 못할 때 이 접근이 지배적이다. 학교에서 드라마를 가르치는 것은 이제 위험에 관대해지면 안되고 정확한 학습 결과를 향한 방향으로 나아간다는 것이다. 1970년대와 1980년대 초반의 학교 드라마는 극단적인 성공과 실패를 겪었다. 이와는 대조적으로, 많은 현대 드라마는 다음 장의 주제인 드라마 '관습'의 오용 결과로 다소 평범한 형태를 지니고 있다.

표 5.2 드라마 질 동일시

연극적 놀이	예술로서 드라마	역할놀이와 시뮬레이션으로서 드라마
학생들은 자신의 행동의 결과를 거의 모른다. 사전에 계획된 구조는 거의 없다. 목표는 종종 명확하지 않다. 마녀에 대한 드라마는 추적 게임으로 바뀐다. 활동에는 참여와 전념이 있을 수 있지만 드라마적인 형식은 없다. 피리 부는 사나이 연극에서 쥐에게 쫓고 쥐를 잡는 걸 즐기는 학생들과 함께 종종 열광해진다. 거기에 있는 것처럼, 서사는 참가자의 변덕에 따라 전개가 되고 제한이 되진 않는다. 서사의 발달 없이도, 은행 강도는 추적과 대결에 재빠르게 움직인다. '드라마'는 피상적으로 재미있다는 것은 '웃음을 자	학생들은 자신의 행동의 결과를 알고 있다. 이 활동에는 완성을 향한 구조와 초점이 있다. 드라마적인 초점과 형식은 그 의미의 층위를 탐색하기 위해 행동을 늦추는 역할을 한다. 예: 학생들은 의미 탐색을 위해 다른 방식으로서 실제 감정으로 대본 발췌문으로 연기를 한다. 비-자연주의적 기술은 현실에서는 불가능한 방식으로 상황을 탐색하기 위해 의도적으로 사용된다. 학생들은 드라마의 구성을 알고 있다. 학생들은 작품에 참여하고 내용과 방향을 어느 정도 통제할 수 있다고 생각한다. 내용에 관한 학습 결과는 보다 탐구적이고 열려 있다.	교사는 학생들보다 연기, 구조 및 초점의 결과에 대해 더 인식을 많이 하는 경향이 있다. 드라마 활동은 가치가 있지만 범위가 제한된 '활동'과 같다. 수업 계획은 기계적인 경향이 있으며 학생들 간의 협의 혹은 그들이 맡은 역할과 협의할 여지가 없다. 학생들은 의미의 복잡함을 느끼지 않고 다소 어색하게 대본을 연기한다. 드라마는 대체로 실제 그들의 경험을 모방하는 것으로 보여진다. 학생들은 그들이 들은대로 연기를 하지만 드라마가 어떻게 작동하는지 전혀 모른다. 드라마는 질서 정연하게 보일 수 있지만 무미건조하게 그저 학생들이 움직임을 취하는 것으로 느껴진다; 그들은 때때로 드라마를 활기차게 하기 위해 연극적인 놀이로 바꾼다. 내용에 관한 학습 결과는 분명하다.

아내는 것'에 관한 것이다. 드라마의 가치는 학습 성과보다는 개인의 발달과 관련이 있다.		

더 읽을거리

For accounts of varied approaches to drama, see Davis, D. (2014) Imagining the Real; Van de Water, M., McAvoy, M., Hunt, K. (2015) Drama and Education Performance Methodologies for Teaching and Learning; Lewis, M. and Rainer, J. (2005) Teaching Classroom Drama and Theatre in Secondary Schools; and Prendiville, F. and Toye, N. (2007) Speaking and Listening Through Drama 7-11. See also edited collections by Hornbrook, D. (ed.) (1998b) On the Subject of Drama; and Nicholson, H. (2000) Teaching Drama 11-18.

Hahlo, R. and Reynolds, P. (2000) Dramatic Events provides guidance on running drama workshops. See Frost, A. and Yarrow, R. (1990) Improvisation in Drama and Johnstone, K. (1981) Impro for books on improvisation.

For an account of Heathcote's distinctive approach to drama in the 1970s, see Wagner, B. J. (1976) Dorothy Heathcote: Drama as a Learning Medium.

드라마 창조를 위한 활동

STARTING
DRAMA
TEACHING

Starting
Drama
Teaching

제6장
드라마 창조를 위한 활동

드라마 창조

5학년 교실에서 괴롭힘이라는 주제로 드라마 작업을 하고 있다. 그들은 두 개의 타블로를 만들었는데, 첫 번째는 불량배, 두 번째는 왕따 희생자의 타블로이다. 인근 중고등학교 9학년 학생들은 셰익스피어의 특정 대사를 말하면서 그 인물의 지위를 보여주는 정지 장면을 만든다. 다른 11학년 학생들은 조부모님이 가족을 떠나려는 순간을 보여주는 타블로를 만들어 노년기를 주제로 작업을 시작했다. 정지 장면을 사용하는 관습이 드라마 수업에서 광범위하게 아마도 지나치게 사용된다는 것은 거의 의심의 여지가 없으며, 위의 예로부터 살펴보면 어떤 드라마 형식의 사용에 있어 명백한 진행과정을 확인하는 것은 쉽지 않을 것이다. 별개의 관습에 관한 드라마 가르치기의 이점과 한계는 이 장에서 탐구될 주제 중 하나이다.

웨이는 1950년대 슬레이드의 드라마에 대한 개방적인 접근 방식을 도입해서 다양한 활동과 구조를 사용해 더욱 엄격하게 통제된 자신만의 체계적인 방법론을 만들었다^{Way, 1967}. 마찬가지로, 헤스코트와 볼튼이 옹호하는 드라마에 대한 접근 방식은 드라마 '관습'이나 '기술'의 사용으로 교사들이 더 접근하기 쉽게 만들어졌다. 교사가 선택적으로 사용할 수 있는 일련의 별개 활동으로 드라마 활동을 구성하는 이점은 분명히 있다: 하지만 성공적인 드라마 작업을 촉진하는 과정은 덜 신비롭고 실현하기 쉬워질 것이다. 그러나 드라마 활동이 특정 맥락과 상황에 대한 관심이 부족하고, 협동, 진행과정 및 연극 만들기 과정의 중요성이 덜한, 기계적이고 쉽게 모방된 별개 기법의 형태로 축소될 수 있다는 점에서 위험하다. 이러한 접근 방식이 이전 장에서 언급된, 영감을 얻지 못한 시뮬레이션의 한 형태이다.

드라마 가르치기에서 '관습'이라는 용어는 학급이 조직되는 방식(소그룹 또는 전체 그룹), 다양한 부수적인 활동(글쓰기, 연구) 또는 드라마 프로젝트의 일환으로서 수업 혹은 별도의 활동(역할 내 교사, 역할에 대한 질문, 포럼 연극)으로 사용되는, 극적이고, 또 교육적 기법에 대해 매우 광범위하게 일컫는 말이다. 그것들이 관습을 보다 일관되게 사용하는 방법을 가리키기 때문에 다양한 관련 사용법을 간략히 살펴보는 것이 도움이 될 것이다.

씨어터theatre의 맥락에서 '관습'이라는 용어는 현실은 아니지만 가상 맥락의 일부로 받아들여지는 예술 형식의 측면을 지칭하기 위해 사용된다. 드라마와 씨어터는 불신이 사라지는 특정 관습에 의해서만 실행될 수 있다. 참가자는 한 배우가 무대에서 다른 사람을 '죽이면' 그 희생자가 실제로 죽지 않는다는 사실을 받아들여야 한다. 독백의 사용은 무대에서 화자와 가까운 다른 인물이 그 말을 들을 수 없다는 관습을 지키는 것이다. 엘리자베스 시대의 관습은 남성이 여성의 주된 역할을 하는 것을 받아들이는 것이었다. 19세기 현실주의는 부분적으로 실체가 아닌 것으로 여겨지는 관습을 감추거나 감추려는 시도로 출현했다고 볼 수 있다. 브레히트와 다른 형태의 현대 드라마는 오해와 착각이 만들어지는 과정을 드러내어 새로운 관습을 창조함으로써 전통적인 연극 관습을 위반했다. DIE의 보다 폭넓은 관점에서 사용되는 것과 별도로, 어떤 의미에서 관습 개념의 중요성을 고려하는 것은 학생들이 받아들이는 관습의 유형이 대체적으로 보통 텔레비전으로부터 그들의 문화까지 노출되어 있다는 것을 이해하는데 유용하다. 따라서 아이디어를 공유하는 수단은 일반적으로 영화 기법에서 가져오기 때문에 드라마에서 실현하기 어렵지만 시간을 왜곡하는 관습인 회상은 학생들이 쉽게 받아들일 수 있다. 학생들의 드라마에 대한 이해를 돕기 위해 마치 방의 4번째 벽이 제거된 것처럼 사진처럼 정확하게 자연주의적인 방식으로 삶을 표현하려는 시도인 '제 4의 벽' 관습을 언급하는 것도 같은 이유 때문이다. 이 좁은 의미에서 '관습'을 사용하면 드라마에 대한 역사적인 관점을 아는 데 도움이 되며 특정 관습이 시기마다 다르게 지배적이었음을 알게 된다. 더 중요한 것은 드라마를 가르치는 맥락에서, 문화적 이유로 특정 관습이 다른 관습보다 쉽게 받아들여지는 경향이 있음을 알게 된다.

드라마가 '마치' 또는 '~인 척'의 방식을 주요 관습으로 받아들이는 것은 당연한 일이다. 어린 아이들이 연극적인 놀이에서 역할을 채택하고, 쉽게 역할을 바꾸고, 다른 사람들의 역할을 받아들이는 것은 제 2의 천성이다. 가상의 방식을 채택하는 광범위한 드라마 관습이 학생에게 자연스럽다는 사실은 즉흥 드라마가 왜 학교에서 인기있는 형태인지, 왜 초기 DIE에서 그렇게 독창적으로 승격되었는지 설명해준다. 그것은 드라마 자체가 자연스럽게 학생들에게 나타났기 때문에 드라마를 가르치는 것 **자체**가 왜 과소평가되었는지를 보여준다. 그러나 학생들이 모든 드라마 규칙을 쉽게 받아들일 것이라는 보장은 없다. 그것은 드라마를 촉진하기 위해 교사가 규칙을 사용하는 것이자 DIE 전통이었다. 그러나 드라마적인 기술에 대해 학생들이 의식적으로 이해하고 있는 것에 중점을 두어야 한다.

이 장의 목적은 드라마 입문자에게 가장 유용하고 예상되는 함정과 함께 학급에 가장 적합할 수 있는 방법에 대한 소개를 하는 것이다. 이 장은 학생들이 의미 있는 규칙을 사용하는 데 도움이 되는 정도로만 초점을 맞추고자 한다. 다양한 주제에서 어떻게 다양한 관습을 사용할 수 있는지에 대한 예가 제시될 것이다. 타블로와 역할 내 질문과 같은 다양한 관습은 학생들이 드라마적인 텍스트를 읽고 반응하도록 돕는 유용한 수단이 될 수 있으며, 드라마적인 텍스트와 관련해서는 7장에서 다루게 될 것이다.

▍드라마 활동

☐ 타블로

'타블로', '사진', '조각', '정지 프레임', '밀랍인형' 및 '조각상'은 참가자가 개인 혹은 소그룹과 함께 몸으로 정지 이미지를 만들 때 사용되는 용어이다 —바로 그 순간을 포착하거나 아이디어를 묘사하거나 드라마의 순간을 분리할 수 있다. 따라서 용으로부터 공주를 구하는 놀이를 하는 5학년 학생들은 용을 지키기 싫어하는 역할 내 교사와 협상하는 데 대부분의 시간을 보냈다. 마침내 용과 싸우기로 했을 때, 그들은 싸움을 보여주기 위해 채택한 3개의 정지 장면 혹은 마임의 조각상으로 표현했고, 그래서 그들이 싸우려고 할 때 발생할 수 있을 신체적 상해와 또 싸움을 회피했을 때 학생들의 잠재적인 실망을 피할 수 있었다. 이 기술을 설명하는 데 사용된 여러 용어는 학생들에게 활동을 소개하는 유용한 방법이며 관습이 실제로 드라마 내에서 사용될 수 있는 일부 방법을 안내한다. 예를 들어, 학생들은 결혼식부터 살인에 이르기까지의 사건 혹은 사고에 대한 사진을 묘사할 수 있다. 또한 연극 닥터 파우스트를 묘사하는 조각상을 만들 수도 있다.

이 관습이 널리 사용되고 있다는 것은 드라마에 대한 현재의 문헌에서 명백히 확인할 수 있다; 실제로, 이 장의 도입에서 제안한 것처럼, 게임이 과도하게, 드라마 수업을 즉시 지배하는 것처럼 사용되는 위험에 처해 있다. 결과적으로 학생들은 대화와 연극 만들기에 전념할 충분한 기회가 없다. 타블로가 이렇게 인기가 있는 확실한 이유가 있다. 그것은 바로 조용하고 고도로 집중적인 작업으로 절정에 달하게 해주며, 따라서 통제의 관점에서 볼 때 매력적인 선택이 되기 때문이다. 그것은 집단 응집력을 요구하여 그것을 증진시키고, 모든 사람들이 그들의 기술이나 자신감의 수준에 관계없이 어떤 방식으로든 참여할 수 있도록 한다. 드라마를 처음 사용하는 교사는 드라마에서 유용하게 사용할 수 있는 기법이지만 독자적으로 일회적으로 사용할 수 있어 가치가 있다. 또한 매력적이고 심미적인 교육의 이점을 가지고 있다.

- 그것은 즉시 하던 행동을 멈추고 학생이 서사적 발달면에서 독자적으로 생각해야 하는 경향을 수정하는 중요한 요소가 될 수 있다.
- 학생들은 표현, 몸짓, 위치의 미묘한 변화에 의해 의미가 전달되는 방식에 집중하는 것이 좋다. 자발적인 즉흥 드라마에서 이런 종류의 초점을 만드는 것은 때로는 작품의 흐름을 망칠 위험이 있다.
- 학생들이 타블로를 하도록 요청받으면 부담이 되지 않는 선에서 발표 기술에 관해 생각해 보도록 한다.
- 학생들이 즉시 의미를 응축하는 방법을 배우게 되고, 즉시 완전한 의미를 읽는 방법을 배우는 데 도움이 된다. 성공적인 드라마는 학생들이 타블로로 제한된 방식으로 경험할 수 있는, 미적인 '포장'의 과정, 응축과 압축을 통해 작동한다.
- 학생들에게 '사진' 또는 '정지 프레임'을 만들도록 요청하는 것은 수업의 범위를 벗어나는 드라마 상황(예: 용과의 싸움, 축구 폭동)을 나타내는 유용한 방법이 될 수 있다.

- 정서적으로 너무 표현하기 어려워서 그 순간과 거리를 둠으로써 참가자를 보호하는 유용한 방법이 될 수 있다. 예: 장례식을 치르는 장면 대신 그룹이 그 순간을 묘사할 수 있음.
- 그것은 정적과 침묵으로 최고조에 달했기 때문에, 역설적으로 특정 상황에서 역동성을 드러낼 수 있다. '실생활'의 속도로 진행되는 드라마는 참가자나 관객이 잠시 머물 수 있도록 허용하지 않는다.

비록 사용하기에 꽤 접근하기 쉬운 기술이지만, 염두에 두어야 할 사항이 있다:

- 이러한 작업 방식에 익숙하지 않은 학생은 거울 활동, 밀랍인형 작업, 사진 등을 통해 천천히 유도해야 한다. "움직이지 않고도 얼마나 오래 자세를 유지할 수 있는지 보세요."라는 도전 과제를 제시하는 것이 도움이 된다. 반면에, 효과의 극대화를 위해 사용된 타블로는 긴장감과 자체 발달 요소를 포함하고 있지만, 초기 활동은 단순히 '스포츠', '직업', '취미'와 같은 것일 수 있다. 어린 학생들은 '얼음' 게임을 즐기게 된다; 고학년들은 타블로 활동에 주의를 집중하는 것이 조금 어색할 수 있다. 하지만 일단 자신감이 생기면 결과는 매우 만족스러울 것이다.
- 그들은 타블로를 유지하는 기술을 배운다. 그것은 예상보다 더 많은 시간이 걸린다. 다시 말해, 동기를 부여하기 위해 특정 시간 동안 이미지를 유지하도록 하는 것이 유용하다. 짝과 함께 하는 활동(4장)과 마찬가지로 중심이 되는 활동 이전에 예비 활동을 하는 것이 도움이 된다.
- 중요한 의미와 긴장을 포함한다. 예를 들어, '결혼식 사진 만들기' 대신 '가족 구성원이 다른 사람들과 매우 다르게 배신감을 느끼는 사진'. 긴장의 요소를 도입하는 다른 것은 다음의 사항을 포함한다; '신체의 위치가 인물의 지위를 나타낸다', '가장 중요한 세부 사항은 우리가 알아차릴 수 있는 최근의 것이다', '첫눈에 알지 못할 수도 있는 이미지를 면밀히 살펴본다는 것은… '.
- 시, 소설에서 발췌한 것, 누군가의 의지, 편지 등의 읽을 것을 정지 이미지와 함께 병치하는 것은 상당히 강력한 미적 효과를 가지며 타블로 자체는 매우 간단하다. 예를 들어, 가족들은 읽는 것을 듣기 위해 테이블 주변에 모였다. 추상적인 질을 전달하는 것과 같이 좀 더 복잡한 작업을 위해서는 사진을 통해 학급에게 보여주는 것이 유용하다.
- 그룹 내에서 어떤 타블로를 만들도록 할 것인지 혹은 더욱 드물게 한 학생이 그룹의 다른 학생에게 어떠한 이미지를 만들도록 지시해야 하는지 분명해야 한다. 그룹 구성원이 본인들이 표현한 전체 모습을 볼 수 없기에 상상하기 어려워서 후자가 더 유용할 수 있다.
- 작품의 실제 사진을 찍는 것이 유용할 수 있으며 동기 부여를 제공할 수 있다.

일단 그것들이 만들어지면 타블로로 무엇을 해야 하는지 아는 것도 중요하다. 때때로 오로지 적절한 반응은 묘사된 것이 무엇인지 추측하는 것이다. 학생들에게 또 다른 초점이 주어지지 않으면, 종종 그들은 서로 확인할 수 있는 모든 것을 충분히 설명할 수 없을 때, 모든 참가자들에게 실망스러운 결과를 가져다주므로 서로의 작품을 초점 없이 보기 시작할 것이다. 때때로 학생들은 아마도 해설 또는 서사와 함께 배치할 때, 그들은 그들의 작품을 보여줄 준비가 된 것이다. 교사가 학생들에게 작품 속 인물의 생각이나 목소리를 명확하게 표현하도록 함으로써 타블로가 개발될 수 있다. 대안으로, 제 1이미지와 관련된 새로운 이미지가 생성될 수 있다. 예: 학교에 대한 자신의 견해를 표현하기 위해 이미지를 만들고, 그들이 바라는 학교를 보여준다. 타블로는 의상, 조명 및 무대 디자인의 요소와 결합될 수 있으므로, 행동해야 한다는 부담없이 안전한 환경에서 연극 요소를 도입할 수 있다. 학생들이 타블로를 사용한 적이 있는 경우, 모든 연령대에서 사용할 수 있지만, 수업의 진행은 학생들에게 주어진 자주성독립의 정도와 사용된 규칙에 따라 다르다.

❏ 역할에서의 질문

'핫시팅' 또는 보다 적절한 '역할에서의 질문'은 통제된 방식으로 운영되기 때문에 드라마를 처음 접하는 교사에게 유용하다. 가장 단순한 형태로는 한 학생이나 교사가 동기, 성격, 타인에 대한 태도 등에 대해 질문을 받는다. 타블로와 마찬가지로, 이것은 '비자연주의적'인 관습이며 따라서 가치있는 교수법이기는 하지만, DIE의 일부로 볼 수 있다. 연극만들기 맥락에서 볼 때, 이것은 인물의 캐릭터를 심화시키거나 혹은 배우가 역할에 의문을 제기함으로써 그들이 본 연극에 반응하도록 하는 수단으로 사용될 수 있다. 다른 과목, 다른 주제에서 이러한 기술이 사용되기 때문에, 일회성으로 사용하거나 교사와 학급 모두에게 역할을 선택하게 하는 것이 안전하다.

서론에서는 학생들이 알리바이를 깨기 위해 심문을 받는 용의자 역할을 하는 간단한 탐정 게임을 통해 이 기술을 쉽게 도입할 수 있는 방법을 설명하였다. 그 학급은 동기와 태도에 대해 똑같은 방식으로 질문을 받는 소설 속 인물의 역할을 맡을 수 있다. 대그룹 활동 중 하나가 되는 안전함 내에서 질문－답을 하는 기술을 경험한 후에 학생들은 학급의 역할을 하는 다른 학생들에게 질문하기 위해 개별 역할을 선택하도록 할 수 있다. 타블로와 마찬가지로 이 활동의 성공을 위해 고려할 사항이 있다.

- 학생들은 때로 문자 그대로 거의 관련 없는 질문을 하는 수준에 머물러 있을 때 교사는 개입할 수 있다―예를 들면, 방탕한 아들에게: '당신이 여행하면서 한 일에 대해 자세히 이야기해 줬어요. 당신 아버지도 당신이 어디서 무얼했는지 똑같이 관심이 있을까요?'
- 드라마 스튜디오에서, 역할에 대한 질문 활동은 등장인물이 스포트라이트에서 질문을 하고 또 극장 객석의 어둠 속에서 질문을 받음으로써 상당한 연극적 영향을 가져올 수 있다.
- 때로는 질문하는 사람들의 역할이 설명될 필요가 있다. 예: 농부들이 새 세법에 관해 왕에게 질문을 한다. 그러나 종종 그들은 정확하게 정의되지 않은 '여명(twilight)'의 역할을 수행한다; 이것은 관습의 허용 중 일부이다. 그러나 질문을 받는 학생이 적대적이 될 때 '왜 이 모든 질문을 나에게 묻는 거야?'라고 묻는 경우에, 때로는 모호함으로 인한 문제가 발생할 수 있다.
- 질문이 나오지 않거나 조기에 중단되는 경우, 학급에 다시 질문하기 전에 가능한 한 둘씩 짝을 지어 가능한 질문에 대해 토의하게 할 수 있다.
- 학생들이 역할을 유지하기에 충분한지(예: 역사 또는 소설의 인물) 모를 때 문제가 발생할 수 있다. 학생이 많이 알지 못하는 사건에 대해 적은 비중의 인물이나 방관자의 역할을 하도록 함으로써 같은 목표가 달성될 수 있다. 예를 들어, 모세에게 질문하는 대신, 초점은 그와 함께 여행을 떠난 이스라엘 사람들 중 하나일 것이다.
- 역할의 초기 범위를 정할 수는 있지만 학생들에게 너무 많이 기억하도록 기대하지 않는 것이 중요하다. PSHE(개인, 사회 및 건강) 수업에서 결혼에 관해 다룰 때, 아내가 가정 상담사에게 쓴 편지를 교사가 읽음으로써 시작되었다. 학생들은 남편과 아내의 역할을 하기 위해 자원했고, 그들은 학급의 나머지 학생들로부터 질문을 받았다. 초기의 편지는 질문을 촉진하는 방식으로 맥락과 인물의 한계를 만들어냈다.
- 질문을 받고 있는 학생들은 인물의 감정을(긴장, 시제, 경계, 적대감) 나타내기 시작할 수 있지만 연기가 역할의 생각을 저해하지 않는 것이 중요하다.
- 역할에 대한 질문은 억압을 상징하는 드라마 내에서 개발될 수 있다. 예를 들어, 한 인물이 수사학적인 질문을 마구 받았을 때.
- 빈 의자를 사용하여 인물을 나타낼 수 있으므로―질문과 답변을 모두 그룹에서 제공할 수 있다.

◻ 엿듣기

이 기술은 때로는 '주목받기스포트라이팅' 또는 '열린 문open door'이라고도 하며, 전체 학급이 정지해 있는 동안, 소그룹은 살아남아 그들 드라마의 한 순간을 만드는 것을 말한다. 이것은 짝과 함께 하는 작업4장에 대한 부분에서 소개하였으며, 학생들이 완전한 시나리오를 실행하지 않으면서 자신의 작업을 공유하는 데 익숙하게 하는 방법이다. 전략은 아래에 기술된 바와 같이 자발적인 전체 집단 즉흥극과 같이 다른 드라마 구조와 효과적으로 사용될 수 있다. 그러나, 이것은 소규모 그룹의 연극을 난처하게 만들거나 난처하게 하는 일을 당하지 않도록 하면서 활동을 공유하는 기본적인 방법이다.

◆ 학생들은 교사의 지시에 의해 학급 내 다른 소그룹이나 짝과 함께 작업을 하는 동안 정지해 있다가 다시 살아나서 약 30초의 짧은 시간동안 드라마를 지속해나간다. 학생들에게 이렇게 진행된다고 미리 말해주는 것이 좋다.

◆ 대안으로, 학생들은 이러한 방식으로 '주목받는' 순간을 준비할 수 있다. 이것은 다소 다른 기술이고 다른 능력을 요구한다: 학생들은 장면의 본질을 전달하는 짧은 장면을 준비해야 한다. 이때 이 짧은 장면은 전체의 주고받는 장면의 일부가 된다. 학생들은 연극이 시작되면 종종 그 인상을 전달하려는 극작가의 기술 중 일부를 모방하도록 요청받는다.

◆ 자발적인 전체 그룹 드라마에서, 학급이 스튜디오의 다른 곳으로 사라지면, 교사는 그 행동을 멈추고 학생들에게 그들의 장면에서 무슨 일이 벌어지고 있는지 보여달라고 할 수 있다. 따라서 마을을 기반으로 하는 연극에서 교사는 가게에서 가게로, 집에서 집으로 이동하여 모든 학생들이 연극의 다른 장면에서 무슨 일을 하고 있는지 알 수 있다.

◻ 연극 내 연극

'연극 내 연극' 활동은 학생들에게 너무 어려울 수 있는 드라마 장면을 만드는 데 도움이 된다. 셰익스피어가 햄릿이나 한여름 밤의 꿈에서 하는 것과는 달리, 연극 내 연극을 그대로 사용하지는 않지만 오히려 다른 극의 한 허구 맥락을 구성하기 위해 이 관습을 사용한다. 따라서 학생은 적절한 기여와 진지함을 가지고 힌두교 결혼식을 만드는 것이 어려울 수 있지만, 해설과 함께 배우가 결혼식에 참석하여 코멘트 하는 방식을 제공하는 것이 보다 쉬울 수 있다. 대안적인 장면은 모든 차이를 만들 수 있다. 학생들이 프로그램 내 사건을 재구성함으로써 사건 기록(런던의 화재) 또는 이슈(동물의 권리)에 관한 다큐멘터리 발표를 준비하라고 할 수 있다. 런던 대 화제 날 잠자리에 들기 전 빵 굽는 사람의 마지막 행동과 동물의 권리를 위해 과학 실험실에 침입하는 행위는 다큐멘터리 일부를 연습하고 발표하는 것이다. 이 기술은 거리두기 장치로서 사용될 수 있다. 참가자들은 한 사람이 자살을 시도하려는 사람과 이야기하려고 시도하는 장면을 즉흥적으로 만드는 것이 어렵다고 느낄 수도 있지만, 경찰관의 역할로서 하는 것이 더 편할 수도 있다. 난파선에 관한 혼돈의 드라마에서 학생들이 텔레비전 스튜디오에서 사건을 재구성하게 함으로써 드라마가 개선되었다고 이전 장에서 설명하였다.

❏ 역할 내 교사

드라마 내에서 역할을 채택하는 것은 많은 교사들에게 가장 편안하고 자연스러운 활동이 될 수 있지만, 나의 경험상 드라마의 많은 입문자들은 그 가치를 인정하는 많은 문헌이 존재함에도 불구하고 훨씬 더 사용하기 어렵다고 생각한다. 이 기술 없이도 효과적으로 연극을 가르칠 수 있다고 생각한다면, 그래서 실제로 이 사용법에 대한 의구심이 있는 경우에는 사용하지 않는 것이 좋다; 학생들은 역할에 대한 불확실성을 빨리 감지하므로 교사가 자신감이 부족하면 그 역할을 믿지 않는다. 다른 기술들처럼 남용이 되면 결과적으로 학생들은 드라마를 계획하고, 실행해가고, 만들어가는 데 결단력이 불충분해진다. 사소한 부분을 맡더라도 교사의 역할은 큰 영향을 준다. 또한 부적절하게 사용하는 사람은 학생이 아닌 교사라는 사실을 인식하는 것이 중요하다. 반즈[Barnes, 1976]의 교육학에 관한 글부터 최근에는 알렉산더[Alexander, 2008]의 대화 교수 및 메르버와 리틀튼[Merver and Littelton, 2007]에 이르기까지의 많은 연구를 살펴보면 언어의 사용은 진실로 상호적이어야 한다는 지적이 있다. 다른 한편으로는 적절하게 사용되면, 그것은 교사가 사용할 수 있는 가장 강력한 기술 중 하나이다. 어린 학생들과 함께하는 드라마 작업에서 역할 내 교사를 사용할 때 더 두드러지게 나타난다. 과거에는 교사의 역할에 있어 교사의 시범을 통해 드라마를 가르치는 한 형태로 보이는 정도로 과소 평가되었다. 그 장점을 요약하면 다음과 같다:

- 그것은 학생들에게 더 현실적인 드라마를 만들 수 있다.
- 교사는 특정 상황에서 요구되는 것을 보여줄 수 있다.
- 드라마는 심화될 수 있으며 학생들은 드라마에 도전할 수 있다.
- 따라서 교사는 작품의 흐름을 멈추지 않고 교육목표를 추구할 수 있다.
- 드라마의 언어는 교사가 제공하는 예시에 의해 영향을 받을 수 있다.
- 정상적인 교사-학생 관계는 드라마 내에서 변화된다.
- 그것은 교사가 역할을 하는 인물에 생기를 불어넣기 위해 텍스트를 포함한 문학과 함께 사용할 수 있다.

이 전략의 사용에 대한 주요 지침은 다음과 같다.

- 중개 역할은 권위자의 역할보다 더 유용할 수 있다 ―'저는 상사입니다.'가 아니라 '상사에게 그 사실을 물어야 한다.'
- 역할 내 교사는 드라마 작업에 힘들어 하는 사람들을 도울 수 있다. '전에 흡연에 관한 문제에 대해 하실 말씀이 있다고 하지 않았나요?'.
- 혼란이 없게끔 교사에게 변경 사항을 어떤 식으로든 다시 알려주는 것이 좋다(예: 특정 의자에 앉음으로써).
- 학생들의 기여가 즉각적으로 있지는 않지만 인내는 있을 수 있다. 교사의 역할에 확신이 들지 않거나 혹은 웃겨서 학생이 교사에게 긍정적인 반응을 보이지 않는 것처럼 보이면, 교사는 진지함을 유지한 채 학생들을 점차적으로 참여하도록 해야 한다.
- 참여하지 않는 학생은 교사가 역할로서 작업으로 끌어들일 수 있다 ―'저 사람들이 무슨 생각을 하는지 난 궁금하네요'.
- 교사는 깊이 있는 작업을 위해 역할을 맡아 그룹작업에 기여할 수 있다(예: 그룹이 마을에 그들의 건물부지를 세우고 교사는 위생 검사관으로서 그들을 부름).
- 하나의 역할을 담당하는 두 명의 교사를 사용하여 모든 종류의 가능성을 열어둔다. 이 경우 한 교사는 역할에 영구히 머무르고 다른 교사는 학급을 관리한다.

❏ 시작

학생들은 비디오 녹화를 하거나 자신의 작업을 실험하는 것을 포함하여 녹화물이나 다른 사람의 공연을 보면서 드라마를 시작하는 방법에 대해 신경써서 배워야 한다. 드라마는 청중에게 직접 설명하거나, 무대 밖에서 목소리를 내거나, 행동을 사용하거나 주인공의 등장을 지연시키며 시작할 수 있다.

☐ 끝

1960년대 드라마의 일반적인 형태는 학생들이 그룹에 참여하여 연극을 만들고 교사의 의견을 최소화하며 연극을 끝까지 보여주도록 하는 것이었다장 참조. 이것은 종종 미적으로 만족스러운 결말로 완성하지 못하는 채로, 이른바 끔찍한 '연극'이라는 결과를 가져왔다. '시작'과 마찬가지로, 학생들은 모호한 결말, 타블로, 노래, 조명, 의식, 무대 액션을 널리 사용하며 드라마를 분석할 수 있다.

☐ 다른 관점

여기에는 사건에 대해 두 가지 시각을 제공한다. 예를 들면, 실제 그 사건이 일어난 방식과 반대로 꿈으로 표현하거나 혹은 창문이 어떻게 깨지게 되었는지 두 개의 버전으로 표현하는 것이다. 그것은 타블로와 같은 다양한 기술로 소그룹 작업을 구조화하는 데 사용될 수 있다. 시 또는 연극 텍스트로 학생들이 장면에 대해 다른 시각을 바라보도록 할 수 있다— 예를 들어, 시장이 피리 부는 사나이와 첫 합의가 끝났다는 것을 그가 **생각**하거나 확신하는 방식으로 극을 만들었고, 실제 그러한 일이 일어났다.

☐ 유추

메인 테마를 나타내는 유사한 장면에서 작업하는 것이 '낚아채기hook' 또는 '쑥 들어가기way in'로 유용할 수 있다. 예를 들어, 학생들은 **파리의 제왕** 플롯과 평행을 이루기 위해서, '그들의 작업을 지속하기 위해' 교실에 남겨져 있다. 그들은 명령을 받았습니까? 지도자가 등장했습니까? 혼란이 발생했습니까? 헤스코트Johnson and O'neil, 1984: 207 참조는 '드라마가 너무 진부해질 때, 무언가를 신선하고 가치있게 만들 수 있는 최선의 방법'으로 유추를 언급하며 주의를 집중했다. 십대와 가족의 긴장에 대한 친숙한 드라마는 이상한 나라Planet Zog를 기반으로 새로운 자극을 받을 수 있다.

❏ 시간 이동

여기서 사건은 비선형적으로 표현된다. 이것은 '서사'와 '플롯'의 차이점을 학생들에게 가르치는 유용한 방법이다. 고전적인 예는 **세일즈맨의 죽음**인데, 주인공의 머릿속에서 일이 일어나기 때문에 연극의 행동이 현재에서 과거로 부드럽게 움직일 때이다. 방탕한 아들의 사건은 여행 후에 집으로 돌아오는 아들로부터 시작될 수 있다. 피리 부는 사나이의 이야기는 아이들에게 추도식을 공개하는 것으로 시작될 수 있다.

❏ 대조

이는 두 개의 장면을 나란히 배치하여 의미를 향상시키는 것이다. 동일한 사건의 두 버전을 나란히 배치할 수 있다는 점에서 '대안적인 관점'을 구체화할 수 있다. 그러나 대조되는 요소에 있는 또 다른 장면을 반드시 만들 필요는 없다. 예를 들어, 신문 기사(가해자에게 첫 번째 감옥 방문한 것을 보여줌으로써 복잡한 범죄에 관한 센세이셔널한 표제와 기사), 라디오 보도(공장 이사회 회의에서 이익을 논하는 것과 대조되는 강의 오염 신고 기사) 또는 편지(학생의 어려운 가정생활에 관한 장면과 대조되는 학교로부터 집으로 배송된 부정적인 내용의 편지를 읽는 장면)가 있다.

❏ 상세한 설명

상세한 설명의 중요성은 7장에서 텍스트와 극작에 관한 접근 방식의 장에서 다시 고려될 것이다. 대본을 예로 들어 설명하자면, 학생들은 청중에게 어떻게 필요한 정보가 지나치지 않게 전달될 수 있는지에 관해 생각해 볼 수 있다. 드라마를 발표할 때, 학생들은 무슨 일이 일어나고 있는지 설명하는 것이 필요하다. 서사 또는 프롤로그의 사용은 물론 장면을 설정할 수 있다. 그러나 필요한 맥락(인물, 장소 및 시간)을 교묘한 방식으로 전달하는 방법을 배우고 관심을 유발하는 정보를 보류하는 방법은 학생들이 드라마 기술을 발전시키는 한 요인이다.

❏ 내적 갈등의 외부화

인물이 갈등에 맞닥뜨렸을 때(예를 들어, 시련의 마지막 막에 있는 프락터, 로미오와 줄리엣의 4막 3장에서 수도사와 같은 입장일 때), 학급의 학생들과 함께 행동을 왜 해야 하는지 그 이유를 가지고 다양한 행동들을 나타낼 수 있다. 훌륭한 사례는 **닥터 파우스트**의 내면적 투쟁에 목소리를 내기 위해 선과 악의 천사가 다른 지점에 나타날 때 말로우의 장면이다. 학생들이 연극 만들기에서 이러한 기법을 실험해보는 것이 자연주의적인 접근을 뛰어 넘는 유익한 방법이다.

전문가의 망토

전문가의 망토는 제한되거나 혹은 확장된 방식으로 사용될 수 있다. 도로시 헤스코트에 의해 발명된 전문가의 망토에 대한 더 깊은 의미를 검토하기 전에, 이것은 유용한 교수법이므로 제한된 버전을 사용하는 것이 좋다. 고고학자, 역사학자 또는 수사관으로서 장면을 만들며 학생들은 학습을 위해 동기가 높아지고 더 전념하게 된다. 따라서 전문가의 역할로, 학생들은 크게 존경받고 죽은 데이빗 왕에게 부정적으로 비춰질 새로운 증거를 조사하게 했다. 문제의 증거는 다윗과 밧세바에 대한 성경의 이야기이고, 그 이야기는 학생들이 지속적으로 해독하려고 했던 것인데, 그 성경은 조각으로 찢겼다. 여기에서 윤리적인 문제는 그가 죽기 전에 분명히 회개하였기 때문에 선한 왕이 공개적으로 무너져야 하는지 여부였다. 그러나 이러한 유형의 접근 방식은 활동 또는 시뮬레이션 방식에서 작동하는 경향이 있고, 반면에 헤스코트의 복잡한 버전은 표면적으로는 연극적 요소가 없고 교과과정 학습에 주로 초점을 맞추고 있지만, 예술로서 드라마의 측면에 더 중점을 둔다.

예를 들어, 가장 정교한 형태로, 드라마에 참여하진 않았지만 편지나 메시지로 소통하는 일부 먼 고객을 위해 공장이나 자문 서비스를 운영하는 등 기업에 종사하는 '전문가'의 역할을 학생들에게 맡기는 것이다. 그러나 헤스코트에서 사용되는 이 기술의 핵심은 참가자의 전문성이 작업의 중심으로 집중하기 전에 아주 자세하게 그리고 아주 오래 걸린다는 것이다. 교육과정의 학습은 학생들이 몇몇의 문제를 해결하거나 고객에게 조언을 해줄 것을 요구받을 때 전문가 역할을 통해 이루어진다. 따라서 궁극적으로 집단 따돌림에 대해 조언할 전문가 그룹은 예를 들어, 학교 의자로서 가장 적합한 높이, 크레용 색으로 적합한 색상, 혹은 맹인 학생을 수용하기 위해 교실 환경을 변화시키는 방법을 조언함으로써 먼저 교육 전문가로서 전문성을 확립할 수 있다.

볼튼[1998: 241]은 학습을 위해 '바쁜 권위'를 '허구적 발판'으로 언급함으로써 헤스코트 초기의 드라마를 가르치는 접근 방식과 비교하여 이 작업 방식의 핵심 요소를 지적한다.

헤스코트의 중세 수도원에서의 생활에 관한 전문가 프로젝트 중 하나에서 수도사 역할을 하는 학생들은 안셀모[Anselm] 주교로부터 '수도원의 역할에 관한 책'을 만들 것을 요청하는 편지를 받는다. 이것은 프로젝트에 포함된 모든 예술, 언어 및 과학 작품의 주요 초점이 될 것이다. 그러나 편지의 수령은 역할과 맥락이 잘 정립된 후에 이루어졌다. 예를 들어, 학생들은 특정 수도원 직업의 이름과 그 직업을 정확하게 묘사해 놓은 카드를 매치시켜야 했다; 그들은 각각의 경우에 행해지는 작업만을 생각해야 했다; 그들은 수도원의 계획을 들었고, 공동체로서 성찬식에 참여했다[Heathcote and Bolton, 1995: 45].

그것의 초점이 교육 과정에 있고 헤스코트의 초기 작업보다 분명히 '드라마적'이지는 않지만 전문가의 망토는 드라마/연극 예술의 핵심 요소를 구체화한다. 깊이있는 공명과 함께 '마치 ~라면'의 허구 맥락이 형성된다. 설립된 기업이 특정 고객을 위해 일하고 있다는 의미에서 만들어진 '관객'에 대한 강한 인식이 있다; 연극과 같은 작업은 **미디어**에서 시작되므로 드라마는 과거를 확립하고 미래를 만들어내야 한다. 틀 작업은 프로젝트를 '포함'한다; 다시 말해, 학생들이 완전하고 복잡한 느낌을 받는 상황에 몰입하더라도, 학습을 용이하게 하는 것은 초점과 선택이라는 말이다.

다른 기술로는 포럼 연극(관객이 수업을 시작하기 전에 연극을 구성하는 데 참여), 소리 추적(드라마의 순간을 나타내는 학생들이 만든 소리) 및 생각 추적(인물의 생각을 소리내어 말하는 학생), 그리고 더 자세한 것은 '더 읽을거리'에서 다루어진다.

이 장의 시작에서 기술이나 관습의 분리된 사용은 드라마 참여의 핵심인 연극 만들기 제작 과정을 파괴할 수도 있다고 하였다. 그러나 학생들이 드라마 경험이 많아질수록 연극을 준비하고 발표할 때 의도적으로 관습을 사용하는 능력을 얻을 것이라 기대할 수 있다. 예를 들어, 저학년 학급의 드라마는 서사의 사용에 의해 크게 촉진될 수 있으며, 이 관습은 대본을 가지고 하는 연극에서 나레이터의 사용에 익숙한 관습이다. 무대 밖에서의 액션 창작, 장면 구분, 대조 및 결말 다루기, 관객에게 직접 말하기, 다양한 브레히트 기술들, 무대 지시 또는 제 3자에게 말하

기와 같은 관습은 다음 장의 주제인 텍스트의 접근을 통해 습득하고 경험할 수
있다.

더 읽을거리

Neelands, J. and Goode, T. (2015) Structuring Drama Work contains a guide
to conventions and techniques used in drama teaching. Doona, J. (2012)
Drama Lesson for The Primary School Year discusses techniques particularly
suitable for primary school. For other books that address drama
conventions, see also Cremin, T., McDonald, R., Goff, E. and Blakemore, L.
(2009) Jumpstart Drama 5-11; and McGuire, B. (2003) Student Handbook
for Drama.
Readers interested in further work on still image might turn to Boal, A.
(1992) Games for Actors and NonActors.
The key book on mantle of the expert is Heathcote, D. and Bolton, G.
(1995) Drama for Learning: An Account of Dorothy Heathcote's 'Mantle of
the Expert'.
The concept of teacher in role is dealt with in Ackroyd, J. (2004) Role
Reconsidered and in Johnson, L. and O'Neill, C. (1984) Dorothy Heathcote:
Collected Writings on Education and Drama.

텍스트(Text) 접근법

STARTING
DRAMA
TEACHING

Starting
Drama
Teaching

제7장
텍스트(Text) 접근법

대본에 근거한 작업

'드라마'와 '씨어터'가 각기 다른 전통과 연동하여 다른 목적을 위해 기여한다고 1장에서 서술하였듯이, '즉흥'과 '대본작업'은 드라마를 가르치는 데 있어서 두 개의 다른 전형적인 활동방법이 될 수 있다. 그런데, 우리가 5장에서 이미 서술하였듯이 '즉흥'이라고 묘사되고 있는 많은 작업은 엄밀히 말해 자발적이라 할 수 없고 오히려 계획되고, 고안된 그리고 반복될 수 있는 드라마라 할 수 있다. '즉흥적인' 작업은 현실적인 이유로 종종 그 그룹의 나머지를 관객 삼아 공연을 하는 경우가 많다. 그러므로 '계획된' 혹은 '잘 정비된' 즉흥과 같은 범주는 다음과 같은 논쟁을 야기하곤 한다. 일단, 즉흥이 반복될 때, 적어도 대략적 윤곽이 기억될 수 있도록 그 길이는 짧아야 한다. 만약 이렇게 즉흥이 반복될 수 있도록 그 길이가 충분히 짧다면 대본 작업을 거치지 않더라도 이는 대본을 가지고 공연하는 것과 다를 바가 없다. 즉흥은 반복되더라도 그 이전의 것과 완전히 같은 것이 아니며 생생한 공연을 바탕으로 나온 또 다른 형태의 대본에 근거한 작품이라 할 수 있다. 그러므로 '즉흥'과 '대본작업'에 대한 전통적인 구분은 생각보다 명백한 것이 아니라 할 수 있다.

이 장에서는 교실에서 대본에 바탕을 둔 극에 접근 가능한 방법에 대해 다룰 것이다. 더불어 드라마의 기반이 되는 다양한 텍스트의 활용에 관한 내용도 포함될 것이다. 드라마의 맥락 안에서 '텍스트'라는 용어는 단지 활자화된 언어만으로 이해되는 것이 아니다. 미디어 텍스트와 즉흥을 포함하는 개념으로서의 텍스트는 해석되어야 할 상징체계라 생각할 수 있다. 좀 더 전통적인 측면에서 '텍스트'라는 용어는 희곡 또는 시나 산문과 같은 글을 포함하는 것이 편리하다. 비록 시나 희곡을 고안하는 작업이 영어와 드라마 전문가에게는 더 관련이 있다. 산문에 근거한 작업은 여러 다양한 과목의 교사에게 흥미롭게 느껴질 가능성이 크다. 그리고 이때 활용되는 다양한 기법은 여러 다른 맥락에서도 도입될 수 있다.

전통적으로 DIE에 관한 비난 중 하나는 대본화된 드라마에 대한 관심의 부족과 다양한 형태의 즉흥이 도입된 수업이 지나치게 우세하다는 것이다[Hornbrook, 1991]. 그러나 초기 기록을 살펴보면, 대본이 드라마 활동에서 중추적인 역할을 수행하지 못해왔다고 판단되기보다 오히려 텍스트를 기반으로 한 작업에 대한 뚜렷한 반감을 찾아볼 수 없다 하겠다. 슬레이드[1954]는 대본의 활용을 발달 과정의 마지막 단계대략 14세 정도)에 활용하도록 배치하였다. 헤스코트[1984: 89]는 몇몇의 교사들이 대본과 비언어적 방식을 바탕으로 더 효율적으로 작업한다는 것을 인지하였다. 그리고 텍스트를 만드는 작업은 7세의 아이보다 17세의 청소년에게 더 적합하다고 주장하였다. 그러나 이런 텍스트 기반 작업을 학생들의 발달단계 상 마지막 단계에 두어야 한다는 관점은 대본에 대한 경시를 불러온 이유 중 하나라 볼 수 있다. 다른 이유는 이론적 고려드라마와 관련된 자기표현 이론과 전통적으로 대본을 읽는 것이 무엇을 수반하는지에 대한 문학적 가정와 실질적인 면커리큘럼 구성 시 관습과 학습자에 대한 텍스트 접근성까지 다양하다. 이에 관해서는 좀 더 자세히 살펴볼 필요가 있다.

❏ 창의성 그리고 자기표현

드라마에서 '창의성'에 대한 강조로 인해 텍스트기반 작업은 참가자의 고유한 아이디어보다 누군가가 이미 만들어낸 아이디어에 의존한 저급한 형태의 작업이라 여겨지는 듯하다. 유사하게, 자기표현에 대한 중요성으로 인해 다른 사람이 쓴 것을 음성적으로 표현하는 과정보다 학생들이 스스로 만드는 자발적인 드라마의 강조를 불러일으켰다 할 수 있다. 이는 누군가에 의해 쓰인 글에 대한 반응 그 자체는 창조적인 행위가 아니며 독자의 반응을 중시하는 아이디어가 아니라는 관점이 내포되어 있는 것이라 하겠다. 글이 어떤 측면에서는 연설보다는 '근본적'이며 구어口語의 직관적인 사고보다 언어와 그 의미에 대한 신뢰할만한 통찰을 제공해 줄지도 모른다는 데리다Derrida의 동시대적 주장을 보면 알 수 있듯이 대본에 대한 부정적인 견해는 약해지고 있다Fleming, 2001: 92.

글이 구어보다 언어와 그 의미에 관해 좀 더 명확한 통찰을 제공한다는 언급은 글writing이 인간의 직관과는 거리감이 있다는 의미일 수 있다. 이는 결국, 글은 효과적인 의사소통의 중재적 매체가 되기 어렵다는 말과 같다. 음성적 의사소통의 경우 화자를 통해 발견되는 직접성이 글에서는 쉽게 발견되기 어렵다 할 수 있다. 한편, 글이 인간의 자각과 거리가 있다면 그 글의 의미는 불확실하다고 할 수 있다. 신속하기 때문에 명료성을 띄는 연설은 종종 환상이라 볼 수 있다. 이 장에서 설명하고 있듯이, 학생들과 대본을 바탕으로 창조적으로 작업을 하는 것은 구어를 중심으로 작업하는 것보다, 언어가 문화적 맥락 안에서 의미를 갖고 있다는 것을 확실히 해준다.

5장에서 이미 설명하였듯이, 슬레이드의 아동 드라마child drama는 아이들이 놀이를 하는 자연스러운 활동의 관찰에 기반을 두고 있으며 교사의 역할은 개입하기보다는 육성하는 데 있다. 드라마적인 놀이의 강조점은 고정된 작업으로서가 아닌 드라마 텍스트 안에서 다른 사람의 아이디어를 받아들이는 것에 있다. 그러나 대본 기반 작업이 창조적이지 않고 매력이 없다고 단정할 수는 없다.

❏ 드라마 교육과정과 모국어로서 영어 교육과정의 관계

드라마 안에서 희곡 텍스트가 경시된 이유는 주로 모국어로서 영어 교육과정의 한 부분으로 여겨지기 때문이다. 희곡은 그 자체로서 '드라마'라기보다 '문학'으로 연구되었다. 실제로 많은 학교에서 수업 시간에 희곡을 다룬다고 하면 공연의 기호학적 측면보다는 인물과 동기 그리고 언어를 강조하며 본격적으로 텍스트를 공부한다. 산문과 시 그리고 드라마는 전통적으로 대중을 위한 보편적 시험의 장르였다. 그리고 그 영향력은 지금까지 영어 교육과정에 미치고 있다. 크게 문학적 분석에 근거한 드라마에 대한 탐구와 공부는 모국어로서의 영어 수업 시간에 다루어진다는 가정 하에 드라마 수업에서 텍스트는 점차 부재하게 되었다. 그리고 이런 맥락에서 텍스트를 공부한다는 의미는 새로운 비평적 전통으로부터 기인한 문학적 분석에 기반을 둔다 할 수 있다.

☐ 전통적인 문학적 가정

대본화된 드라마가 경시된 세 번째 이유는 '극을 낭독하거나 공연한다는 의미가 무엇인가'에 관한 전통적인 견해에서 찾을 수 있다. 즉흥적 드라마는 창의적인 활동이라 여겨지는 반면 낭독과 해석은 흔히 텍스트의 고정적 의미에 중심을 둔 수동적인 활동이라 보는 경향이 있다. 그러나 문학이론적인 영향력은 드라마 낭독하기, 혹은 반응하기란 과연 무엇인가에 관한 개념을 변화시키고 있다: 의미는 작가의 의도에 따라 텍스트를 이해하는 것이라기보다 독자로서 의미를 부여하기로 이해하는 것이 좀 더 생산적일 수 있다. 이런 이론적 관점은 단순히 작가의 의도에 따라 텍스트를 실연하는 것 이상의 의미를 함축하고 있다.

☐ 희곡 텍스트(play text) 도입 시 공연의 어려움

텍스트 경시 현상의 또 다른 이유는 접근이 상대적으로 용이한 즉흥적 연극 만들기보다 대본의 무대화 작업은 좀 더 발달된 기술을 요구한다는 인식에 있다고 할 수 있다. 불가피하게 교사는 어느 정도 무대화를 위한 연극의 모양새를 갖추기 위해 학생들이 대사를 익히는 과정이 정녕 가치가 있는 것인지 자문하게 된다. 만약 학생들이 대사를 익히는 과정이 없다면 이 전통적인 대본 기반 작업은 희곡 읽기와 좀 더 유사해질 것이다. 또한 즉흥을 할 때 적극적으로 참여하는, 읽기 능력에 어려움이 있는 학생은 대본이 있는 드라마 작업을 어렵게 느낄 수 있다는 점 또한 중요하게 여겨질 수 있다.

☐ 대본에 접근하기

희곡 텍스트는 반드시 연기되어야 하며 전체가 공연되어야 한다고 종종 잘못 가정되곤 한다. 일단 이러한 통념은 텍스트 기반 작업의 제한된 방법을 제시하며 더 어렵게 느낄 수 있는 가능성을 제공하는 것이다. 이러한 가정은 대본의 경시 현상의 또 다른 이유가 된다. DIE의 영역에 있어 즉흥작업은 공연으로 연결되지 않는다는 가정이 있는 듯하고 이는 또한 대본 고안 작업은 항상 전체의 작품을 연기해야 한다는 가정을 갖는 듯하다. 하지만, 학생들이 대본을 깊이있게 이해하도록 독려하고, 그 연장선상에서 확장된 작업의 기본을 제공하는 많은 실질적인 드라마 워크숍이 있다. 이런 워크숍들도 틀림없이 드라마에 대한 반응에 집중하는 방법을 제공하고 있다. 발췌본과 함께하는 후속 작업은 텍스트 중심 작업으로 혹은 그와는 다른 작업들로도 활용될 수 있다. 서로 조화를 이루며 단순한 활동부터 복잡한 활동까지 포괄하며 활용될 수 있으며, 희곡 텍스트와 관련하여 좀 더 야심찬 프로젝트로까지 연결될 수 있다. 만약 활동들이 좀 더 큰 의미에서의 프로젝트로 연결되지 않고 각자 독자적으로 활용된다면 몇몇의 길이는 다소 짧아질 수 있고 그만큼 학생들의 반응도 간결해진다는 것을 인지해야 한다. 그러므로 한 차시수업의 한 부분으로 구성하는 편이 바람직하다.

☐ 맥락 창조하기

어떤 희곡에서 한 부분을 발췌하고 그 희곡의 주인공 이름을 가린 후 참가자에게 텍스트로부터 그 어떤 단서를 찾을 수 있는지 물어보자. 몇 명의 등장인물이 있는지, 그들은 누구인지, 그리고 어떤 내용인 것 같은지 질문할 수 있다. 이같은 활동은 학생들로 하여금 그 대본에서 발췌된 텍스트를 친숙하게 느끼도록 해줄 뿐 아니라 더불어 학생들이 텍스트에서 의미를 결정짓는 방법과 그 의미에 관해 생각하도록 돕는다. 다른 시대의 희곡에서 발췌한 텍스트는 현대 언어와는 다른 스타일로서 학생들의 주의를 이끌 수 있다. 이때 발췌본은 다양한 해석의 여지가 있는 것을 선택하는 것이 좋다. 한 가지 언급할만한 부분은 그 상황을 예측하여 정답을 찾는 활동이 학생들에게는 그 상황을 예측하여 정답을 찾는 활동이 발췌본에 국한되지 않고 자유롭게 상상해보는 활동보다 익숙할 수 있다는 것이다. 소위 이런 활동을 실시할 때 은연중에 이것은 일종의 테스트라는 함축적인 메시지가 담겨 있다면 오히려 역효과가 발생될 수 있다. 더구나 이 테스트가 정답을 위한 충분한 정보가 제공되지 않은 상태에서 실시되는 것이라고 느낀다면 학생들은 이를 비합리적이라고 생각할 수 있다. 그러므로 미리 결정된 그 어떤 의미가 없는 대사를 활용한 이 예비활동은 그 활동의 목적이 정답이 되는 내용을 맞추는 것이 아니라, 대사에 적합한 상황을 생각해내는 것이라는 개념을 전달한다. 학생들에게 있어 도전적인 과제는 다양한 문맥을 상기하여 파악하게 하는 것이고 이를 발췌본으로부터 성공적으로 이끌어내는 것이다. 아이디어를 유도하기 위해 아래와 같은 말을 활용할 수 있다:

- 괜찮아. 내가 다시 왔어.
- 이해했니?
- 목소리 좀 낮춰.
- 아무것도 일어나지 않았어.
- 이거니?(Is it there?)
- 아무 일도 일어나지 않는다고 말했잖아.

☐ 숨은 의미 제공하기

두 사람 사이의 길지 않은 대사를 4명으로 구성된 한 조에 제공하고 각 인물의 비언어적 생각을 구체화할 수 있다. 먼저 두 명의 학생은 각각의 인물로서 대본을 읽을 수 있다. 그 후 다른 두 명은 각 인물의 생각을 말로 표현할 수 있다. 이러한 활동은 학생들에게 숨은 의미에 관한 개념을 전달할 수 있고 단어의 표면적 의미보다 대사 이면의 뜻이 더 복잡할 수 있다는 것을 깨닫게 해줄 수 있다. 아래 예시의 소개 말을 활용하여 대본에 존재하는 숨은 의미와 본질적인 생각에 대한 개념을 전달할 수 있다.

- 이제 종합 정리해 볼까?
- 다소 늦었지만 괜찮아. 잠시 있다가 다시 올게.
- 물론, 나에게도 그것을 찾는데 시간이 더 필요할 수 있어.
- 문제없어. 내가 도와줄게. 그리 오래 걸리진 않을 거야.
- 어쩜 우리가 내일 다시 하는 게 나을지도 몰라. 너도 알지?

☐ 실제적 의도 제공하기

아이디어의 다양한 변형은 앞서 언급한 것과 같은 방식으로 발췌된 대화를 활용한다. 그러나 이번에는 화자의 의도된 의미를 말하도록 요구하는 방식으로 진행된다. 이때, 화자의 말과 생각은 같을 수도 있고 다를 수도 있다. 이는 앞서 언급된 숨은 의미가 감춰진 예시와는 차이가 있다.

- 네가 하고 있는 스카프 좋아 보인다. (아, 그 스카프 진짜 이상하다)
- 고마워. (날 모욕하지 좀 마.)
- 비싼 거 같다. (싸구려 같아 보여.)

이 활동은 대사의 근본적인 의미를 전달하기 위해서는 대사의 톤을 변형할 필요가 있다는 것을 강조할 수 있다.

❏ 행위하며 텍스트 해석하기

대사와 어우러지는 가지각색의 행위에 의해 그 발췌본의 의미는 변화할 수 있다. 단순한 발췌본은 행동을 시작하기 위해 활용될 수도 있다.—예를 들면, '만약 네가 지금 출발하지 않으면 너는 지각하게 될 거야'. 학생들은 이 말을 하는 사람의 행위를 보여 달라는 요청을 받을 수 있다. 학생들은 단순히 대사의 톤과 다르게 표현하는 것만이 아니라 무관심, 염려 혹은 권위의 감정을 녹여내며 행위를 변화시킬 수 있다. 예를 들면, 화자는 무언가를 발표하는 행위를 할 수도 있고, 다른 사람보다 앞서 걸으며 대사할 수도 있고, 손짓을 할 수도 있다.

❏ 텍스트의 대사 톤과 몸짓 해석하기

좀 더 긴 발췌본은 대사 톤과 몸짓 등을 조화롭게 활용하며 다른 의미를 전달하는 방법으로 연기될 수 있다. 이러한 활동들은 다루는 작품에 대한 공유가 이루어지지 않았을 때 오히려 더 잘 수행된다. 그 본질을 공유하려는 노력은 즉흥을 통한 결과물을 공연하는 것보다 더 억압적이고 당혹스러운 것일 수 있다.

❏ 텍스트 기반의 타블로 만들기

한 그룹의 학생들에게 희곡의 특정 부분을 타블로로 표현하게 한다예를 들면, 가장 마지막 장면. 무대 위에서 인물/행위자들은 서로 어떤 관계를 맺으며 어디에 위치할 수 있을까? 그리고 어떤 느낌을 표현할 수 있을까? 이런 활동은 희곡 작품을 읽는 과정에서 활용할 수 있다. 이런 활동을 통해 학생들은 텍스트의 단어에 의미를 부여하여 발표회 형식으로 전달하며 무대 디자인과 연극의 신호체계에 집중하게 한다.

▢ 무대 관련 메모 제공하기

그룹의 학생들은 주어진 발췌본을 가지고 움직임, 대사의 톤, 무대 위치 등에 관한 배우 혹은 연출의 메모를 쓸 수 있다. 학생들에게 예를 보여 준다면 이 활동을 수행하는 데 도움이 될 것이다. 이 활동은 때로는 생각보다 어려울 수 있다. 학생들이 극에 대한 전반적인 이해가 있지 않으면 전체 맥락 없이 주어진 발췌본을 기반으로 작업하는 것은 어려울 수 있다. 이때 학생들이 문서작업을 중심으로 이 활동을 진행하지 않도록 잘 살펴보아야 한다; 학생들이 반드시 자신의 생각을 실천적으로 실험하도록 격려해야 한다. 셰익스피어 극을 활용하여 이 활동을 진행할 수 있다이 책의 8장 참조. 맥베스^{Maxbeth}의 첫 마녀 장면이 좋은 예가 될 수 있다. 왜냐하면 이 부분은 짧으면서도 명확하게 행동에 대한 해석을 요구하기 때문이다.

▢ 함축적인 무대 지시 알아내기

학생들에게 발췌된 희곡을 읽고 함축적인 무대 지시를 알아내도록 할 수 있다. 역시 셰익스피어 희곡이 이 활동을 위해 유용히 활용될 수 있다. 셰익스피어 희곡에는 무대 지시가 자세히 설명되어 있지 않기 때문이다. 맥베스 첫 장면의 행위에 대한 해석은 다양하지만 마녀가 등장하는 다음 대사의 첫 부분은 좀 더 특정한 행위를 시사하고 있다. 다음과 같은 예를 들 수 있다.

마녀1: 내가 뭘 가지고 있는지 봐.
마녀2: 보여줘, 보여줘.
마녀1: 여기 선원의 엄지 손가락이야. 집으로 돌아가던 중 난파된....
마녀3: 북소리! 북소리! 맥베스가 온다.
모두: 기묘한 자매들이여 손에 손을 맞잡고,
　　　바다와 땅 모두 돌아라. 돌아라. 빙빙 돌아라.
　　　당신을 위한 세 번, 나를 위한 세 번
　　　그리고 세 번 더해서 아홉 번
　　　화목하네! 이제 매력적으로 끝났네.

❏ 대본에서 시작하여 즉흥으로 이동하기

학생들에게 대본의 한 부분을 읽게 하고 그 부분으로부터 예측을 통해 즉흥 활동을 계속하도록 독려할 수 있다. 이런 활동은 학생들이 작품 속의 인물과 그 의미를 얼마나 이해하였는지 알아볼 수 있게 하고 텍스트 다음 부분에 대한 안내를 제공할 수 있다.

❏ 빠진 장면 제공하기

그룹의 학생들에게 희곡 안에서 찾아볼 수 없는 장면의 대본을 쓰거나 즉흥적으로 만들게 할 수 있다. 희곡의 인물들 간의 만남이나 희곡의 이야기가 시작하기 전 장면 구성 등이 그 예가 될 수 있다. 이 활동의 근본은 텍스트의 의미를 고정적인 견해로서 바라보는 것보다 역동적으로 인지하는 데 있다. 밀러^{Miller}의 시련^{The} ^{Crucible}에서는 소녀들이 숲 속에 있을 때 어떤 말과 행동이 오고 갔는지 직접적으로 보여주지 않았다; 이는 오직 전달만 되었다.

❏ 편집된 텍스트 창조하기

한 반의 학생들은 희곡 작품의 중요한 부분을 중심으로 요약해서 공연할 수 있다. 리어왕의 첫 시작 부분을 예로 들 수 있다. 이 활동은 특정한 요구들과 함께 더 훌륭히 수행될 수 있다. 예를 들면, 여덟 줄로 혹은 여덟 단어로 요약하여 표현하기 등등. 이 활동을 진행할 때에 너무 어렵지 않은 단어로 공연해야 한다. 장면에서 필수적으로 떠오르는 주요 요소들은 제외될 것이다. 이로 인해 각 그룹에서 다양한 해석에 따라 어떻게 텍스트를 편집할지에 관한 토의가 진행될 수 있다. 또한 이는 생략되지 않을 장면을 어떻게 정할지 그리고 어떻게 발췌본이 공연될지 등의 토의를 이끌어낼 수 있다. 예를 들면, 시련의 2막은 프록터^{Proctor}와 그의 아내 사이의 긴장된 대사로 시작된다. 이 부분을 단 6줄로 그 골자만 추려낼 수 있다.

❏ 같은 대화의 다른 맥락 형성하기

각각의 그룹들은 같은 대화의 장면을 실연實演한다. 그 후 같은 대화를 활용하여 전혀 다른 의미를 포함한 다른 맥락을 보여준다. 예를 들면, 같은 대화를 감옥에서, 양로원에서, 전화통화로 표현할 수 있다. 역시 이 활동의 목적은 학생들에게 있어 의미가 대본에 적혀 있는 대로 결정되는 것이 아니라 전체 맥락을 통해 생성되는 것임을 깨닫게 하는 것이다. 다른 활동들과 마찬가지로 짧은 대화를 주고 받으면서 활동을 시작할 수 있다:

메리는 좀 어때?
잘 지내.
나 메리 본지 진짜 오래되었다.
메리가 널 그리워하고 있어. 너 알지?
나 메리의 편지 받았다고 전해줘.

학생들은 자신들만의 대화를 만들어 활동할 수도 있다.

❑ 대화 해석하기

학생들은 같은 대화를 (a) 먼저 친밀한 사이로 연기하고, (b) 그리 친하지 않은 사이로 연기하고, (c) 마지막으로 다른 신분을 가진 인물로 연기한다.

❑ 속마음 말로 표현하기

희곡에서 대화의 부분을 발췌해서 그 순간의 모든 인물들의 생각을 말로 표현하게 한다. 이 활동은 드라마 관습 중 생각 추적하기와 유사하다. 하지만 이번에는 희곡과 함께 활동한다. 이러한 활동은 드물게 활용된다. 왜냐하면 인물들의 생각을 이런 방식으로 명확하게 표현하는 것은 희곡의 실제 대화가 전해주는 미묘한 그 뉘앙스와는 차이가 있을 수도 있기 때문이다.

❑ 아이러니한 해석 창조하기

좀 더 진전된 활동은 그룹에게 대본의 대사 부분을 주고 이를 바탕으로 두 버전의 다른 맥락을 창조하게 하는 것이다. 첫 번째 버전은 단어의 뜻을 문자 그대로 해석한 것이고 다른 하나는 아이러니한 의미를 가진 것이 될 수 있다. 예를 들면, '여기 오니까 진짜 좋다'라는 대사를 하는 사람이 곧 죽임을 당할 것이라는 것을 관객들이 안다면 좀 더 영향력을 가질 수 있다.

시와 함께 작업하기

이 두 장르의 결합은 영어 교사와 드라마 전문가 모두에게 가치를 가질 수 있다. 영어 교사의 관점에서는 시를 가르치기 위해 드라마를 활용하는 것이 유용할 수 있다. 왜냐하면, 때 이른 인식적 이해와 분석을 따로 정리할 필요 없이 텍스트에 대한 친밀함과 개인적 감응이 독려될 수 있기 때문이다. 단, 시를 가르치는 교사들에게 도전적 과제는 수용된 의미에 의지하지 않고 개인적 감응과 적극적 읽기를 어떻게 적절하게 고무시킬 것인가 하는 것이다. 드라마 교사의 관점에서 시는 선입견이 없는 대본의 역할을 수행할 수 있으며, 친숙한 주제로 신선한 추진력이 있는 수업의 시작점을 제공해 줄 수 있다.

<표 7.1>[Fleming, 1999 재인용]은 어떻게 다양한 드라마 활동들이 시와 함께 활용될 수 있는지 그 예를 보여주고 있다 타블로, 내면의 갈등 외면화하기, 대조와 시간 이동에 관한 자세한 사항은 6장 참조 요망.

스티브 스미스[Stevie Smith]의 시 'Not Waving but Drowning'은 14−15세 청소년들을 위한 드라마의 핵심 요소로 활용되었다. 활동 전반에 관한 더 자세한 사항은 플레밍[1999, 재인용]의 책을 참조할 수 있다. 간단히 요약하자면 아래와 같다.

- 학생들을 전체 큰 원으로 서게 하고 간단한 웜업으로 조각상 게임을 한다(4장 참조).
- 작은 그룹에서 학생들은 왕따 피해자의 일기를 직접 창작하고 왕따 관련 내용을 담고 있는 타블로 만들기 활동을 한다.
- 같은 그룹에서 학생들 중 한 사람은 나이 든 다른 사람에게(학생이 교사에게, 노동자가 사장에게, 아이가 부모에게) 문제를 털어놓으려 하는 장면을 만든다. 그러나 이 장면은 성공적으로 끝나지 않는다.
- 이 워크숍의 주요 활동은 이제 시작된다. 각각 그룹에는 텍스트의 두 문장이 주어진다. 그리고 이 문장을 바탕으로 가능한 맥락을 생각하도록 한다: '그들은 그가 괜찮다고 생각했다.' '그들이 얼마나 잘못 생각하고 있는 것인가?'

표 7.1 시와 함께 드라마 활용하기

드라마 기술	목표	비고	활용 가능한 시
시 기반의 타블로	시의 본질을 정지 동작으로 표현하기. 이 활동을 하며 다른 그룹들의 표현을 비교할 수 있다.	학생들은 자신의 상상력을 발휘할 수 있어야 하고 항상 명확한 글자 그대로를 표현해야 한다는 생각을 할 필요는 없다.	W.H. Auden의 Musee des Beaux Arts; Phoebe Hesketh의 Geriatric Ward; Yevgeniy Yevtushenko의 Lies.
이미지나 문장 기반의 타블로	시를 좀 더 기억할 수 있도록 혹은 시에 용이하게 접근할 수 있도록 그 이미지를 더욱 견고하게 할 수 있는 형식 고안하기	이 활동은 편안한 마음으로 즐기게 하는 데 목적이 있다. 만약 다루는 시가 다양한 비주얼 이미지를 담고 있다면 학생들은 큰 원으로 서서 그들이 읽는 시를 마임으로 표현할 수 있다.	Philip Larkin의 On A Young Lady's Photograph Album 시 구절
독백	가능한 시 해석을 시도하며 시에서 명확히 나타나 있지 않는 부분과 시적 화자 탐색하기	(즉흥적인 것보다 주로 대본에 있는) 독백은 시의 중심 인물 혹은 관찰자의 입장에서 작성될 수 있다.	Norman MacCaig의 Neighbour; Dylan Thomas의 The Hunchback in the Park; Philip Larkin의 Mr Bleaney
내면의 갈등 외면화하기	한 개인의 내면적 갈등에 대해 알아보고 분명하게 표현하기	두 사람이 어떤 한 사람의 뒤에 위치해 있다가 머리 속의 다른 목소리를 번갈아 표현한다.	John Stallworthy의 First Blood (예를 들면, 한 명은 다람쥐를 죽인 것과 관련하여 죄책감을 표현하고 다른 사람은 합리화를 표현할 수 있다.); Sylvia Plath의 Daddy
대조	평범한 글과는 대조적으로 어떤 언어의 감정적인 내용 강조하기	시나 발췌본 읽기는 아래와 같은 다른 텍스트들과 비교될 수 있다. 같은 내용을 가진 대화, 신문 기사나 TV 뉴스	W.W. Gibson의 Flannan Isle; Tony Connor의 In Oak Terrace; Edwin Muir의 The Horses
시간 이동	시의 배경과 다른 시간대에서의 대안적인	드라마는 시의 현재 시간을 평행선상에서 조명하	Robert Frost의 Mending Wall

	상황, 행동의 과정과 결과 탐구하기	기 위해 과거와 미래를 응시한다.	by; Edwin Brock의 Paternal Instruction; Philip Larkin의 An Arundel Tomb
대화	시의 직접적인 말을 새롭게 이해하기 위해 새로운 맥락 형성하기	시의 직접적인 말은 새로운 드라마적 맥락을 포함하며 활용된다.	Wole Soyinka의 Telephone Conversation
모순	시의 언어에 대해 새롭게 탐구하기	시에 있는 문장을 예상 밖의 맥락에 포함시킨다.	John Clare의 I Am (예를 들면, 이 시를 토크쇼 형식에 포함시킨다.)

- 이후 학생들은 위 인용구에 근거한 두 장면의 드라마를 만든다. 하나의 장면은 왜 '그들'은 그가 괜찮다고 생각했는가; 다른 장면은 현실을 보여준다. 이 두 장면 모두 반 전체 앞에서 발표되어야 한다. 이후 이 작업에 대한 책임감은 반 전체로 넘어가게 된다. 자연스러운 대사와 행위가 있는 발표양식에만 국한해서 발표를 준비할 필요는 없다. 타블로, 내면의 생각, 독백, 혹은 다른 드라마 관습들을 활용할 수 있다. 학생들은 너무 복잡한 내용을 담지 말라는 조언이 필요할 수 있고 교사는 앞서 제시한 맥락에 해당하는 예를 제시해야 할 수 있다. 첫 장면은 분주한 모습의 가족 식사 장면이 될 수도 있다. 정감 어린 농담이 오고 가는 사이 청소년 아들은 자신의 걱정을 이야기하지 못할 수 있다. 두 번째 장면은 친한 친구와의 대화 혹은 일기 속 독백을 통해 학교에서 왕따를 당하는 청소년 아들의 진짜 고민을 드러낼 수 있다.

- 이제 교사는 복사한 시를 학생들에게 나누어 주고 크게 읽는다. 학생들은 한 사람이 불행하게도 오해로 인해 익사한다는 시 구절의 내용을 문자 그대로 생각하는 시간을 갖는다. 그리고 이후 시와 자신들이 만든 시나리오를 살펴보며 은유적인 의미를 생각한다. 각 그룹은 그들의 작업 내용을 시 낭송과 나란히 발표한다. 이후 확장된 은유의 본질, 시와 관련한 드라마 상황의 적합성, 시의 어조와 어울리는지, 드라마 상황을 시에 적합하게 수정해야 할지 등의 논의가 뒤따른다. 논의의 유형은 학생의 이해와 대답에 달려있을 것이다. 학생들에게 그들이 처음 선택한 시나리오가 시와 어울리지 않는다 해도 상관없다는 것을 알려주어야 한다.

- 교사는 학생들의 장면 만들기 작업을 중심으로 이 워크숍을 한 단계로 설정하려 할지도

모른다. 만약 시의 한 두 구절 혹은 문장만을 포함할 수 있다면 그렇게 시도할 수 있다. 장면 만들기 단계로 진입하는 것에 관한 결정은 그 이전에 어떻게 해왔는가가 일정부분 관련된다. 처음에는 시와 잘 어울리지 않는 듯한 시나리오는 은유를 위한 좀 더 넓은 참고적 틀을 제공하며 사실 시의 내용을 분명히 하는 역할을 수행한다. 여기서 시와 어울릴 시 구절 혹은 문장은 '아무도 그에게 귀 기울이지 않았다', '그는 신음하며 누워있었다', '불쌍한 녀석', '그는 항상 장난을 좋아했다', '내 삶은 한참 잘못되어 있었다' 등이다.

이 예시에서 그룹이 겪는 어려움은 '시'라는 하나의 장르로부터 시작하여 '짧은 극으로 표현하기'라는 다른 장르로 명확하게 이동해야 한다는 것이다. 이런 작업은 드라마를 어느 정도 경험한 그룹이 훌륭히 수행할 수 있다. 그리고 처음에는 쉽게 드라마적인 해석을 제공하는 시가 좋다. 반드시 충분한 서사적 배경을 가지고 있어야 한다는 의미는 아니다. 그러나 순수히 묘사적인 맥락을 가진 시보다 어떤 명확한 주제를 가지고 있으면서도 해석을 요하는 시가 이러한 작업에 적합하다.

이 예시에서 수업은 웜업 활동으로 역할놀이를 도입하며 시작되었다4장 참조. 시적인 텍스트를 만드는 작업은 시 구절예를 들면, '젊은이들에게 거짓말하는 것은 나쁘다'에 바탕을 둔 마지막 역할놀이로부터 시작될 수 있다. 그리고 학생들에게 이야기를 정교하게 만들어낼 필요는 없으며 그저 시 구절과 부합하는 단순한 상황을 보여주는 장면을 연기하라고 한다. 만약 교사가 이전에 학생들과의 시 기반 활동을 영상으로 녹화해 놓았다면 이 프로젝트 관련 제반 사항을 전달하는데 유용하게 활용될 수 있다. 그리고 반 학생들에게 시 기반 활동이라는 도전적 과제를 받아들이게 하고 활동의 동기를 유발하는데 유용할 수 있다. 이런 접근 방식은 학생들이 독립적으로 선택할 수 있는 능력에 대한 존중 없이 시를 대강 시행하는 상황을 피하게 해준다. 그리고 과도한 시간을 소비하는 것을 피하게 해준다.

이 프로젝트의 또 하나의 목적은 학생들에게 하나의 장르에서 출발하여 처음에는 명백하지 않아 보이는 어떤 다른 장르로의 전환 가능성을 탐색하게 하는 것이다. 교사의 역할은 학생들의 해석을 박탈하는 것이 아니라 지원하는 것이다. 독자의 반응을 중시하며 의미를 창조한다고 해도 학생을 너무 어려운 텍스트와 씨름하게 내버려 두어서는 안 된다. 그렇게 하면 학생들은 활동에 소원해지거나 지루해할 수 있다. 문법과 단어에 대한 이해 부족은 극복 불가능한 장벽처럼 느껴질 수 있다. 이 작업의 초반에는 분석하고 이해하기 쉬운 시를 선택하는 것이 더 낫다; 좀 더 어려운 시는 학생들이 이해할 것이라고 생각되는 때가 아니라 그들이 의미를 가지고 마음껏 실험을 할 수 있는 능력이 있다고 느낄 때 도입되어야 한다. 이러한 방식으로 학생들은 드라마의 형태 안에서 시에 관한 의미있는 반응을 위해 완전한 이해가 반드시 요구되는 것은 아니라는 것을 알아야 한다. 왜냐하면 시는 다른 글과 같은 종류의 의미를 산출하지 않기 때문이다. 예를 들면, 학생들은 공을 들여 전체 이야기를 구성할 필요는 없지만 시 낭독 부분을 그들의 작업 어딘가에 포함해야만 한다. 작업의 결과를 보여줄지 말지에 대한 결정은 마지막 순간에 내릴 수 있다.

❏ 안드레이 보즈네센스키(Andrei Voznesensky)의 첫 얼음(First Ice)

이 시는 보통 청소년의 사랑을 주제로 한다고 해석된다. 흥미롭게도 10학년 학생들은 엄마와 10대 딸의 관계에 근거한 드라마 작업을 하였다. 활동의 마무리는 매우 단순하게 두 장면을 포함하였다. 그리고 그 길이는 4분을 넘기지 않았다. 엄마와 딸의 거리감은 딸이 자신의 여동생과 학교에서 집으로 돌아오는 단순하고도 차분한 순서로 보여주었다. 그리고 엄마에 의해 미묘하게 '얼어붙는다'. 이어 결국 구겨지는 어린 여동생의 그림과 함께 딸의 몰입은 상징화 된다. 그리고 '엄마, 듣고 있어요, 할 말이 있어요'라는 딸의 부드러운 간청에 대한 엄마의 무관심한 대답을 통해 좀 더 명쾌하게 보여진다. 두 번째 장면은 공중전화 부스에서 시작했다. 공중전화 부스 안에서 10대 소녀는 눈물을 참으며 아동상담전화를 통해 누군가에 의해 전화로 어설프게 위로를 받은 직후였다. '소녀는 공중전화 부스에서 얼어붙는다.'는 시 구절이 낭독되는 동안 드라마는 정지 이미지로 멈춘다. 이 작업을 한 그룹은 시의 내용에 대한 반응으로서 드라마 활동을 진행하지 않았다. 왜냐하면 삭막하고, 절제되고, 간결한 그들의 드라마 스타일이 바로 이 시를 복제하고 있기 때문이다. 비록 그들은 본래의 내용보다 좀 더 많은 내용을 포함하였지만, 그들의 작업은 자세한 세부사항을 표현하려 하지 않았다는 면에서 유사하다: 드라마의 관찰자로서 우리는 어려움의 정확한 원인을 추측하게 된다. 그러나 소녀에 대한 감정적 효과에 관해서는 의심의 여지가 없다. 학생들은 텍스트에 대한 지나친 강조 없이 그들 자신으로서 시에 대한 반응을 만들어냈다. 그들은 시기상조의 섣부른 시 분석 없이 활동에 친숙해질 필요가 있었다.

☐ 스테판 스팬더(Stephen Spender)의 **내 부모는 내가 거친 아이들과 가까워지지 못하게 했다**(My Parents Kept Me from Children Who Were Rough)

이 시를 가지고 작업했던 그룹은 그 내용과 같이 강한 서사적 취지가 엿보이는 작업을 하였다. 그러나 완벽한 이야기를 전달하고자 하는 덫에 갇혀있지는 않았다. 이 시에 '친숙해 지지 않게' 하는 방법으로 나레이터 역할을 하는 소녀를 등장시켰다. 이 시에서는 동물적인 형상화를 통해 전달하고 있는 '거친 소년들'의 강한 신체성을 드라마에서 이전의 웜업 활동이었던 게임하는 것으로 상징화되었다. 이 게임은 참가자들이 서로 손을 잡고 한 의자 주변에 서 있다고 서로를 당기다가 힘이 부족해서 가운데 의자를 잡는 사람이 패자가 되는 룰을 가지고 있다. 이 드라마에서 주변인은 이 게임을 하기에는 너무 내성적인 존재로서 다른 사람이 이 게임을 하는 것을 부러운 듯이 바라보는 장면으로 묘사되었다. 드라마의 나머지 부분은 소녀의 가족과 소녀가 거친 아이들 무리에 섞이는 것에 대한 그들의 반대에 중점을 두었다. 그리고 이내 그들의 걱정은 애당초 그들의 사회적 지위와 연관된다는 것을 드러내는 것이었다. 이와 같은 예시에서 시는 드라마 발표 전에 그룹 리딩읽기의 형태로 제공되었다.

☐ 찰스 코슬리(Charles Causley)의 **루루에게 무슨 일이 일어났던 거야?**(What Has Happended to Lulu?)

각각의 예시에서 낭독을 위한 준비와 드라마와의 관계 안에서 그것을 어디에 위치해 놓을 것인가에 관한 결정은 프로젝트에서 중요하다. 이는 전반적으로 그리고 작업의 마지막 의미 형성에 영향을 미친다. 이번 경우에는 시의 연을 낭독하는 사이 드라마가 위치해 있었고 마지막 문장은 엄마에게 돌아갔다. 이 작업을 한 그룹은 루루는 소원해진 아빠와 함께 떠났다는 시에서 볼 수 없는 맥락을 제공했다. 그러나 후렴을 통해, 그리고 제목과 그 중심을 통해 충실하게 시의 형태를 유지하였다. 드라마 상에서 이 사건들은 침대에 누워서 아래층의 소리를 듣고 있는 어린 여동생의 시각으로 보여진다6장에서 설명하고 있는 관습을 활용하며.

❏ 존 웰시(John Walsh)의 **왕따 가해자 잠들다**(The Bully Asleep)

이 시는 그리 모호하지 않고 드라마의 직접적인 해석을 도입하게 한다. 11−12세의 아동으로 구성된 학급은 왕따에게 연민을 느낀 제인이라는 이 시의 결정적인 요소를 생각하는 것에 집중하였다. 그리고 이 시에서 보여주는 사건의 전 장면을 보여주었다. 제인이 우연한 기회로 옆집에 사는 소년을 통해 그의 어려움을 알게 되는 장면이었다. 교실 장면은 상당 부분 시에서 묘사한대로 표현되었다. 그러나 흥미롭게도 이 그룹은 드라마적인 표현을 위해 시의 첫 부분에 묘사적 요소를 포함하였다.

산문을 바탕으로 작업하기

앞에서 제시하였듯이, 시와 드라마를 병합하는 작업은 드라마 교사와 영어 교사 모두에게 가치가 있다. 다만 강조의 속성이 달라질 수 있다. 후자의 경우 형태와 시적 테크닉에 관한 세밀한 분석을 진행하며 친숙한 작업이 가져다주는 장점과 드라마가 제공하는 개인적인 반응에 관한 요소에 집중하고자 할 듯하다. 마찬가지로 산문 발췌본은 드라마를 위한 신선한 자극과 집중을 제공할 수 있다. 한편, 다른 과목의 교사들에게 텍스트의 의미는 새로운 방법으로 열려 있을 수 있다.

1980년대 초반부터 드라마와 서사와 관련하여 상당히 흥미로운 작업이 있어 왔다. 관련 집필자들은 어떻게 드라마 작업이 서사의 형태로 쓰인 사건의 단순한 시행을 넘어서서 다양한 관점을 탐구하고 이야기 속 사건을 확장하며 독자를 위한 원본에 생기를 불어넣는지에 대해 보여주고 있다. 활용된 많은 기술은 실화를 탐색하기 위해서도 도입될 수 있다. 활동으로서 '이해'는 종종 학생들에게 폐쇄형 혹은 일반적인 질문하기를 의미하는 경향이 있다. 그러나, 일반적으로 말하자면, 이것은 학생들에게 제기된 질문이라기보다 일종의 직접 참여해야 하는 임무이다. 학생들은 이를 통해 짧은 이야기, 신문, 역사적 기록이나 편지, 대본 등의 텍스트를 표현하고 소유하게 된다.

대본을 기반으로 한 드라마 작업의 장점은 외부적으로 참조가 가능한 대본이 존재한다는 것이다. 이는 전반적으로 자유롭게 즉흥적으로 진행하는 작업이라기보다 창의적이거나 독창적인 작업을 요한다. 왜냐하면 학생들은 작가의 의도를 그대로 복제하려 하지 않는다. 그들은 다만 이해를 발전시키고 텍스트를 해석하며 자유로운 극을 만든다. 유사하게 신문 발췌본도, 가상이건 실화이건 상관없이 작업의 계획을 위한 초점으로서 드라마의 범위 내에서 활용될 수 있다. 역할 내 질문하기, 타블로, 다큐멘터리, 짝과 함께 하는 작업과 같은 기술들은 수업의 시작점으로서 드라마 문맥 안에서 특정 글귀에 적용할 수 있다. 그리고 다른 과목의 맥락 안에서 이해 증진을 위해서도 적용할 수 있다.

예상 밖의 자료들이 드라마 테크닉을 활용해서 탐색될 수 있다. 다음은 1575년에 런던을 방문한 네덜란드인이 쓴 책에서 발췌한 내용이다.

> 잉글랜드(England) 부인들은 남편들에게 전적으로 영향력을 갖는다. 하지만 그들은 스페인 부인들처럼 엄격하지는 않다. 하지만 또한 입을 다물고 있지도 않는다... 그들은 자신이 먹고 싶은 것을 사기 위해 시장에 간다. 그들은 잘 차려입었으며 쉬엄쉬엄 일하는 것을 좋아한다. 그리고 집안일은 집사에게 맡겨둔다. 그들은 훌륭한 드레스를 입고 대문 앞에 앉아서 지나가는 사람들을 쳐다보며 그들이 자신들을 쳐다보게 한다. 모든 연회와 잔치에 참석하는 것을 최고의 영광으로 여긴다... 남은 시간을 그들은 친구를 방문하여 산책하고 말을 타고 카드놀이를 하고 그들의 이웃과 이야기를 나누며 놀고 아이의 출생이나 세례를 축하하는 데 쓴다. 남편들은 이를 모두 허락한다. 왜 잉글랜드(England)가 유부녀들의 천국이라 불릴 수 있는지 그 이유는 바로 여기에 있다.
>
> (Culpin [1992]에서 발췌, 교육과정위원회(National Curriculum Council) [1993: 73] 재인쇄)

학생들이 이 텍스트에 다가가게 하기 위해 어떤 드라마 기술을 활용할 수 있을까? 영국 방문에 관한 좀 더 자세한 사항에 대해 저자 역할로 질문 받을 수 있다. 학생들은 네덜란드 여행자가 무엇을 보고 위와 같은 결론을 내렸는지 관련해서 타블로를 만들 수도 있다. 이후 그들은 이 네덜란드 여행자가 그의 견해를 완화시킬 수 있을 법한 인물의 생각을 음성으로 표현한다. 이 저자가 본 것과 같은 것을 보며 잉글랜드를 여행하였지만, 다른 견해를 가진 여행자와 만나는 장면을 짝과 함께하는 활동으로 보여줄 수도 있다. 두 번째로 가난과 궁핍한 상황을 목격한 누군가와 만날 수 있다. 학급의 학생들은 그룹 안에서 현재의 모습을 보여주는 장면에 관해 대본을 쓰고 연기할 수 있으며 아이러니하게도 제목은 '잉글랜드, 유부녀의 천국'이라고 붙일 수 있다. 이런 드라마 활동은 역사적 자료의 해석에 관한 질문을 탐구하고 소개하는데 활용할 수 있다.

❏ 가르침에 관한 추론

2016년부터 시행되고 있는 개정된 2단계 교육과정Key stage 2의 시험은 문맥 안에서 단어의 의미 설명하기, 핵심적인 세부내용 발견하기, 중심내용 요약하기, 텍스트로부터 추론하기, 증거를 바탕으로 설명하기와 비교하기 등 어떤 특정 기술을 사정하는 방향성을 가지고 있다. 특히, 학생들에게 단순한 시험을 반복해서 실시하는 것과는 대조적인 의미에서 **가르침**에 관해 추론하는 것은 쉽지 않다. 첫 단계로, 학생들이 텍스트를 이해하고자 노력하는 적극적인 독자가 되도록 돕는 것이 중요하다. 바로 이 지점에서 드라마가 도움을 줄 수 있다. 드라마는 긴장 혹은 미스터리 등의 요소를 가진 가상의 맥락 안에서 학습해야 하는 텍스트를 구성하도록 돕는다. 다음과 같은 예를 생각해보자. 누군가의 소지품 속에서 발견된 편지이는 정체성과 성격 그리고 과거를 파악하는 단서가 된다.; 미래로부터 온 역사가가 21세기에 대해 공부한 내용이 담긴 문서 발췌본혹은 지구에 대해 공부하는 외계인의 것; 편집요청을 받은 기사 초안; 한 단체가 출판을 막으려고 하는 뉴스 기사; 어떤 임무나 여행의 기초 정보를 제공하는 서류. 이와 같은 상황을 위해서는 적합한 텍스트와 믿음을 세울 수 있는 예비 활동이 필요하다6장의 전문가의 외투 참고. 그러나 학생들이 일단 텍스트에 매력을 느끼며 적극적으로 다가가기 시작했다면, 교사는 드라마의 가상의 맥락 안에서 초점을 둔 질문을 할 수 있다. 때로는 텍스트가 단지 드라마를 위한 출발점의 역할을 하기도 하지만 여기서 설명하고자 하는 것은 텍스트의 발췌본이 반드시 작업의 중심에 있어야 하는 방식이다. 2016년 교육과정 안의 샘플 텍스트 중 우주 관광에 관한 구절이 있다. 이런 부분을 우주여행 사무소 만들기라는 드라마적인 틀을 통해 학생들에게 제시할 수 있다. 다음에 이어지는 간략한 개요는 특정 문맥에 따라 확장되고 도입될 필요가 있다. 예를 들면, 몇몇 학생은 관광 사무소 관련 경험이 매우 적어 도움이 필요할 수도 있다; 온라인과 면대면 예약 시스템의 상대적 장점과 단점에 관한 토의가 유용할 수 있다. 이 책의 다른 장에서 설명한 타블로와 같은 몇몇 전략들을 시행하기 위해 다음과 같은 안내가 필요할 수 있다.

- 반 학생들에게 각각의 소그룹에서 여행사의 바쁜 하루를 타블로로 표현하게 한다.
- 각 그룹들은 좋은 소식이 공표된 이후라 생각하고 이 장면을 반복한다. 학생들은 아직 정확히 좋은 소식에 대한 자세한 내용은 모른다. (대부분의 사람들은 좋아한다. 하지만 한 사람은 조금 다른 반응을 보인다.)
- 교사는 편지를 읽으면서 그 좋은 소식이 어떤 것인지 알린다. 좋은 소식은 바로 정부의 후원으로 우주관광 프로그램을 관장하는 에이전트에 참여할 수 있게 되었다는 것이었다. 그룹의 구성원들은 만약 그들 중 이 프로젝트에 참여하는 것을 주저한다면 그 이유는 뭐가 될 수 있는지 토의한다. 프로젝트에 참여하기 위한 여행사 선발의 마지막 단계로 각 그룹은 그들이 우주여행에 관한 문의사항을 어떻게 처리하는지에 관한 짧은 '비디오'를 창조한다. 그들의 첫 임무는 비디오의 첫 시작 부분 10초를 보여주는 것이다.
- 3장짜리 우주관광에 관한 새로운 교육과정의 샘플 자료 텍스트를 나누어주고 각 그룹 구성원들이 프레젠테이션을 준비할 수 있도록 한다.
- 학생들은 그들이 구성한 비디오를 연기하며 보여주고 교사는 정부관료 역할로서(역할 내 교사) 질문에 대답한다.. 실제로 시험지에 있는 질문이 포함될 수 있다. 어떻게 승객들은 우주호텔까지 갈 수 있을까요?, 우주에서 여행객들은 무엇을 할 수 있을까요? 등이 그 예시이다.

극작하기

극작하기는 드라마 수업 안에서 중요한 위치를 차지한다. 그런데 이것은 많은 중학교에서 영어라는 과목의 맥락 내에 그 의미를 가지고 있는 듯하다. 이는 유감스러운 일이다. 왜냐하면 극작이라는 과정에 대한 탐구는 하나의 장르로서 학생들에게 드라마 작업 방식에 관한 통찰력을 줄 수 있기 때문이다. 한편, 영어 수업시간에 극작을 하는 것은 드라마에 관한 학생들의 이해를 도모하는 방법이라기보다 때론 학생들의 글쓰기를 향상하기 위한 목적을 가진 활동이라 할 수 있다. 대본쓰기는 따옴표를 쓰지 않는 의식적인 기술과 형성에 관한 염두없이 말을 기록하는 단순한 방법으로 여겨지기 쉽다. 극 텍스트에 관한 작업이 항상 극 전체를 다루어야 한다는 생각을 할 필요는 없다; 짧은 발췌본으로도 충분할 수 있다. 1장에서 **피리 부는 사나이**The Pied Piper와 관련하여 설명할 때 서술하였듯이, 대본 작업은 좀 더 과정 중심의 작업으로서 과거에는 어떻게 묘사되었는지를 인지한 상태에서 조화를 이루며 진행될 수 있다.

어떤 골격이나 제한사항을 제시하며 학생들이 지나치게 압도되지 않도록 도울 수 있을 것이다. 아래 예시와 같이 학급은 제시된 시나리오와 대화 몇 줄을 가지고 시작할 수 있다$^{Fleming, 1997:}$

- 한 가족이 아침식사를 하는 중에 편지가 하나 도착한다. 이 편지를 받는 사람은 처음에는 다른 가족들 앞에서 그 내용을 숨기려고 했다. 그 내용이 모두에게 드러났을 때, 가족 모두에게 그 파장은 결코 작지 않았다.

존스: 우체부가 온것 같네—네가 무엇인지 알아 볼래?
(존은 퇴장했다가 등장한다.)
존: 이건 줄리꺼야(편지를 건넨다.)
줄리: 고마워. 나중에 열어볼게.

- 몇몇의 젊은이들이 '유령이 나오는 집'에서 하룻밤 지내는 것을 내기한다. 한 명이 화장실에 가기 위해 그들이 잠을 청하기로 한 장소를 벗어나게 된다. 이 인물이 매우 겁먹은 상태로 돌아오면서 장면은 시작된다. 그리고 이들은 이 집을 떠나기로 결정하는 것으로 끝난다.

벤: 재키가 너무 오래 걸리는데.
안젤라: 재키는 나보다 용감해. 그렇게 오래 이 방을 떠나있다니... (문이 열리고
　　　　겁먹고 혼란스러운 상태의 재키가 들어온다.)
마이크: 무슨 일이야?

- 작은 마을의 선술집에 어떤 이방인이 도착하며 이 마을의 고요함은 깨진다. 이 이방인은 장면 전체를 통해 서서히 새로운 뉴스를 드러낸다.

조지: 이 선술집은 낯선 사람이 잘 드나들지 않아요. 구석진 곳에 있으니까요.
이방인: 여기 온 것이 처음은 아니에요.
조지: 우리가 전에 만난 적은 없는 것 같은데... 만난 적이 있나요?
이방인: 우리는 한 번도 만난 적이 없어요. 하지만 나는 당신을 아주 잘 기억하
　　　　고 있죠.

드라마의 다른 요소들처럼 학생들에게 명쾌하게 가르쳐야 하는 특별한 요소가 있다. 여기서 '가르친다'라는 의미는 명령과 동등한 의미가 아니라 적절하게 선택된 임무와 특정 활동의 비계설정과 더불어 통합적 조언을 함축한다는 것은 언급할 필요가 없을 정도로 명백하다.

❏ 대본 작업 시작하기와 변형하기에 관한 관습

학생들이 예외없이 인물의 새로운 대사를 시작할 때 활용되는 관습에 관해 알고 있다고 짐작해서는 안된다. 어쨌든, 학생들은 어떻게 산문의 형태로 말하기를 옮길 것인지에 관해 배우는데 학교 생활 대부분의 시간을 쓸지도 모른다. 셰익스피어, 쇼Shaw, 밀러Miller, 베넷Bennet의 극 중 오프닝 시퀀스를 비교하는 것은 문맥과 인물에 따라 그 세부사항이 어떻게 변하는지를 탐색하는데 유용할 수 있다. 1장에서 **피리 부는 사나이**The Pied Piper의 패러디는 무대 연출의 다른 접근들을 보여준다. 학생들은 아주 정밀한 무대 지시와 배우에게 어떻게 특정 대사를 할지에 관한 지령을 주는 것의 장점과 단점에 대해 생각할 수 있다. 또한 이러한 목적으로 괄호bracket를 활용한다는 관습을 인지할 수 있다. 휠러Wheeler, 2010: 26는 소설과 전형적인 극 대본 각각의 페이지를 학급에 보여준 후 다른 점을 짚어가며 수업을 시작할 것을 권했다.

❏ 관객에게 배경적 정보를 전달 혹은 설명하는 방법

대본의 시작 부분을 살펴보는 것은 도움이 될 수 있다. 이때 어떻게 관객들은 인물에 관한 중요한 정보를 얻게 되는지 그리고 과거에 어떤 일이 일어났는지에 관해, 더불어 드라마에서 드러나지 않는 정보에 관한 세심한 주의를 기울이는 것이 좋다. **헤다 게블러**Hedda Gabler의 시작 부분을 예로 들면, 헤다Hedda는 트레이즈먼Tresman과 결혼했고 그들은 최근 이사를 왔으며 트레이즈먼은 박사학위 공부를 방금 마쳤다는 것을 알 수 있다. 더불어 새로운 집의 정리정돈에 관해서도 몇 가지 알 수 있다. 이 모든 것은 외견상 두드러짐 없이 전달된다. 학생들은 스토파드의 풍자극The Real Inspector Hound에서 이와 같은 시도를 하는 것에 재미를 느낄 수 있다. 청소부는 전화를 통해 다음과 같이 대답한다: '여보세요, 지금은 이른 봄 아침이고 여기는 멀둔 여사 주택의 화실이에요'5장 참고.

□ 쓰여진 대화와 말하기(speech)의 차이

2장에서 다루었듯이, 극에서의 대화는 자연스러운 말하기를 언제나 복제하지는 않는다. 왜냐하면 자연스러운 말하기는 생략된 부분이 많이 있다특별히 사람들이 서로를 잘 알 때 더욱 그러하다. 그리고 주저함이 많고 채 끝나지 않은 문장을 포함한다. 역설적으로 좋은 대화는 종종 자연스러운 말하기의 인상을 전달한다.

□ 극의 대화 방식은 암시된 무대 연출을 전달한다

셰익스피어의 극은 특별한 설명없이 특정한 무대 연기를 함축하는 방식과 관련된 여러 가지 예시를 제공한다.

□ 분위기 환기를 위한 포즈(pause) 활용하기

학생들이 대본을 처음 활용하게 되었을 때 그들은 공간과 분위기에 대한 고려 없이 때로는 너무 많은 정보를 담아내려 노력하거나 주고받음의 과부화가 걸릴 수도 있다. 핀터Pinter의 극은 의미를 전달하기 위한 포즈와 간결한 단어 사용의 좋은 예가 될 수 있다.

더 읽을거리

아래의 도서는 텍스트 작업 프로젝트에 관한 담고 있다:

Tandy, M. and Howell, J. (2010) Creating Drama with 7-11 year olds; Baldwin, P. and Fleming, K. (2003) Teaching Literacy Through Drama; Hiatt, K. (2006) Drama Play: Bringing Books to Life Through Drama for 4-7 year olds; Cremin, T., McDonald, R., Goff, E. and Blakemore, L. (2009) Jumpstart Drama; and Dickinson, R., Neelands, J. (2006) Improve Your Primary School Through Drama. For ideas on working with scripts, see Kempe, A. (1988) The Drama Sampler; Kempe, A. and Warner, L. (1997) Starting with Scripts; Nicholson, H. (2000) Teaching Drama 11-18; and Shiach, D. (1987) Front Page to Performance. Wheeler (2010) Drama Schemes has a chapter on playwriting.

셰익스피어 가르치기

STARTING
DRAMA
TEACHING

Starting
Drama
Teaching

제8장
셰익스피어 가르치기

도입

오랫동안 학교에서 셰익스피어의 작품 연구는 드라마적 텍스트로서 보다 문학의 한 갈래로서 강조되어 왔다. 대체로 셰익스피어 작품은 교실에서 크게 낭독되었고 낭독되다가 잠시 멈춰 귀납적인 문답이 이어지거나 그 의미에 대한 교사의 설명이 덧붙여졌다. 1900년대 이전으로 거슬러 올라가면 좀 더 활동적이고 혁신적인 접근법들이 존재했다. 그러나 이런 접근법들은 대중적이지 못했고 희곡의 전체나 부분을 행동으로 표현하는 데 그쳤다[Cook, 1917].

참가자들이 의견을 형성하는 과정에 활발하게 동참하고 교사가 권위주의적인 연출자로 군림하지 않는다면, 셰익스피어 작품을 공연하는 것은 셰익스피어를 가르치는 훌륭한 방법일 수 있다. 그러나 이는 매우 도전적인 과정이 될 것이다. 셰익스피어 작품 공연을 위해 담당할 부분과 배역을 분배하는 것은 평등하지 못하고, 동기를 유발하지 못할 수 있다. 20-30명의 학생들의 흥미를 유지하며 몰입하게 하는 것은 교사에게 쉬운 일이 아니다. 작품 속 대사들은 숙달되어야 한다. 왜냐하면 손에 대본을 든 채 연기하는 것은 한계가 있기 때문이다. 전체 셰익스피어극 공연하기와 같은 야심찬 프로젝트에 착수하기 위해 필요한 기술과 자신감은 매우 적은 수의 학생들만이 가지고 있을 것이다. 정규 교육과정 안에서의 작업과 그 외 특별활동으로서 작업은 같을 수 없다. 학교 연극 공연은 자발적인 참가자에 의해 교내 특별 활동으로서 좀 더 빈번하게 일어난다.

셰익스피어 작품에 대한 다양한 접근방법은 다양한 능력을 가진 모든 연령의 학생들이 작품을 즐기도록 하기 위해 단순히 작품을 행동으로 표현하는 것에만 의지하지 않고 드라마와 문학 교육, 연극과 음성 훈련에서 얻은 기술들을 활용하며 계속해서 개발되고 있다. 1970년대에는 로얄 셰익스피어 컴퍼니가 활용했던 몇몇의 음성 훈련법과 리허설 기술이 워크숍과 시범과정 등을 통해 학교 현장에 많이 도입되었다[Berry, 1993]. 1990년대에는 렉스 깁슨[Rex Gibson]의 셰익스피어, 학교 Shakespeare and Schools 프로젝트는 선구적이었다. 특히, 텍스트 노트뿐만 아니라 활동에 대한 아이디어가 담긴 상상력이 풍부한 캠브리지 학교 셰익스피어 에디션을 제작할 때도 그랬다. 최근 로얄 셰익스피어 컴퍼니는 셰익스피어 교수법을 발전시키기 위해 계속 작업하고 있다.

주로 설명에 충실한 접근법이나 귀납적인 문답으로부터 시작하여 다양한 임무와 활동으로 이동하는 것이 좀 더 재미있고 혁신적인 교수법이라 단정하여 말할 수는 없다. 물론 그런 의미도 찾아볼 수 있겠으나 이는 역시 의미와 이해에 근거한 문제이다. 셰익스피어 극의 의미는 단순히 작가의 의도나 의중 혹은 대본 내 고정된 단어에 속해 있지 않다. 상상의 과정과 탐구활동에서 생동감을 갖는다 하겠다.

전통적으로 셰익스피어 텍스트는 '안정적이고 권위적인, 그렇기에 배우와 연출가는 의미를 **창출하는** 것이라기보다 **해석하는** 것으로 여겨져 왔다'[Bulman, 1996: 1]. 모든 예술로 확장될 수 있는 이러한 견해는 특정 문화의 맥락에 대한 우연성을 인식하기보다는 그 맥락의 본질적이고 보편적인 측면과 의미를 강조했다. 이는 '예측할 수 없는, 역사의 익살맞은 교차지점이라 할 수 있으며, 물적 조건, 사회적 맥락 그리고 셰익스피어를 불안정하게 만들고 참여적인 행동을 만드는 연극적 의미를 수용하는 것이다'[ibid: 1]. 텍스트에 반응하는 것에 전념할 때 '무슨 일이든 허용된다'는 것을 의미하진 않는다. 텍스트가 부여한 범위에서 크게 벗어나지 않으면서 독자에게 허락된 해석의 자유 안에서 균형을 잡는 것은 어려울 수 있다. 그러나 이는 대체로 맥락 안에서의 판단과 연관된 문제이다.

이 장에서 설명할 활동은 활동적이고 즐거운, 열린 접근을 고무하려는 의도를 가지고 있다. 잉글랜드^{England}와 웨일즈^{Wales}의 국가 교육과정 구성상 3단계 교육과정 key stage 3에서는 두 개, 4단계 교육과정key stage 4에서는 적어도 하나의 셰익스피어 작품을 공부하도록 규정하고 있다. 교사들은 이런 교육과정의 구성을 힘들어 하지만, 편협한 국가시험이 철폐되면서 창조적이고 상상을 자극하는 방식으로 텍스트를 공부할 기회가 마련되었다. 비평가들은 이 장의 내용이 대부분 현장적 접근보다 셰익스피어 작품에 관한 공부를 위한 활동이라 주장할 수 있다. 이 장의 활동들은 텍스트를 세밀하게 분석하는 것을 대체하기 위해서라기보다는 텍스트를 보완하기 위해 만들어졌다고 할 수 있다.

학생들이 생전 처음 셰익스피어 작품을 접했을 때 느낄 수 있는 어려움 중 하나는 언어이다. 그런 학생들에게는 압도될 수 있을 정도의 분량으로 텍스트를 제공하는 것보다 그들이 잘 알만한 적은 분량의 발췌본을 준비하는 것이 좋다. 때때로 초기에는 의미를 파악하는 것에 대한 걱정 없이 언어의 질감조화과 그 공명을 즐기는 것이 도움이 될 것이다. 몇몇의 반복되는 활동들은 학생들이 드라마와 밀접히 연결된 작품 내의 시 구절과 익숙해지기 위해 구성되었다. 많은 활동들은 '외부'에서부터 작동한다고 할 수 있다. 중심이 되는 목적은 학생들을 편안하게 하면서 희곡의 언어에 친숙하게 하는 것, 그리고 그 리듬에 반응하게 하고, 자세히 이해하기 전에 상상하게 하는 것, 그리고 그 내용을 분석하게 하는 것이다.

발췌본이 아닌 셰익스피어의 전체 텍스트를 공부할 때 이와 관련한 교사들의 선호도는 다양할 수 있다. 본격적으로 세밀한 텍스트 작업을 시작하기 전 학생들과 함께 읽기를 선호할 수 있고, 연극공연을 직접 감상하는 것을 선호할 수도, 영상을 통한 공연 감상을 선호할 수도 있다. 전체 내용을 요약해서 학생들이 어떤 일이 일어났는지 전반적으로 파악하게 하는 것을 선호하는 교사도 있을 수 있다. 많은 교사들은 어떤 적절한 차례를 밟아가지 않는 방식으로 극에 접근하는 것을 불편해 한다. 그러나 중요한 점은 독단적이어서는 안 된다는 것이다. 왜냐하면 정답은 없기 때문이다; 신입 교사들은 스스로 선호하는 방향을 찾아야 한다. 하지만 적어도 덜 관습적인 도입을 채택할 필요는 있다. 반드시 첫 시작 부분부터 쑥 들어가기way in 혹은 낚아채기hook의 개념을 다루어야 할 필요는 없다. 예를 들면, 로미오와 줄리엣Romeo and Juliet은—드라마 활동을 통해—3막 5장의 가족 간 다툼을 보여주는 짧은 발췌본부터 소개될 수 있다. 이렇게 학생들은 그들이 가지고 있는 지식을 가져올 수 있고 이 극과의 조우를 경험할 수 있다. 이 발췌본은 학생들로 하여금 극의 포문을 여는 여러 종류의 질문을 불러일으킨다: 왜 파리스^{Paris}는 줄리엣^{Juliet}과 결혼하려는 것일까? 왜 그녀는 그렇게 꺼려하는 것일까? 줄리엣과 유모는 어떤 관계인가? 캐퓰렛 부인$^{Lady\ Capulet}$은 '바보는 그녀의 무덤에서나 결혼했으면 좋겠다'고 말하는데 어떻게 엄마가 그렇게 말할 수 있는가? 우리가 줄리엣과 캐퓰렛 부인의 관계에 대해 무엇을 알 수 있는가?

▌ 드라마 활동

이어지는 활동은 주로 로미오와 줄리엣을 예로 설명될 것이다. 그러나 활용되는 기술들은 다른 희곡을 바탕으로 설명될 수 있으며 몇몇의 활동들은 다른 장에서 보다 더 자세히 기술될 것이다. 그리고 셰익스피어 희곡 연구는 앞 장에서 제시하였던 활동의 예를 포함할 수 있다. 그러나 이 부분에서는 자세히 논하지는 않겠다.

타블로는 특정 대사의 발화와 더불어 학생들이 공간의 활용과 신체적 몸짓의 활용에 관해 생각하게 할 수 있다. 타블로는 그 자체로도 활용할 수 있고 또한 장면 만들기의 유용한 예비활동으로서도 활용할 수 있다. 예를 들면, 학생들은 로미오와 줄리엣의 3막 5장에서 캐퓰렛^{Capulet}경이 '손가락이 근질근질하네'라고 말하는 장면을 정지 동작으로 표현할 수 있다. 이때 엄마와 아빠, 딸과 유모의 관계를 고려하면 각 인물을 이 순간에 어디에 위치시키는 것이 좋을까? 어떻게 배우들은 그들의 위치와 행동으로 감정을 묘사할 수 있을까? 어떻게 우리는 인물들의 신체적 위치와 행동을 통해 그들의 관계를 짐작할 수 있을까?

캐퓰렛: 손가락이 근질근질하네. 여보, 우리가 신의 은총을 받지 못해
　　　　자식을 하나밖에 갖지 못했다고 생각했는데;
　　　　이제 보니 하나도 과분했네요,
　　　　줄리엣을 가진 것이 저주였어:
　　　　보기 싫다. 비열한 것!

대안으로 그룹의 학생들은 로미오와 줄리엣 3막 1장의 머큐쇼^{Mercutio}가 죽는 장

면을 대사와 함께 각각 3개의 타블로 혹은 정지 이미지로 이루어진 연속적 장면으로 표현할 수 있다. 학생들은 중요한 분위기의 변화를 보여주도록 고무될 수 있다. 그리고 이는 학생들에게 특정 장면의 드라마 형태를 이해하는 데 도움이 될 것이다.

또한, 타블로는 극의 과정을 통해 주요 인물의 여정을 보여주는데 활용될 수 있다. 예를 들면, 4-6개의 연속적인 타블로는 리어 왕이 몰락해서 미쳐가는 모습을 포착하여 보여줄 수 있고, 같은 방식으로 맥베스의 고독과 절망의 근원, 혹은 오셀로^{Othello}의 점차 증폭하는 광적인 질투를 보여줄 수 있다.

합창으로 읽기는 긴 대사나 독백에 접근하는 유용한 방법이다. 대사를 한 줄 혹은 두 줄 정도로 나누어 각기 다른 개인에게 나누어 준다. 이후 다양한 방식으로 이 대사를 읽는 연습을 한다: 부드럽게, 시끄럽게, 행동과 함께... 등등. 이후 개인은 다 함께 모여 자신이 담당하는 부분만을 반복하며 대사를 올바른 순서로 재구성한다. 소리, 음악 그리고 동작 등이 첨가될 수 있다. 이러한 활동은 특정 개인이 지나치게 드러나지 않으면서도 학생들이 대중들 앞에서 자신의 대사를 낭독하기 전 그것을 친밀하게 느끼도록 하는 충분한 시간을 제공하는 꽤 확실한 활동이다. 4막 3장의 16-54줄의 줄리엣 대사를 만약 빨리 읽어야 한다면 학생들은 대체로 따라가기 어려울 수 있다. 학생들은 텍스트 안에 머물며 그 텍스트가 주는 영향을 느낄 필요가 있다. 줄리엣은 자신이 무덤 속에서 맞닥뜨리게 될지 모르는 일에 대한 불안감, 두려움 그리고 공포를 느끼며 자신에게 주어진 독약을 마시려고 한다. 다음은 학생들에게 분배하기 위해 줄리엣의 대사를 7개의 발췌본으로 나누는 방법을 보여주고 있다.

- 영원히 안녕! 신만이 우리가 언제 다시 만날지 아실 거예요.
- 내 혈관으로부터 차가운 공포가 전해지며 내 삶의 온기를 얼어붙게 하는구나.
- 그들을 다시 불러 위로해달라고 해야겠어:
  유모! 유모가 뭘 할 수 있겠어?
- 나의 이 음산한 일은 반드시 나 혼자 해야만 해.
- 오라, 약병아.
- 이 혼합물의 효과가 없으면 어떻게 하지?
- 그럼 내일 아침에 결혼을 해야 하는 건가?
  아니야. 안 돼: 이것이 그런 일이 일어나지 않도록 막아 줄 거야: 너는 여기 있어라.

이런 방법은 더 짧은 발췌 부분을 위해서도 적용 가능하다. 예를 들면, 칼리반Caliban의 대사The Tempest, 3막 2장 '두려워하지 마라, 섬 전체가 소음 천지군...'은 소리, 악기와 더불어 이 대사를 크게 읽으며 표현할 수 있다. Richard III 1막 4장의 클라렌스Clarence 대사, '나는 탑으로부터 떨구어져 나왔다고 생각했다.' 역시 행동과 함께 합창으로 읽는데 적합한 대사라 할 수 있다.

머리 속 목소리는 위의 줄리엣 대사에 접근하는 또 다른 방법이 될 수 있다. 한 학생은 줄리엣의 역할로 다른 학생들이 만든 원 중앙에 앉는다. 각각 학생들에게 줄리엣이 두려워하는 공포의 이미지를 자아내는 대사나 구절이 주어진다. 학생들은 줄리엣 주변을 걸으며 그녀 내면의 두려움을 표현하면서 무작위로 그리고 반복적으로 이 대사를 읊조린다. 오셀로에도 이 기법이 유사하게 활용될 수 있다: 오셀로는 원 안에 있고 원을 만들고 있는 사람들은 이아고Iago의 대사로부터 차용한 다양한 말과 이미지를 퍼붓는다.

역할 내 질문하기는 6장에서 이미 설명하였다. 하지만 왜 이 기법이 남용되어서는 안 되는지 그 이유를 여기서 간략히 반복할 필요가 있다. 이 활동을 구성하기는 그리 복잡하지 않다. 왜냐하면 이 활동은 통제하기가 용이하기 때문이다. 그러나 분별없이 활용되어서는 안 된다. 이 활동에 조심히 접근해야 한다. 역할에 있는 인물에게 그들의 의도나 동기가 무엇인지 질문하는 것은 작품의 중요 요소가 될 수 있는 애매함과 불확실성을 차단할 수 있다. 확실한 예는 햄릿Hamlet에게 기회가 있었을 때, 왜 클로디어스Claudius를 죽이지 않았냐고 질문하는 것이다. 이는 극을 감소시킬 우려가 있다. 그러지 않았더라면 가능성을 탐색하는 방향을 준비할 수 있을 것이다. 주요 인물의 임무를 짐작하는 것은 학생들에게 매우 도전적인 활동이라는 것 역시 인지해야 한다. 왜냐하면 이는 극에 대한 아주 자세한 지식을 요구하기 때문이다. 인물을 연기하는 교사에게 학생들이 질문하게 하는 것은 좀 더 생산적인 접근이다. 로미오와 줄리엣에서 유모가 줄리엣에게 어떻게 해야 할지 마음이 바뀌는 부분3막 5장은 그 인물에게 질문하기에 적합한 순간이다; 이 장면에서 학생들은 유모가 보여주었던 극 전반의 로맨티시즘에 반하는 그녀의 실용주의를 인지할 것이다.

유모: 제 생각에 당신은 백작님과 결혼하는 것이 좋겠어요.
  그는 멋진 신사라고요.
  로미오는 그에 비하면 행주조각이지요.

단역에의 집중은 극에서 주인공이 아닌 역할에게 역할 내 질문하기를 활용한다. 이는 다른 인물과 플롯에 관해 자세한 지식을 반드시 지니고 있어야 한다는 학생들이 당면한 문제를 피하게 할 것이다. 왜냐하면 단역에게는 암담하거나 헷갈리는 것이 당연하기 때문이다. 피터^{Peter}는 로미오와 줄리엣 2막 4장에 잠깐 유모와 만난다:

유모: 피터!
피터: 왜요!
유모: 부채 주게.
머큐쇼: 이봐 피터, 얼굴을 가리려는 거야; 부채가 얼굴보다 나으니.

유모가 로미오를 만나고 돌아와 줄리엣을 만날 때 그는 밖으로 나갔다. 그리고 이는 캐퓰렛 부인이 다른 하인에게 지시할 때 언급된다. 피터는 유모의 행동을 통해 무엇을 느꼈을까? 그는 얼마나 상황을 관찰하고 이해하고 있을까? 그는 캐퓰렛 부인과 줄리엣에 대해 어떻게 생각하고 있을까? 가족 간에 말다툼이 일어날 때 그는 가까이에 있었을까?

캐퓰렛가의 파티에서 1막 5장 로미오와 줄리엣이 처음 만나기 전, 하인들이 분주히 파티 준비를 하는 장면이 있다. 행사 후 그들 중 한 명을 하인의 관점에서 인터뷰 할 수 있다—티볼트의 간섭에 대해 어떻게 생각하는지; 그는 몬태규 쪽 사람이 파티에 왔다는 것을 알고 있었는지; 로미오와 줄리엣이 이 파티에서 조우하게 되는 장면을 보았는지.

마임 혹은 과장된 행동은 언어의 세밀한 측면으로서의 관심을 유도하며 텍스트의 연속적인 사건들과 동반하여 활용될 수 있다. 학생들이 긴 대사를 이해하거나 짧은 장면을 시각화하는 것을 돕는데 유용할 수 있다. 학생들은 암시 혹은 확실한 신체적 행동이 들어간 적당한 분량의 발췌본을 받는다. 그리고 각각의 문장이나 구절에 어울리는 행동에 대해 생각한다. 머큐쇼가 맵 여왕에 관해 말하는 부분은 1막 4장 이런 접근을 잘 보여준다. 예를 들면:

그리고 때론 돼지 꼬리를 가지고,
잠 자고 있는 성직자의 코를 간지럽히면,
교회가 번성하게 된다고;

무대 위의 과한 동작은 집중을 방해할 수 있다. 그렇기에 공연을 위한 적합한 동작에 관해서는 논의할 수 있다. 학생들이 시범삼아 행하면서 그들은 이 대사가 어떻게 다른 학생들에 의해 다르게 연기되는지 볼 수 있다에: 제피렐리(Zeffirelli)와 루어만(Luhrmann) 감독 버전의 비교.

암시가 되는 지문 찾기는 생동감 넘치는 장면을 갖도록 돕는다. 왜냐하면 셰익스피어는 집필 시 지문을 자주 사용하지 않았기 때문이다. 이 작품의 첫 시작 장면1막 1장은 이 활동을 하기에 좋다. 왜냐하면 대사 중에 매우 명확하게 몇몇의 동작을 암시하고 있기 때문이다.

그레고리: 칼 뽑아; 여기 몬태규 가의 두 놈이 있네...
샘슨: 칼 뺐다. 싸우자. 내가 네 뒤를 봐줄게.
그레고리: 어떻게, 돌아서서 도망가려고?
샘슨: ... 내가 저들 앞에서 손가락을 씹어볼게 ...
    ... 만약 네가 남자라면 칼 뽑아, 그레고리, 본때를 보여줘.

'그들은 싸운다'는 단순한 지문은 많은 연극작품에서 주로 실랑이로 옮겨진다. 이 장면의 무대화된 표현을 보고 학생들이 자신의 무대화를 시도하는 것은 도움이 될 수 있다.

텍스트의 숨은 의미 창조하기는 7장에서 제시되었듯이, 의미는 단순히 말 속에 드러나는 것이 아니라 문맥의 기능으로서, 그리고 비언어적 신호로서 전해진다는 것을 학생들이 이해하게 해준다. 간단히 설명하면, 대사를 읊은 후 이 대사를 한 역할의 생각을 또렷이 말한다. 셰익스피어는 멕베스에서 방백을 통해 멕베스와 벤쿠오가 마녀를 만났을 때 그 속마음을 표현하게 하였다. 로미오와 줄리엣에서는 줄리엣의 생각이 그녀가 파리스와 결혼하겠다고 한 말과 완전히 다를 때를 생각할 수 있다4막 2장. 인물의 생각은 두 명의 학생이 텍스트를 읽는 동안 다른 두 명의 학생에게서 발화될 수 있다.

캐퓰렛: 고집쟁이야, 어디를 그렇게 들쑤시고 다니는 게냐?
줄리엣: 로렌스 신부님을 만나 아버님을 거역하고 반항한 저의 죄를 뉘우치고
      엎드려 사죄하라고 명 받았습니다.

간청합니다. 용서를 구합니다.

앞으로 아버님이 정하신 바대로 따르겠습니다.

캐퓰렛: 백작에게 사람을 보내 이 사실을 알려라. 내일 아침 이 연분을 맺도록

하겠다.

줄리엣: 로렌스 신부님의 수도실에서 그분을 뵈었습니다.

그리고 그 분에게 제 마음을 내비추었습니다.

예절에 합당한 수준에서요.

인물의 생각을 소리내기는 모순이 되는 상황에서 행하느냐 혹은 의사결정의 순간에 행하느냐에 따라 다소 다르다. 비록 극의 행위와 관련이 있지만, 이 활동은 특정 대사와 깊숙하게 관련되어 있지 않기 때문이다. 역시, 이 활동은 분별없이 활용되어서는 안 되고 주의깊게 다루어져야 한다. 예를 들면, 학급의 학생들이 줄리엣이 로미오를 만난 후 파리스와 결혼을 해야할지 말지 생각을 말하도록 하는 일은 매혹적일 수 있다. 그러나 이런 활동은 오해를 불러일으킬 수 있다. 왜냐하면 작품에서 줄리엣은 이런 생각을 하지 않았기 때문이다. 여러 각도의 다른 논점을 보여주는 것은 내면의 목소리를 표현하는 것과 다른 측면의 것이다. 한편, 독약을 들이키기 전 줄리엣은 망설였다. 이 부분은 크게 그 내면의 생각을 소리낼 수 있다.

다양한 방식으로 연기하기는 전체 장면을 연기하는 것보다는 쉽게 감당할 수 있을 것이다. 이는 학생들에게 페이지에 적혀진 언어뿐 아니라 톤, 속도 그리고 행동의 기능이 의미를 구성하는 것이라는 사실을 알도록 하는 방법이다. 예를 들면, 3막 1장에서 머큐쇼와 티볼트의 대화는 이 장면의 후반부 분위기의 변화와는 대조적으로 즐겁고 쾌활한 방식으로 표현될 수 있다. 혹은, 서로를 방해하려는 폭력적인 움직임과 함께 표현될 수도 있다. 활용된 언어에도 불구하고 티볼트와 머큐쇼를 서로를 미워하는 것보다 감탄을 표시하는 방식으로 보여줄 수도 있다. 혹은 대조적으로 많은 혐오를 담아낼 수도 있다. 한 인물이 다른 인물에 대해 반응하여 사용하는 언어는 다양한 해석을 보여주는 데 있어 중요하다.

티볼트: 나에게 바짝 붙어있어. 내가 그들에게 말을 걸어 볼게.

신사 분들, 안녕하쇼: 둘 중 하나와 말 한마디 했으면 좋겠는데.

머큐쇼: 우리 중 하나와 말 한마디 하고 싶다고? 말을 하지; 말 한마디에 싸움

한판이야.

티볼트: 나리가 나를 위해 기회를 만들어주신다면.

머큐쇼: 누군가 기회를 주기 않고는 스스로 만들 수 없나?

티볼트: 머큐쇼, 너는 로미오와 장단 맞추고,

머큐쇼: 장단을 맞춘다! 너는 우리를 음유시인으로 알고 있냐? 그래, 음유시인으로 여기라고, 그러나 소음 밖에는 아무것도 안 들릴걸; 여기 내 바이올린 활이 있어; 춤 좀 춰봐. 나더러 장단을 맞추라고 했겠다!

장면 줄이기는 중요한 요소의 이해를 요구한다. 이 역시 장면을 연기하기 전 예비 활동으로 유용하다. 왜냐하면 몇 줄의 대사만 기억하면 되기 때문이다. 이 활동과 유사하게 깁슨^{Gibson, 1998}은 중요 대사를 선택하는 흥미로운 활동으로 학생들이 본격적으로 희곡을 낭독하기 전에 그 줄거리를 파악할 수 있게 하였다. 교사는 요약 줄거리와 함께 희곡의 한 부분 대사를 하나씩 연속적으로 펼쳐 보여준다. 그리고 요약 줄거리도 함께 보여준다. 교사는 줄거리를 알려주고 학생은 그 대사들을 읽을 수 있다.

- ◆ 캐퓰렛을 타도하자! 몬테규를 타도하자!
- ◆ 그러나 부드럽게, 저 창문에 쏟아지는 빛은 무엇이지?
- ◆ 로미오, 로미오, 당신은 왜 로미오인가요?
- ◆ 그들은 나를 매우 화나게 했어.
- ◆ 그리고 불 같은 분노가 나를 감싼다! (그들은 싸운다, 티볼트 쓰러진다.)
- ◆ 목 매 죽어, 젊은 짐짝 같으니, 거역할 줄이나 아는 불쌍한 녀석!
- ◆ 로미오, 로미오, 로미오! 여기 물약이 있어요 – 나, 당신을 위해 이것을 마셔요. (그녀는 침대 위에 쓰러진다.)
- ◆ 나의 사랑을 위해 건배! (마신다) 이렇게 키스하며 나는 간다. (죽는다) 행복한 단검이여! 여기가 칼집이다; (그녀 자신을 찌르다)
- ◆ 여기서 자거라 그리고 날 죽여다오. (로미오의 몸 위에 쓰러지고 죽는다)
- ◆ 줄리엣과 그의 로미오, 이보다 더 비통한 이야기는 없을 것이다.

희곡의 주제에 맞게 즉흥하기는 다양한 방식으로 접근할 수 있다. 이는 학생들에게 희곡을 소개하기 전, 희곡에 담긴 한 개 혹은 그 이상의 주제에 관심을 끌게 한다. 예를 들면, 학생들에게 아이와 부모 사이의 의견대립을 연기하라고 할 수 있다. 이 의견대립은 결국 부모가 아이에게 나중에 후회할만한 말을 하면서 끝이 난다. 학생들에게 이러한 즉흥을 하게 하는 것은 텍스트를 자세히 살피는 일과는 거리가 있다. 하지만 이후 학생들이 그들의 해석이 희곡과 일치하는지 판단하게 할 수 있다.

'빠진' 장면 즉흥하기는 희곡을 이해하고 관련 지식을 통합하는데 유용하다. 희곡을 공부하는 초기 단계에 도입하기에는 다소 어려운 점이 있다. 왜냐하면, 만약 학생들이 희곡에 관한 관련지식이 충분하지 않다면 다른 방향으로 수업이 진행될 수 있기 때문이다. 존 수도사Friar John가 로미오에게 편지를 전하지 못하는 장면; 캐퓰렛 가와 몬태규 가의 사람들이 그들의 싸움을 보지 못한 친구에게 말하는 장면; 몬태규가 로미오에게 무슨 문제가 있는지 알아보는 장면1막 1장; 유모가 친구에게 로미오에 의한 티볼트의 죽음에 관해 말하는 장면을 예로 들 수 있다.

마이클 레슬리Michael Lesslie는 햄릿의 10년 전 모습인 **덴마크 왕자**The Prince of Denmark를 썼다. 이 작품은 2010년에 국립청소년극단the National Youth Theatre의 청소년 배우 컴퍼니에 의해 공연되기도 하였다. 엘시노어 왕가에서 10대인 햄릿, 오필리어Ophelia 그리고 레어테스Laertes는 그들의 부모에게서 물려받은 역할에 적대감을 내비친다. 이는 극의 상상적 접근이며 교실에 적용 가능한 형태이다. 몬태규 가와 케퓰렛 가 사람들은 10년 전에도 반목하였나? 캐퓰렛 부인과 유모는 아기 줄리엣을 어떻게 대했을까? 로미오와 벤볼리오, 그리고 머큐쇼는 어린 시절에도 친구였으며 어떻게 각기 다른 성격이 드러나기 시작했을까?

워크숍 접근법

다음과 같은 여러 활동들은 **로미오와 줄리엣** 3막 5장의 130－204줄을 기반으로 한 예시처럼 좀 더 확장된 형태, 혹은 연속적인 워크숍을 위해 두루 활용될 수 있다Fleming, 2001. 이 워크숍은 전체 희곡을 소개하는 단계에서 혹은 희곡 분석 과정에서 시행될 수 있다. 학생들과 함께하는 논의의 중심은 경우에 따라 변화될 것이다. 몇몇의 교사는 셰익스피어가 의도한 플롯대로 수업이 전개되는 것을 선호하며 이렇게 간접적으로 희곡에 접근하는 방식을 싫어하기도 한다. 그러나 프롤로그 부분에서 연인이 '그들 부모의 분쟁을 자신들의 죽음으로 덮는다'라는 사실을 포함하며 플롯이 드러난다는 것을 기억할 필요가 있다. 신입 드라마 교사들조차 아래와 같은 수업 순서를 맹목적으로 따를 필요는 없다. 어떻게 학생들이 반응하느냐에 따라 접근법은 도입될 수 있다. 몇몇의 단계는 생략되기도 하였고 어떤 부분들은 확장될 필요가 있을 듯하다.

- 학생들은 모두 동그랗게 서서 웜업으로 '킬러' 게임을 한다. 탐정역할을 하는 사람은 원 중앙에 앉는다. 그리고 누가 윙크로 살인을 할 것 같은지 추측한다. 이 활동의 목적은 단순히 수업 분위기를 정비하고, 집단응집력을 만들어냄과 동시에 집중을 유도하는 데 있다. 이 게임은 짧게 진행될 수 있고 활동시간 연장에 대한 요구는 제지되어야 한다. 그리고 학생들에게 그들이 짝을 지어서, 몇몇의 드라마 활동을 할 것이고, 그룹으로 좀 더 확장된 프로젝트를 하게 될 거라고 알려준다. 여기서 목적은 이어지는 활동이 독단적으로 진행되는 것이 아니라는 걸 학생들이 알게 하는 것이다.

- 학급의 학생들은 둘씩 짝을 지어 역할놀이 활동을 한다. 둘씩 짝지어 각각 A와 B로 나눈다. A는 친구인 B에게 어딘가(휴가, 음악회, 혹은 축구경기장)에 가자고 설득하고 이후에는 성공한다. B는 처음에는 망설이나 결국 A와 같이 가는 것에 동의한다. 몇 그룹에게 무엇을 할 계획인지 물으며 그 활동에 관한 피드백은 재빠르게 이루어질 수 있다. 한두 그룹에게는 서로의 역할을 바꾸어서 해보게 할 수도 있으나 그 시간이 길어져서는 안 된다. 활동 진행의 속도는 유지되어야 한다. 이 활동은 분명한 결과와 함께 의도적이며 빈틈없이 구성된 초기 활동이다. 선택된 팀 작업에 대한 정보 공유의 요점은 이것이 학급 단위에서 접근하는 프로젝트라는 것을 감지하는 것이다.

- A와 B는 즉흥을 시도하고 A는 이제 B의 부모가 된다. 부모는 B에게 이미 예정된 중요한 가족 모임 외출을 알린다. 부모는 처음에 가족 모임에 관해 매우 열광하는 모습을 보이다가 B가 가족 모임 때문에 다른 일정을 취소하기를 주저하는 모습을 보고 톤을 바꾼다. 그들 간의 다툼이 점점 발전되면서 부모는 나중에 후회할만한 말을 할 때쯤 학생들은 동작을 멈춘다. 내용은 잘 정리되어 있긴 하지만 학생들은 그 자세한 내용을 채워야 한다. 이 활동은 다소 어려울 수 있다. 왜냐하면 학생들은 작업의 전체적 흐름에 관해 생각을 해야만 하고 톤을 바꾸어야 하며 절정의 순간으로 나아가야 하기 때문이다. 행동을 멈추어야 한다

는 제약은 올바르지 않게 학생들이 서로 욕설을 퍼붓는 상황을 피하기 위해, 또한 활동의 심미적인 형태를 제공하는 수단으로 작용한다. 부모가 후회할 만한 대사를 하는 마지막 부분은 셰익스피어 작품 속 장면으로 이끌 수 있고 또한 그 장면 자체의 마지막과 연결될 수도 있다. 학생들은 짝과 함께 마지막 대사를 공유할 수 있고 함께 장면을 만들어 발표할 수 있다. 그러나 비슷한 발표를 너무 많이 하게 하는 것은 지루하고 긴 시간을 요하므로 바람직하지 않다.

- 학생들은 이제 남녀를 섞어 4인 1조를 이룬다. 학생들에게 발췌본을 나누어주고 부분을 정해 낭독하도록 한다. 이때 학생들은 이해되지 않는 단어에 대해 크게 걱정할 필요는 없다. 유모의 대사는 짧지만 다음 활동에서 유모의 위치는 중요하다는 것을 학생들에게 전달할 수 있다. 그들이 다음과 같은 질문의 해답을 찾도록 한다. (a) 무엇이 아버지를 화나게 하였는가 (b) 대사 속에 아버지가 어떻게 행동해야 할지에 관한 어떤 언어적 단서가 담겨있는가. 학생들은 장면과 익숙해질 필요가 있다. 학생들이 드라마 경험이 매우 많지 않다면 아직 장면을 연기하면 안된다. 그 내용에 집중하지 못하고 산만해질 가능성이 많다. 그리고 표면적인 해석과 함께 섣부르고 통상적인 읽기와 행동을 가져올 수 있다.

- 4인 1조로 구성된 조원은 이제 각 대사들이 전달될 때 배우가 어디에 어떻게 서 있을지 보여주는 적절한 위치와 표현을 고려하며 3개의 타블로를 만든다:

캐퓰렛: 여전히 눈물을 흘리고 있느냐? 그렇게 계속 눈물을 보일 것이냐?
캐퓰렛 부인: 바보는 자기 무덤하고나 결혼해라!
캐퓰렛: 목이나 매. 가난한 거지야, 순종하지 않는 비참한 녀석!
유모: 그녀가 한 것보다 더 너무 크게 비난하시네요.

이 활동은 내용과 형식 사이의 균형을 잡도록 한다. 학생들은 무대화를 계획하기 위해 이 장면에서 벌이지는 일을 이해할 필요가 있다. 학생들은 다양한 위치와 표현을 시도하도록 고무되어야 한다. 타블로와 대사는 함께 선보일 수 있다. 이어지는 활동으로 그룹의 학생들은 대사가 가리키는 방향과 살짝 다르게 이 활동을 다시 할 수 있다. 학생들에게 몇몇의 단어와 그 의미를 설명하며 장면에 관해 논의할 필요가 있을 수도 있다.

- 학생들은 모든 인물이 등장하며, 그 장면의 본질을 담고 있다고 생각되는 6-12줄의 대사를

선택한다. 학생들은 이 대사들을 기억하며 그에 따른 동작을 행한다. 아래 대사는 발췌본의 길이가 얼마나 짧아도 되는지를 보여준다. 하지만 학생들은 더 긴 발췌본을 선택하기 충분한 자신감을 느낄 것이다.

캐퓰렛: 그렇게 계속 눈물을 보일 것이냐?
캐퓰렛 부인: 안하겠답니다.
캐퓰렛: 울타리에 처 넣어서라도 끌고 가겠다.
줄리엣: 좋은 아버지.
캐퓰렛: 손가락이 근질근질하네.
유모: 영감님, 너무 지나치게 화를 내시네요.

학생들은 어떻게 각각의 대사가 생동감 있게 되는지, 그리고 어떻게 동작과 함께 의미가 채워지는지에 관해 알기 위해 도움이 필요할 것이다. 학생들은 서로에게 간략한 장면을 보여주고, 그들이 선택한 대사와 접근 방식을 비교할 수 있다. 다양한 대사들과 무대화된 양식은 인물의 다른 관점을 보여주는가? 전반적으로 어떤 장면이 좀 더 대표적인 사례가 될 수 있는가?

- 그룹의 학생들은 다양한 해석과 의미를 담고 있는 전체로서 그 본질을 보여줄 수 있는 다양한 방식에 관해 논의한다. 줄리엣과 엄마, 아빠는 얼마나 가까운가? '나는 바보가 그녀의 무덤하고나 결혼했으면 좋겠다'라는 대사는 줄리엣의 엄마에 관해 무엇을 알려 주는가? 첫째, 너무 열이 받는 순간에 한 말, 두 번째, 줄리엣 엄마는 차가운 사람이고 줄리엣에 대한 모성이 부족한 사람, 각각의 경우, 어떻게 대사는 다르게 전달될 수 있을까?
- 학생들은 이 발췌본 부분의 2-3개 공연실황 영상을 감상한다. 그리고 자신들의 것과 비교한다.

십이야Twelfth Night에서의 주제 '도가 지나친 장난'은 청소년들과 관련이 있을 수 있다. 이 워크숍에서의 접근법은 실제 희곡을 가지고 시작하는 것이다. 학생들이 본격적으로 희곡으로 돌아가기 전, 희곡 발췌본에 근거하여 자신만의 드라마를 창조하도록 한다.

- 학생들에게 2막 5장에서 멜볼리오에게 전달되었던 위조된 편지를 복사해 나누어 준다. 학생들에게 이 편지 속 몇몇의 언어는 어려울 수 있다는 말을 사전에 해야 한다. 학생들에게 이 편지는 장난으로 위조된 편지라는 점을 확실히 말해야 한다. 그리고 벌어지는 일을 작동하게 해야 한다는 점도 분명히 말해야 한다. 학생들은 명확한 구절을 찾으며 여러 번 읽는다. 그리고 파악하기 어려운 언어는 교사의 도움으로 그 상황에 근거하여 작동하게 한다: 멜볼리오는 편지를 받는다. 그는 이 편지가 그를 좋아하는 자신보다 지위가 높은 여인에게서 온 것이라고 생각한다. 이 편지는 그에게 괴상하게 차려입고 행동하라고 하였다. 학급의 학생들은 때론 장난이 지나친, 꽤 거만한, 그리고 지나치게 진지한 유형의 사람에 대해 논의하는 시간을 갖는다. 학생들은 '언제 장난이 왕따로 바뀌기 시작하는지'에 관해 질문을 던질 수 있다.
- 학생들은 소그룹에서 '도가 지나친 장난'이라는 주제로 현대 맥락에 적합하게 자신들의 드라마 만들기 작업을 한다. 이 편지를 자극제로 활용하며 자신의 생각을 발전시킨다. 학생들은 셰익스피어 텍스트의 세부 내용에서 살짝 벗어난 작업을 할 수 있다. 하지만 그 장난의 희생자가 멜볼리오라는 이름을 유지하는 것이 좋은 듯하다.
- 소그룹에서 학생들은 다음과 같은 세 개의 타블로를 만든다. 첫째, 거짓 편지를 쓰는 모습, 둘째, 그 편지를 받는 사람이 편지를 읽는 동안 다른 사람은 몰래 숨어 이를 지켜보는 모습, 마지막으로 편지에 쓰여진대로 행동하는 편지를 받은 사람.
- 학생들은 가짜 편지를 크게 읽는 장면과 대조되는 장면을 만든다. 그 장면은 편지를 받은 사람(희생자)의 친구가 마지막 타블로에서 묘사된 사건에 관해 이야기하는 것이다. 타블로 장면 그 자체를 연기하는 것보다 말로 행동을 전하는 방식을 사용하는 것이 덜 도전적이며 효과적이다. 그러나 그룹의 경험에 따라 각 작업은 적절히 채택될 수 있다.
- 그룹의 학생들은 '머리 속 목소리' 장면을 만든다. 희생자인 멜볼리오는 학생들이 만든 원 중앙에 있고 학생들은 '장난'으로 인해 멜볼리오의 머리 속에 뒤죽박죽 떠오를 수 있는 단어와 구절을 크게 말한다. 학급의 학생들은 십이야의 대사를 도입할 수 있다: 멜볼리오가 장면 마지막에 크게 외친 '너희 모두에게 난 복수하겠어'라는 대사.
- 그룹의 학생들은 '후유증'이라는 제목의 장면을 준비하고 발표한다. 이 장면은 사건 이후 몇 주가 흘러간 시점에서 어떤 부정적인 결과를 보여준다. 이때 희곡으로 돌아가 작업할 수도 있다.

거만한 인물과 장난에 관한 덜 대중적인 작품으로는 **끝이 좋으면 다 좋아**All's

Well That End's Well라는 작품이 있다. 허풍쟁이인 페롤리스^{Parolles}는 자신이 적에게 잡혔다고 생각하고 모든 것을 불어버린다. 장난이라는 것이 드러났을 때, 그는 뉘우친다:

단순히 내가 한 짓은
나를 살게 했을 것이다. 그 자신이 허풍쟁이라고 말할 줄 누가 알았을까,
그가 두려움을 느끼게 하자; 이것이 지나가도록
모든 허풍쟁이는 멍청이일 것이다.

'도가 지나친 장난'이라는 주제의 흥미로운 점은 도덕적 판단이 요구된다는 점이다. 장난의 희생자는 어떤 면에서는 그럴 만하다는 말을 듣기도 한다—하지만 중요한 것은 '너무 지나치게' 흘러간다는 것이 아닐까?

더 읽을거리

아래의 도서는 학교에서의 셰익스피어에 관한 책이다:
Gibson, R. (2016) Teaching Shakespeare: A Handbook for Teachers; Doona, J. (2012) Shakespeare for the Primary School; Bank, F. (2013) Creative Shakespeare: The Globe Education Guide to Practical Shakespeare; Winston, J. (2015) Transforming the Teaching of Shakespeare with The Royal Shakespeare Company; Reynolds, P. (1991) Practical Approaches to Teaching Shakespeare; and Gibson, R. (1990) Secondary School Shakespeare. Tungate, D. (2016) The Trial of William Shakespeare is a play for young people that draws on different plays and opens up various themes. Chapters on teaching Shakespeare can be found in the following books: Winston, J. (2005) Drama and English at the Heart of the Curriculum; Baldwin, P. and Fleming, K. (2003) Teaching Literacy Through Drama; Tandy, M. and Howell, J. (2010) Creating Drama With 7-11 Year Olds; and Toye, N. Prendiville, F. (2007) Speaking and Listening Through Drama 7-11. Copyright

공연하기와
반응하기

STARTING
DRAMA
TEACHING

Starting
Drama
Teaching

제9장
공연하기와 반응하기

▌ 드라마 공연

   이 장에서는 특별히 공연하기와 반응하기에 관해 다루고 있는데, 확실히 하고자 하는 한 가지는 이것은 모든 드라마의 중심에 있다는 것이다. 드라마 활동들을 구분하는 정확하거나 부정확한 방법은 없다. 그러나 근본적으로 의도했는지 아닌지에 관한 분류 형태의 결과를 이해하는 것은 중요하다. 1장에서 대략 기술하였듯이, 드라마 가르치기와 관련한 생각의 발전은 '씨어터'와 '드라마' 혹은 '과정' 그리고 '결과물'과 같은 개념의 구분으로 설명할 수 있다. 이러한 개념들은 때로는 강하게 유지되었으나, 최근에는 약화되어 오고 있다. 마찬가지로 공연이나 발표와 같은 개념에 근거한 드라마와 전적으로 참가자를 위해 존재하는 개념으로서 드라마 사이의 양립할 수 없는 구분은 옹호하기 어렵다. 모든 드라마가 공연적이라는 말은 논쟁거리가 될 수 있다[Fleming, 2016]. 그러나 이 말의 의미가 모든 드라마는 반드시 특정 발표 혹은 어떤 성과로 결실을 맺어야 한다는 말이 아니다; 드라마를 활용하는 많은 워크숍은 공식적이지 않을 수 있지만, 작업 결과를 공유하는 부분을 포함한다. 전통적인 학교 연극은 알렌[Allen, 1979: 128], 슬레이드[1954: 351] 그리고 오닐과 램버트[Lambert, 1982: 25]와 같은 집필자의 비평적 영향력 하에 있었다. 아이들을 무대에 세우는 것은 가장 얄팍하고도 부정적이며 아이들의 과시 욕구를 독려하는 것이라고 느껴졌다.

학교 연극은 참가자보다 학교의 명성에 기여한다는 일반적인 비평이 있어 왔다. 좀 더 수용적인 견해로는 학교 프로젝트의 참여는 공동체의 기풍 산출, 범교육과정 협력 등의 더 긍정적인 결과물을 가져온다는 것이다. 그러나 드라마 작업의 교육적 잠재력에 관한 질문은 여전히 남아있다. '연기하기'는 '진짜' 감정을 경험한다기보다 감정을 인위적으로 모방하는 것으로 여겨진다. 무대 위에서 연기하는 것은 드라마 워크숍에서처럼 풍부한 경험을 제공한다고 여겨지지 않는다. 텍스트의 활용에 반대하는 주장과 같이, 이러한 견해는 대체적으로 좁은 의미의 씨어터와 배우, 그리고 연출의 역할 작업 모형에 기반한다. 예를 들면, 학생들은 교사/연출자의 지휘 하에서 단지 기계적으로 역할을 수행할 것이라 가정하는 것이다. 더욱이, 학생에게 연기하도록 하는 행위는 그것이 나쁜 연기라고 생각하게 한다기보다 '과시하기'를 하도록 요청하는 것이라 생각되었다.

의사소통상의 선입견 때문에 '연기하기'라는 용어는 DIE에서 무관하게 되었고 경험하기 혹은 탐색하기라는 말이 대신하게 되었다. 그러나 무대 위 배우는 주로 관객과 의사소통만을 신경쓴다는 가정은 실제 무대 위에서 일어나는 일을 지나치게 간소화한 것이다. 배우의 독백, 혼잣말 그리고 관객에게 하는 그 어떤 직접적인 설명을 제외하고는, 의사소통의 근본적 행위는 배우와 관객 사이가 아니라 역할 안에 있는 배우와 또 다른 배우 사이에 있다[Elam 1980: 38].

DIE 영역에서 온당치 않다고 여겨지는 개념으로 '연기'에 대한 지속적인 묵살은 '연기'라는 개념의 잠재적인 다양성을 항상 고려하지 않았다. DIE 영역 내의 참가자의 경험과 느낌의 본질은 연기와 연극 실습의 맥락 안에서 참가자의 경험과 느낌의 본질과 동일하다고 논쟁할 만하다. 이 둘에 대한 이분법은 전통적으로 '정서' 대 '기술'에 중점을 두어 왔으며, 그 문제는 제스처와 같은 '외부'에 중점을 두어야 하는지 아니면 '내적 과정' 혹은 느낌과 같은 측면에 두어야 하는지에 관한 문제였다.

스테이츠[1985: 163]는 그의 책, 작은 방에서의 위대한 레코닝Great Reckonings in Little Rooms에서 연기 스타일과는 다른 의미로 3개의 주된 연기 방식을 제시하였고, 혹은 관객에 대한 배우의 관계맺음 방식이 변화할 수 있음을 제시했다.

나(배우) = 자기 표현적 방식(self-expressive mode)

너 (관객) = 협력적 방식(collaborative mode)

그 (역할) = 표상적 방식(representational mode)

자기 표현적 방식에서 배우는 자기 자신을 투영하는 것처럼 보인다; '내가 뭘 할 수 있는지 보자'라고 말하는 듯이 자기 자신의 작업에 주의집중한다. 스테이츠는 오페라, 춤 그리고 마임을 주된 자기 표현적 씨어터의 형태로 설명하였다. 왜냐하면 무엇을 보여주고 있는가는 그것이 무엇인지보다 더 중요하기 때문이다: '결핵에 걸려 죽어가는 오페라 소프라노를 보며 그 역할에 충실하지 않기를 기대하게 되는 것이 가장 잘 알려진 예이다. 제대로 죽으면서 곧잘 노래한다는 것은 불가능하기 때문이다.' 협력적 방식에서 '당신'이 보내는 그 무엇과 동등한 것은 관객과 관련하여 명백하게 혹은 함축적으로 활용된다. 배우와 관객 사이의 거리가 무너지고 관객은 더 적극적인 역할을 수행한다.

일반적으로, 이 방식은 함정과 속임수의 환경에서 관객이 공모관계를 가지고 있다고 생각되는 희극과는 동떨어져서 상징이 될지 모른다. 혹 다른 말로 하면, 배우는 관객이 포함된 세상에 사는 역할을 연기한다고 할 수 있다.

(ibid: 170)

표상적 방식의 공연에서 배우의 에너지는 자기 표현적 방식처럼 자기 자신의 예술을 드러내는 데 있지 않다. 또한 앞서 묘사된 것처럼 협력적인 의미에서 관객과 의사소통하는 데 있는 것도 아니다. 오히려 배우는 자신의 역할이 되기 위해 열중하는 것으로 보인다.

비록 이는 연기 그 **자체**와는 조금 다르게 느껴질 수 있으나 표상적 방식에서는 드라마 가르치기에서 보는 '연기'와는 다르다 하겠다. 좀 더 정확히 묘사하자면 자기표현과는 반대되는 개념으로 보는 것이다. '연기'는 하나의 정밀한 의미로 활용되는 경향이 있다. 그러나 실제적으로 역사 속에서 혹은 특정 학교에서, 소극 혹은 멜로 드라마와 같은 특정 장르에 따라 구분할 수 있을 듯하다. 이같은 대조는 브레히트와 스타니슬라브스키의 작업에서 찾아볼 수 있다. 드라마 가르치기에 관한 글들에서 브레히트와 스타니슬라브스키 작업의 차이를 상당히 중요하게 언급하고 있다. 스타니슬라브스키의 경력에서 보여지는 생각과 작업의 변화는 배우 자신과 그 역할의 효과적인 병합을 가져다 줄 수 있는 방법론의 탐색을 나타낸다. 브레히트 연극의 양상과 소외효과를 의도한 급진적인 부분은 배우와 그 역할 사이의 거리가 매우 크다. 이는 스타니슬라브스키가 배제하려 했던 부분이다.

학교 내 드라마 작업이라는 맥락 안에서 '연기'라는 용어에 대한 불신은 좀 더 진실된 감정을 지지하며, 진짜가 아닌 행동의 상상'행복한 소년을 보여줘 봐, 이제 슬픈 소년을 보여줘 봐'을 거부하는 시대에 속해 있다. 공연으로 마무리되는 반복과 기술적 정교화가 필요한 드라마와 참가자가 자신을 위해 행하는 드라마와의 차이를 강조하고 있다. 그러나 '연기'라는 용어의 활용은 자발적이고 즉흥적인 드라마가 진짜 삶이라기보다는 무대 위 공연과 닮아있다는 것을 상기하도록 한다. 이 예술 형태의 중심은 허구적 양식에서 작동하는 드라마에 관한 인식에 있다; 만약, 참가자가 상황을 진짜라고 믿는다면, 그들은 속고 있는 것이거나 과몰입 상태이기에 드라마가 유지될 수 없다. 그리고 역시 씨어터의 전통 안에서 연기가 무엇을 수반하는가에 관해, 그리고 다양한 스타일과 방식들에 관해 다른 해석이 존재한다는 것을 인식해야 한다. DIE의 발달을 설명하는 한 방법은 그것이 연기와 씨어터 방법론에 기여했다는 것이다. 이 장의 마지막 부분에서 볼 수 있듯이 강한 DIE전통을 가진 학교의 연극제작리허설 방법은 다른 학교의 것과 다를 것이다.

드라마 작업이 외부 관객을 위한 공연에 지향점을 두게 되면 우선사항이 바뀐다는 것은 꽤 명확하다. 이는 많은 드라마 가르치기에 관한 초기 저자들이 인지하였듯이 천박함을 보인다. 하지만 이것이 결코 필연적으로 따라오는 결과라 할 수는 없다. 드라마에 관한 많은 도서에서 찾아볼 수 있는 '만들기'와 '공연하기' 사이의 구분은 몇몇 전통적인 관점을 지키는 데 어려움을 야기한다: '만들기'의 맥락 안에서 학생들은 창의적이고 실험적이며 상상력이 넘치는 반면, 공연할 때에는 학생들이 오직 전문적인 기술에 집중한다는 구분. 역으로, 학생들이 '만들기'를 행할 때 그들은 공연을 지향하지 않는다는 의미를 내포하고 있을지 모른다.

반응하기

2차 세계대전 이후 학교에서는 학생들이 드라마에 어떻게 반응하는지 가르치는 것이 많은 주목을 받지 못했다. 왜냐하면 교육의 강조점이 창의성과 자기표현에 있었기 때문이다. 현재 드라마 가르치기에서 반응하기는 점차 중요한 목적으로 인식되고 있다. 그러나 진실된 반응과 안내된 반응 사이의 균형이 필요하다는 것이 항상 중요하게 인식되고 있는 것은 아니다. 학생들이 스스로 혹은 다른 사람의 도움과 함께 드라마에 반응하게 하려면, 그들은 드라마가 작동하는 틀과 구조에 놓일 필요가 있다. 한편, 기술적인 전문 용어는 진실된 참여로부터 얻어지는 개인적인 반응을 대체하지 못한다는 것을 알아야만 한다. 이 장의 마지막 '더 읽을거리'에 언급된 몇몇의 저자들은 공연을 해석할 때, 고려해야 하는 사항을 언급하고 있다단어들, 텍스트의 전달, 얼굴 표정, 몸짓, 움직임, 분장, 헤어스타일, 의상, 소품, 세트, 조명, 음악, 음향효과, 장치. 그러나 이것들을 지나치게 기계론적으로 활용해서는 안된다.

드라마의 의미는 단지 '목적'의 기능, 기호 체계의 공식적인 질에 있는 것은 아니다. 학생들이 그들의 통찰을 그 내용에 결부시키지 않았다면 극의 기술적인 측면즉, 배경, 연기, 조명 등에 관해 이야기하는 것은 바람직하지 않다. 극에 반응하기의 시작점은 희곡에 부과된, 미리 결정된 특징보다는 작업 그 자체가 되어야 하며, 작업을 차별적으로 만드는 그 무엇이어야 한다. 교실에서건 극장에서건 드라마에 대한 학생들의 즉각적인 반응은 좀 더 체계적인 설명을 위한 시작점이어야 한다.

여기에서 권하고 있는 균형을 잡는 유용한 방법은 반응하기를 단순히 인식적이고 분석적인 활동으로 바라보지 말라는 것이다. 많은 친숙한 드라마 활동은 창의적인 방식으로 반응을 불러일으키는데 활용할 수 있다는 것을 인지하라는 것이다. 분석적인 판단을 내려야 하는 씨어터 비평가로서 학생들을 바라보는 대신, 좀 더 직관적 반응을 만들 수 있도록 해야 한다. 물론 형태에 대한 기계론적인 주의를 기울이며 오직 내용에만 집중하는 실수를 하지 않도록 하는 것도 중요하다.

- 타블로는 공연의 가장 중요한 순간을 재창조하거나 혹은 중심 주제를 포착하는데 활용할 수 있다.
- 역할 내 질문하기는 응답자만큼이나 질문자의 이해도를 알 수 있다. 특히 공연 후 배우에게 하는 역할 내 질문하기가 그러하다. 교대로 장면을 연기하며 형식, 스타일 그리고 내용 파악

에 관한 학생들의 이해를 드러낼 수 있다.

- 연극 내의 연극과 결합된 '전문가의 외투' 기법은 반응하기 위한 드라마 안에서의 틀을 제공할 수 있다 (예: 시간 여행자들이 진짜 배우 그룹으로 행세하려고 한다).

- 역할 내 교사는 반응하기를 가르치는 한 방법이 될 수 있다. 왜냐하면 극적 기호를 적합하게 파악해야 하기 때문이다.

- 자발적이고 즉흥적인 드라마는 드라마 경험을 통해 기호를 판단하고 반응하는 것과 유사한 능력을 요구한다.

- 드라마에 반응하기는 공연의 사전 작업으로서 도움이 될 수 있다. 다음은 Fleming 2001에서 인용하였다:

  - 극의 첫 장면에 적합한 세트를 스케치하라. 공연 후 대조하며 학생이 수행한 노력의 결과는 기억될 것이다.

  - 무대 지시를 검토하고 다른 무대에서는 어떻게 해야 할지 정한다.

  - 연극 안에서 특별히 중요한 순간을 선정하고 어떤 상징적인 행동이 적합할지 정한다. (예: 리어왕이 그의 왕국을 나눌 때 지도에 눈물을 떨굴까?에 관한 것이 그 예가 될 수 있다). 만약 교사가 공연을 미리 보았다면 각각의 순간들은 더 효과적으로 선택될 수 있다.

  - 짧은 발췌본을 가지고 다양한 생활용품을 활용하여 공연해 본다. (두 개의 의자를 테이블 측면에 놓고 반대편에는 긴 소파를 놓는 등의 방식으로 무대를 꾸밀 수 있다).

  - 무대에서 극의 마지막은 어떻게 끝낼지에 관해 정한다. 커튼 사용, 조명, 음악, 배우의 위치 등을 정한다.

  - 해학적인 면을 극대화 혹은 축소화하기 위해 어떻게 다양하게 장면이 극화될 수 있는지 정한다.

  - 그 효과를 살피기 위해 양식화된 소품을 사용한다. 예를 들면, '돈'이라고 적힌 한 장의 카드의 사용을 생각할 수 있다.

  - 발췌본을 가지고 색다른 공연을 고안한다.

드라마에 반응하기는 사정과 관련하여 두 가지 역할을 수행한다 이는 다음 장에서 좀 더 자세히 다루어질 예정이다. 학생 개인의 작업에 대한 교사와 동료의 피드백은 형성적 과정의 중요한 한 부분이다. 그리고 학습을 위한 사정의 중요 요소로 볼 수 있다. 유사하게, 다른 사람의 드라마를 보며 그 내용과 형식에 적절하게 주의를 기울이며 반응할 수 있게 되는 것은 관련 기술이 성장하고 있고 주제를 이해하고 있다는 중요한 표징이 된다.

드라마와 디지털 기술

공연의 적합성에 관한 다양한 의견들은 기술 발전의 효과와 함께 고려할 필요가 있다. 운반이 용이한 기기의 유용함은 드라마 작업이 쉽게 기록된다는 데 있다. 그렇게 함으로써 기록물은 '저기 그리고 그 때'의 관객들과 소통한다는 의미에서 공연지향적이지도 않고, 엄격한 의미에서 그 자체를 위한 드라마도 아니다. 드라마를 기록하는 것과 필름 기술을 활용해 드라마를 만드는 것은 구분되어야 한다. 전자의 경우, 카메라는 마치 관객이 감상하기 유리한 지점인 듯한 곳에 고정되어 렌즈 앞에 펼쳐지는 행동을 단순히 녹화한다. 후자는 카메라의 전반적인 설비를 최종 생산물의 중심 요소로 이용하는 것이다카메라의 위치 변화주기, 렌즈 초점의 길이를 이용하여 근접촬영하기, 장면의 시작 혹은 끝을 표현하기 위해 점점 흐릿하게 하거나 또렷하게 하기, 편집기기 사용하기, 장소 바꾸기 등이 그 예가 될 수 있다. 예상할 수 있듯이, 이러한 두 접근이 따로 구별된 것은 아니다. 카메라가 단순하게 드라마를 기록하고자 의도할 때조차, 어떤 관점에서 그 행위를 담는 것이 실수라 할 수 없다. 그리고 녹화된 버전을 감상하는 관객의 주의를 향하게 하는 것도 마찬가지다. 카메라 렌즈는 적어도 무관한 배경은 제외하고 선택적으로 기록을 한다. 비록 효과적 측면에서 그리 중요하지 않을 수는 있으나 드라마 기록물을 감상하는 것은 드라마 자체를 감상하는 것과 엄연히 다르다 할 수 있다. 드라마 수업에서 카메라는 적어도 전체를 꿰뚫어 보는 기능 이상의 것을 하는 것 같다. 본래의 행위를 훈련할 수 있는 공연의 연속성을 제공할지도 모른다. 학생들은 시종일관 텔레비전과 영화를 통해 드라마적인 행위에 둘러싸여 있다. 그리고 영화 혹은 텔레비전 드라마와 '라이브' 공연이라는 개념의 차이를 인식하는 것은 중요하다. 왜냐하면, 각각의 의미를 만드는 과정은 그 중요한 사항에서 차이를 드러낸다. 영화드라마에는 카메라의 잠재력을 결과물의 의미를 만드는 데 이용한다. 연속극들, 텔레비전 경찰 프로그램들, 혹은 텔레비전 극들은 많은 학생들이 드라마 과정에 관한 암묵적인 이해를 얻게 되는 주된 통로가 되는 듯하다. 그러므로 교사가 그리고 궁극적으로는 학생들에게 위의 두 개념의 주요 과정의 방식을 이해하는 것이 중요하다. 많은 어린 학생들은 텔레비전에서 영향을 받는다. 그래서 자신의 드라마 작업을 그들이 스크린을 통해 보아왔던 드라마 작업과 비교하고 자신의 무능하다고 여기며 좌절한다. 이는 단순히 내용물뿐만 아니라 형식에 관해서도 마찬가지이다.

예를 들면, 한 그룹의 학생들은 지난 3주간 그들이 작업했던 드라마의 주제를 기반으로 한 텔레비전 리포트를 준비하였다. 그들은 프로그램 내에 자막처리와 같은 느낌을 전하기 원했고 이것이 기술적으로 어렵다는 것을 발견했다. 한 학생이 종이 한 장을 손에 들고 바삐 '스크린'을 가로질러 갔는데 이것은 웃음을 유발했고, 작업에서 무엇이 효과적이고 독창적이었는지 그 효과를 축소시켰다. 학생들에게는 연극적인 놀이에서 단순히 드라마적인 관습을 활용하는 대신, 한 곳에서 다른 곳으로 원하는 방향으로 그저 '몰고가는 것'은 드문 일이 아니다. 물리적인 여정을 보여주지 않고 장소가 쉽게 변하는 것은 흔한 일이다. 의자들과 움직이는 바퀴는 자동차를 가장해서 사용된다. 그리고 그 결과는 주로 설득력이 없다. 학생들에게 작업 안에서 믿음을 지속시키기는 어렵다. 차 사고를 가장하는 것은 흔하고 성공하기 어렵다. 유령과 시끄러운 귀신들에 관한 드라마를 만드려는 학생들은 자주 공간을 날 수 있는 물건을 원할 것이다. 회상과 꿈 장면을 도입하고자 하는 상상적인 아이디어는 연습하는 과정에서 좌절될지 모른다. 왜냐하면 영화에서의 물결무늬 효과 혹은 아웃 포커스 효과를 보여주기 등과 같이 제한적인 묘사 방법을 활용하기 때문이다; 언어적 단서 사용하기와 같은 다른 대안적인 방법들이 적합할 것이다. 기록장치를 사용하는 것은 학생들에게 좀 더 창의적인 가능성을 열어준다.

단지 내용뿐 아니라 극영화의 형식과 기술의 근원에 대한 인식은 결국 교사와 학생의 '스튜디오' 드라마를 만드는 능력에 도움이 될 것이다. 학생들은 텔레비전으로부터 드라마는 항상 자연스러워야 한다는 기대를 갖게 된다; 드라마 교육의 한 부분은 반드시 그들의 이해와 드라마 형식의 사용을 확장하는 것이어야 한다. 예를 들면, 그들은 아래 서술되는 영화드라마의 특징을 이해할 필요가 있다.

+ 위치는 혼란없이 매우 쉽게 변화될 수 있다.
+ 카메라는 보는 사람의 시각을 안내할 수 있다. 주의는 총알이 총으로부터 없어진 것, 자료가 도난당한 것, 디스코장 같은 복잡한 장소에서 중요한 사건이 생긴 것 등의 정밀한 세부사항도 보여줄 수 있다.

- 회상과 꿈 장면들은 카메라 기술을 통해 전달될 수 있다.
- 사람 얼굴의 클로즈업은 감정의 격렬함을 전달하는데 사용될 수 있다.
- 느린 동작과 빠르게 돌아가는 필름은 특별한 효과를 만드는데 사용될 수 있는 듯하다. (드라마에서 느린 동작은 활용될 수 있다. 그러나 보통 학생들이 그들의 작업에 확신을 갖게 하긴 어렵다.)
- 배우와 영상 관객 간의 상호작용은 일어날 수 없다.
- 1인 2역으로서 쌍둥이, 프레임 나누기, 어떤 아이템을 보이게 혹은 보이지 않게 하는 능력, 그들의 합의에 따라 물건이 이동하거나 실제 크기로 여러 번 나타나는 것 등의 모든 범위의 특수 효과는 도입될 수 있다.
- 편집은 현대 장비로 더 시도하기 쉬워졌으며 영상 제작자에게 의미를 추가로 통제하게 한다.

드라마가 교육과정을 아우르며 활용되든지 어떤 특정 교과목의 교수법으로 활용되든지, 비디오 녹화물을 활용하는 것은 장점이 있다. 이는 착수된 작업의 간단한 기록이건, 좀 더 정교히 만들어진 영상물이건 마찬가지이다. 드라마 작업 녹화물은 미래의 반영과 분석을 위한 동기를 부여하고 초점을 제공할 수 있다. 그리고 역시 한 학급의 혹은 그룹의 작업을 다른 그룹이나 학급이 보는 것은 그 노력을 위한 자극제로 대단히 가치가 있다; 이전 장에서 이미 독창성에 대한 지나친 강조는 이런 방식의 예시 활용을 저해한다는 점을 제시하였다.

비디오 녹화를 활용하여 단순한 영상물을 만드는 일은 기술에 있어 좀 더 특별한 주의를 요구한다. 언급할 필요 없이, 만약 학교에서 미디어 과목을 가르치고 있다면, 부서 간 의견을 교환할 필요가 있다. 장비의 사용가능 여부는 명확한 하나의 요소가 되고 카메라는 상상의 방식으로 드라마에 융화될 수 있다. 예를 들면, 카메라가 한 인물을 대신하는 것은 가능하다. 그렇게 관객은 비디오를 보며 한 인물의 관점으로 모든 행동을 관찰한다[Cutler-Gray and Taylor 1991]. 녹화하는 것에 생소할 때, 학생과 교사가 실수하지 않도록 하는 것은 헛된 일이 아니다. 다음은 기술과 경험이 부족한 학생과 교사가 할 수 있는 실수에 관한 것이다.

- 너무 급히 그리고 빈번하게 줌 기능을 사용함; 너무 빠르게 움직이며, (즉 장면을 가로질러가며 움직이며) 카메라로 대상을 따라다니며 찍음
- 내장되어 있는 마이크가 배우보다 더 쉽게 카메라를 작동하는 사람의 음성을 포착한다는

것을 인식하지 못함;

+ 카메라를 흔들리지 않게 유지하지 못함;

+ 장면의 시작과 끝 부분을 잘라버림;

+ 빛의 반대편에서 촬영해서 얼굴이 어둡게 보임.

드라마의 맥락 내에서 기술의 사용은 학생들의 디지털 녹화 작업에만 국한되지 않는다. 프로젝터가 사용되는 배경막, 다큐멘터리 방식의 통합, 더 복잡한 조명의 사용, 음향기술과 다른 효과들로 공연은 강화될 수 있다. 파워포인트와 프레지의 사용은 드라마 작업 향상을 위한 잠재력을 지닌다. 공연작업과 함께 슬라이드를 사용하는 것이 그 좋은 예이다. 다른 학교 혹은 다른 그룹과 인터넷을 이용하여 드라마 공동창작 작업을 하거나 작업의 결과를 나누는 것은 많은 창의적 가능성을 열어준다. 불과 몇 년 전에는 자금 사정이 좋은 전문 연극 단체에서만 가질 수 있었던 기술들을 이제는 좀 더 많은 학교에서도 사용할 수 있게 되었다. 전문 연극 단체가 점차 디지털 효과를 많이 사용함으로써, 학생들이 드라마에 비평적으로 반응하는 것을 가르치는 방식에 영향을 미친다.

GCSE 중등자격시험[13] 드라마의 지도 안내서에는 학생들이 라이브 씨어터live thea-tre의 맥락 안에서 관객들과 상호작용하기와 창조하기에 관한 기술 습득이 필요하다는 내용이 들어가 있다. 그리고 그 과정이 구체적으로 명시되어 있어서 첫 단계로 조사가 중요하다는 것 또한 알 수 있다. 교사들은 초기자극제로서 그리고 드라마에 융화될 수 있는 내용을 위한 소재를 위해 인터넷에 의지한다. 극의 공동 창작, 그리고 텍스트 작업은 휴대용 장치나 텔레프롬프터로도 가능하게 되었다예를 들면, 파워포인트 사용하기. 삶의 한 부분인 듯한 기술은 즉흥 드라마나 고안된 드라마의 내용과 그에 따른 관습의 유형을 변화시켰다전화를 통한 의사소통이 그 예가 된다. 사이버 왕따, 산업보호, 그리고 소셜 미디어가 대인관계에 어떻게 영향을 미치는지를 탐색하는 드라마를 통해 디지털 기술 그 자체가 성찰과 면밀한 검토의 주제가 될 가능성을 열어주고 있다.

그러므로, 드라마 내 디지털 기술의 사용은 사회 안에서 학생들에게 미치는 큰 영향력의 맥락 안에서 바라볼 필요가 있다. 리빙스톤Livingstone, 2002이 지적하였듯이, 낙관론자들은 정보 기술의 발전이 좀 더 민주적인 공동체 참여, 지식의 확장 그리

---

13) 역자 설명: 1, 2장 참조

고 다양성과 논쟁에 대한 지지를 열어주었다고 본다. 비관론자들은 순수함이 손실된 것을 유감으로 생각하고 '산업화의 성장과 개인 삶의 방식이 점점 세계의 소비 지향적 경제에 의존하는 것'을 한탄한다[ibid: 2]. 드라마 교사들에게는 새로운 기술을 포용하고, 학생들과 멀티미디어 텍스트 창조를 위한 그 잠재력을 인지하는 것이 중요하다. 학생들이 점차 일상에서 하이퍼텍스트 그리고 비선형적인 형식과 구조에 익숙해지고 있으며 이는 드라마 형식에 대한 학생들의 이해에 영향을 미칠 것이라는 것을 아는 것은 중요하다. 또한 그들이 살고 있는 기술적 세상으로부터 실종된 무엇인가를 드라마가 제공할 수 있다는 것을 아는 것 역시 중요하다. 비생산적인 도덕적 공항상태에 빠질 필요가 없이, 합의와 적용으로 만들어진 진정한 공동의 경험과 사회의 피상적인 '심미화'에 대응하는 미적 경험을 제공하는 드라마의 잠재력을 볼 필요가 있다.

드라마와 더 넓은 맥락

드라마는 다른 예술처럼 공동체의 응집력 발달에 상당히 기여할 수 있을 뿐 아니라 그 자체로 외부기관과의 공동 작업과 파트너십의 기회를 부여한다. 예술 위원회Arts Council에 의해 발전된 아트마크 어워드Artsmark Award와 청소년, 예술가 그리고 교육자들과 함께 일하며 높은 수준의 참여 예술 프로젝트를 진행하는데 특화된 포지Forge의 계획들에 의해 이와 같은 파트너십이 촉진되었다.

예를 들자면, **캐섭과 석탄** Cassop and Coal 프로젝트는 잉글랜드의 북동쪽에 위치한 캐섭 초등학교와 포지 아트 에이전트Forge Arts Agency에 의해 촉진된 **티아이엔 아트** TIN arts 예술기관의 생산적인 파트너십으로 진행되었다. 이 프로젝트는 3년이 넘는 기간 동안, 이 학교와 다양한 프로젝트를 진행한 적이 있는 지역 예술가, 제인 안필드Jane Arnfield에 의해 조직되었다. 이 특별한 프로젝트는 지역 공동체에서 석탄의 효과를 탐구하였다. 학생들은 많은 자료를 읽고 관련 정보를 가진 많은 사람들과 인터뷰를 진행하며 광범위한 사전 연구에 참여했다.

이 프로젝트는 선견지명이 있는 교장 선생님인 짐 맥매너Jim McManners와 작업이 진행됨에 따라 필연적으로 일어날 수밖에 없는 혼란을 받아들일 준비가 된 교원들의 지원을 필요로 했다. 일주일에 하루는 프로젝트를 진행하는데 할애하였으며 연구, 창의적인 글쓰기 그리고 공연이 함께 병행되었다. 학생들은 퇴직한 광부 그룹들과 많은 시간을 함께 하였다. 퇴직한 광부 그룹은 연구를 위한 주된 정보제공자 중 하나일 뿐 아니라, 프로젝트가 진행되면서 연기자로 참여하기로 했다. 그러므로 최종 공연은 석탄의 과거와 현재 그리고 미래와 관련된 서사를 탐구하는 진정한 공동체의 효과를 보여주었다. 학교 건물이 폐쇄된 광산 땅을 내려다보고 있다는 사실은 이 프로젝트의 신랄함을 더했다. 교사가 수업을 통해 일상적인 방식으로 작업하며 쉽게 달성할 수 없었던 많은 학습기회를 이 협력적인 프로젝트가 제공한 것이다.

바넷Barnet의 성심초등학교The Sacred Heart Primary School에서 진행된 드라마 프로젝트는 1930년대 후반 전쟁 전에 런던에 있던 아이들의 대피를 기반으로 한 극이 소개자Evacuees라는 제목으로 공연되었다. 공연 날, 관객들은 학교 로비에 들어섰다. 그 곳에는 대공습과 베라 린Vera Lynn의 혈족에게서 들은 것을 바탕으로 학생들이 작업한 것들과 커다란 콜라주로 꾸며진 벽이 있었고, 학교 행사장에는 전쟁 시대의 노래가 흘러나왔다. 모든 방문객들은 프로그램 리플릿을 받았다. 그 리플릿의 내용은 같지만 겉표지는 각기 달랐다. 이는 프로젝트에 참여한 많은 수의 학생들이 직접 디자인한 것이었다. 관객들은 교장 선생님인 루안에게 환영 인사를 받았고 그녀는 이 행사가 직접 공연에 참여하는 6학년 학생들을 위한 고별 행사의 하나임을 알렸다.

이러한 구성은 연극이 시작하기 전부터 극의 전반적인 의미 전달에 기여하였다. 이 극은 학교 프로젝트 이상의 의미를 가지고 있었다. 이 학생들에게는 이 시기가 학교에서의 마지막 주간이었고, 이 행사는 이 공동체 기념 행사의 일환으로 시행되었다. 그리고 의미있는 마지막과 새로운 시작에 대한 상징적 의미를 포함하고 있었다. 그러므로 가족과 이별을 다룬 이 극은 특히 가슴 저미는 것이었다. 관객들이 주로 전쟁 시기에 런던으로부터 대피했었던 경험을 가진 학부모나 나이 든 친척이라는 사실 역시 이 주제에 대한 반응을 강력하게 해주었다. 벽장식은 이 극이 일반적인 교육과정과 통합되었다는 점, 그리고 지난 몇 주간 이 극이 많은 학습 활동을 위한 초점을 제공하였다는 것을 보여주었다. 이 프로그램은 많은 학생들의 노력을 축하해주었다. 가장 재능있는 예술가와 최고의 배우인 스타들을 고립시키는 방식으로 축하해준 것이 아니라, 모든 참가자의 기여와 가치를 인정하며 이 프로그램의 풍조를 보여주었다. 도입 음악과 단순한 무대 디자인 그리고 조명은 높은 수준의 작품을 위한 장면을 만들어냈다.

사실, 작업의 수준은 앵무새처럼 대사가 나열되고, 당황스러운 침묵과 작은 무대 사고 등이 있는 학교 연극에 익숙했던 많은 사람들을 놀라게 했다. 그 공연의 높은 수준으로 인해, 학생들이 이 극을 위해 지나치게 많은 리허설을 하였을 것이라 짐작하게 했다. 그러나 사실, 이 경우는 그 반대였다; 리허설 작업은 단 3주 동안 집중적으로 진행되었다.

드라마 수업에서 극을 위한 작업은 드라마 수업 시간에 다양한 형태의 즉흥을 포함한, 전통적으로 DIE기술이라 불리는 활동들을 사용하며 시작되었다. 한 학생은 '우리는 대본에는 없지만 좀 더 흥미로운 것들을 공연에 넣었어요.'라고 말했다. 그러므로 내용에 대한 이해는 근본적인 관심사였고, 이는 학교 교육과정의 주제와 부합하는 상당량의 작업에 의해 향상되었다. 학생들과의 인터뷰를 통해 중요한 인상을 만드는데 확실히 기여했다는 것이 명확히 확인된 임페리얼 전쟁 박물관Imperial war Museum의 방문은 필름 푸티지14), 라디오 방송, 사진, 그리고 유물과 같은 1, 2차적 자료와 함께 동반되었다. 연대표, 일련의 사건들, 전쟁 발발에 대한 고려, 교육, 국내전선 등의 역사 관련, 전쟁의 맥락 안에서 유럽 지도 탐구하기 등의 지리 관련 그리고 집으로 보내는 편지, 시간의 흐름에 따라 미묘히 달라진 언어변화, 신문기사와 편견과 의견에 대한 탐구 등의 언어 관련 작업의 통합으로 인해 충분한 장점을 취할 수 있었다. 미술작품은 프로그램 리플릿과 티켓 디자인, 대공습 콜라주와 파스텔 실루엣을 만드는 데 기여했다; 당시 유행하는 스타일에 관련된 고려, 그리고 그에 따른 적절한 노래가 리허설에 매우 확실히 기여했다. 그러므로 내용의 이해가 주된 고려사항이었으나, 유일한 주요 사항이라 할 수 없었다. 프로젝트 진행 전의 드라마 작업은 특히 무대기술에 집중되어 있었다. 그리고 이것은 현실적인 목적으로 접근하게 되었다. 언급된 예시에서 진전시킬 수 있는 일반적인 원칙은 무엇일까?

□ 극의 선택

이 프로젝트 담당 교사들은 학생들에게 적합한 작업을 선택하는데 주의를 기울였다. 이 경우, 노래의 포함 여부와 주제는 학생들의 능력과 그들의 흥미를 고려하여 선택되었다. 문화적 고려사항 역시 중요하다. 그리고 하나의 맥락 안에서 성공

---

14) 역자 설명: 일반적으로 영화에 쓰이는 프레임 수치

적일 수 있는 작업이 모든 경우에 적합하다고 짐작하는 것은 현명하지 못하다. 공연 작업은 교실 즉흥극으로부터 발전될 수 있다. 혹은 이러한 경우에 대본은 학생들이 기여한 것을 포함하므로 좀 더 주인의식을 가지고 발전될 수 있다.

❏ 목적

이 프로젝트는 몇몇의 다양한 목적들이 이러한 종류의 작업 안에서 조화를 이루며 함께 충족되는 것이 가능하다고 설명하고 있다. 학생들은 하나의 원칙으로서 그리고 예술 형태로서, 뿐만 아니라, 주제에 대한 이해의 발전으로서 확실하게 드라마를 이해하고 있었다. 그러나 교사들은 과정의 암묵적인 측면인 개인적이고 사회적인 발전에 대한 강조를 깊이 염두하였다. 프로젝트의 성공을 위해, 상당한 정도의 상호존중, 협동 그리고 학생들의 지지가 필요했다.

❏ 교육과정 통합

교육과정에 기여할 수 있는 것은 오직 즉흥적인 교실 드라마만이 아니다. 언급된 예를 보면, 국가 수준의 교육과정은 이 프로젝트의 기본적 배경 작업의 한 부분으로 용이하게 통합되었다. 이해를 증진하기 위해, 사전에 주제를 발전시키기 위해, 그리고 극의 무대화를 위한 구체적 초점을 위해 즉흥적인 드라마 작업은 활용되었다.

❏ 조명과 의상

이 프로젝트의 가치 중 하나는 학생들이 무대연출 전반에 관해 배웠다는 것이다. 그러나 보통 조명과 의상과 같은 항목은 중요하게 여겨지지 못하고 극의 의미를 만드는 데 부수적인 영역이 된다. 예를 들어, 피난 보낸 사람을 연기하는 학생들은 관련 조사를 진행하고 직접 의상을 준비하였다; 그들은 기술 수업을 통해 방독면 상자를 만들었다. 조명은 간단했다. 그러나 효과적이었고 시공간을 나타내기 위해 조명은 바뀌었다. 그리고 특정 인물을 강조하기 위해 가끔 스포트라이트를 사용하였다.

☐ 기간

때때로 학교 프로덕션은 시간이 많이 소요된다는 논쟁이 있을 수 있다. 앞선 예시의 경우, 학생들은 1년간 일상적인 교육과정으로서의 드라마 경험을 가지고 있었다. 사전 교실작업에서는 주제를 중심으로 작업하였고 리허설 기간은 3주간 집중적으로 지속되었다. 다른 프로젝트에서는 좀 더 많은 시간이 필요할지도 모른다. 그러나 만약 작업이 다른 과목의 국가 수준의 교육과정 활동을 위한 초점을 제공한다면 이것은 크게 문제가 되지 않을 것이다. 명확하게 말하지만, 짧은 기간 동안 성공적인 프로젝트를 수행하기 위해서는 학생들의 높은 동기와 더불어 상당한 헌신이 요구된다.

더 읽을거리

아래의 도서는 연극 연구 접근법에 관한 내용을 담고 있다.
Wallis, M. and Shepherd, S. (2010) Studying Plays; Edgar, D. (2009) How Plays Work; and Waters, S. (2010) The Secret Life of Plays. Frameworks and lists of questions to help pupils respond to plays can be found in a chapter by D. Urian in Hornbrook, D. (ed.) (1998b) On the Subject of Drama; and Neelands, J. and Dobson, W. (2000) Drama and Theatre Studies at AS/A Level. Bennett, S. (1997) Theatre Audiences provides an examination of the role of the spectator. Harrop, J. (1992) Acting provides a theoretical overview of this subject. See also Fortier, M. (1997) Theory/Theatre: An Introduction on literacy theory and performance. For an edited collection of different perspectives on drama and technology, see Anderson, M., Carroll. J., and Cameron, D (2009) Drama Education with Digital Technology.

진전과 사정

STARTING
DRAMA
TEACHING

Starting
Drama
Teaching

제10장
진전과 사정

▮ 드라마에 있어서의 진전

드라마에 있어 진전을 서술한다는 것은 그리 간단하지 않다. 그렇지만, 이는 중요하다. 왜냐하면 어떻게 학생들을 주어진 주제 안에서 진전하게 만들 것인가에 관해 일관된 설명 없이 어떻게 드라마가 사정되어야 하는지를 결정하기란 매우 어렵기 때문이다. 작업을 어떻게 점차 난이도 있게 만드는가에 관한 직관 없이 일관성 있고 균형잡힌 계획을 세우는 것은 가능하지 않다. 한편, 진전과 사정의 계획을 이야기할 때 예술 형태로서의 드라마를 왜곡해서는 안 된다. 많은 나라에서 시험은 교육 체계 전반에서 활용되고 있다. 그리고 진전은 학생 개인이 혹은 학급이 시간이 지나면서 시험점수가 상승하는 것으로 좁게 정의되고 있다.

드라마에 관한 진전을 기술하기 어려운 이유를 이해하기 위해, 드라마는 자연적으로 발전되는 것이라 여겨지는 관점인 '기술적' 설명과 드라마는 가르침의 결과로 발전되어야 한다 여겨지는 관점인 '규범적' 설명을 구분하는 것은 도움이 된다. 이러한 구분은 진전에 관한 설명과 연관된 보편적인 문제에 대해 탐구해가며 점점 명확해질 것이다.

특별히 예술분야에서 인간의 학습에 진전이라는 개념을 적용하려는 시도는 극도로 혼란스럽게 만들 수 있다. 인식적, 감정적, 신체적, 미학적으로 등등 여러 측면으로 우리는 인간이라는 존재가 다양한 방법으로 발전한다는 것을 안다. 그러나 성공적인 무대에 관한 학습에 있어 진전의 개념을 설명한다는 것은 쉽게 왜곡되거나 지나치게 단순한 설명을 초래할 수 있다. 인간 발달에 관해 일관성 있게 설명한다는 것은 상당히 어렵다; 체계적인 방식으로 배우는 행위의 장점으로 발생하는 학습을 설명하는 것은 더욱 도전적인 과제이다. 교사로서, 하나의 매우 엄격하고 좁은 정설에 동의하지 않는 한, 두 개 개념을 동시에 경쟁적 위치에 놓기 쉽다. 예측할 수 없는 다양함과 인간이 하는 학습의 복잡성에 대한 직관적인 이해는 막연함으로 인해 아마 교수의 기능적 가치는 제한된다 느낄 것이다. 그리고 이러한 이해는 아마도 과학적인 듯하고, 객관적이나 궁극적으로는 다양함을 특정한 단계로 분석하고자 하는 환원주의적 시도와 대비될 것이다. 논리와 합리성은 점진적 단계에서 식별된 특정한 목적을 필요로 한다. 교사들은 무엇을 성취하고자 하는 것일까를 그리고 그들은 학생들이 어떻게 진전하도록 도울 수 있을까? 더구나 어떻게 그들은 학교 바깥 세상에 학생들이 성취한 바를 알릴 수 있을까?

이런 논쟁은 필요하다. 그러나 성취 목표와 수준의 발전에 대한 시도는 비판받기 쉽다. 왜냐하면 오직 그 영역을 부분적으로 성찰하는 것으로 비춰질 수 있기 때문이다. 시험 점수에 관련하여 진전이라는 개념은 매우 환원주의적이다. 한편, 복잡함에 관하여 공정함을 유지하려는 관점에서 진전에 대한 설명은 실행이 불가능하기 쉽다. 한 영역에서 진전에 관한 설명은 어느 정도의 축소와 단순화를 수반하기 쉽다: 그러므로 적절한 질문은 이러한 노력이 가치가 있는지가 아니고 그 과정에서 그 영역의 필수적 본질이 왜곡되었는지 아닌지에 있는 듯하다.

드라마를 위한 발달적 관점에서 진전을 시도하고자 하는 생각은 결코 새로운 것이 아니다. 슬레이드[1954]의 극 체계는 오랜 시간 아이들을 관찰하며 얻어졌다. 그의 작업에서 우리는 무대 위 공연과 대본이 있는 극 작업과 같이 드라마의 확실한 현현은 오직 특정 나이에 적합하다는 생각을 찾아볼 수 있다. 슬레이드는 1940년대의 경험을 바탕으로 이와 같은 생각을 구축했다. 오늘날과 같이 텔레비전에 노출이 더 많이 된 아이들과 함께라면 드라마적 유형에 대한 감각은 좀 더 일찍 발달할지 모른다; 문화적 경험은 단지 극을 위한 아이들의 자연적인 적성보다 더 중요한 결정적 요소가 될 수 있다. 아동 드라마는 슬레이드가 창조했다기보다 관찰한 것이다. 그리고 그는 학교 교육은 학생들의 자연스러운 발달과 잘 맞아떨어져야 한다는 주장을 펴는 데 노력을 다했다. 그로부터 시간이 좀 더 흐른 뒤 코트니

Courtney, 1968는 드라마 단계들을 인식하였다: 식별 단계, 의인화 단계10개월부터 7세, 집단 드라마 단계7-12세 그리고 역할 단계12-18세. 한편, 이 단계의 자세한 사항에 대해 의문을 제기할 수 있다. 드라마 작업을 할 때, 너무 일찍 특정 방법을 도입하는 것은 비생산적일 수 있다는 점을 여전히 심각하게 고려해야 한다.

진전의 개념에 있어 이러한 접근의 두 가지 중요한 특징은 동시대의 해석과 구분된다. 교육적 맥락과 어울려 드라마는 드라마 그 자체에 반응하는 것을 포함하는 개념이라기보다 창의적이고 표현적인 주제로서 중요한 것으로 비춰진다. 지금은 더 이상 옹호할 수 없지만, 극을 읽고 쓰는 것은 그 자체로 창의성의 예가 될 수 없다는 생각은 문학의 우세함과 교육적 가정을 기반으로 피할 수는 없었다. 둘째로, 진전을 **규정**한다기보다 피아제 학파의 드라마적 발달의 단계 유형을 **기술**하는 시도는 학생들이 가르침의 결과로 형성되어야 한다는 생각으로 이어졌다. 진전에 관한 설명을 '규범적'이라고 명명하는 것은 어떤 부정적인 판단을 의미하지는 않는다. 다만 기술적 설명과 대조하려는 것이다. 이 두 특징은 특정 연령 그룹에 무엇이 적합한지에 관해 생각할 필요가 있다는 점에서 상호 연관성을 띤다.

21세기 이후 1950년대와 1960년대에 가속도가 붙어 자연스러운 성장과 아동 발달에 대해 강조하는 교육에 대한 진보적 접근이 우세하는 분위기가 시작되었다. '중립적인' 분석 철학의 가정 하에 피터스Peters와 같은 작가들이 교육과 자연적 발달을 동일시하는 지나침에 대한 공격을 개시한 시점은 1960년대 말이 아니었다. 허스트Hirst와 피터스의 철학적인 글 대부분은 가르침과 학습은 성장과 발달의 개념과는 구별된 의도된 활동으로서 수용될 필요가 있다는 것을 증명하려는 목적을 가지고 있었다.

드라마의 진전에 대한 슬레이드의 설명 중 한 가지 특징은 드라마 참여의 결과로서 학습 혹은 발달보다 드라마적 방식들에 집중하였다는 것이다. 즉흥에 대한 강조와 함께, 드라마 몰입의 과정에서 드라마적 방식을 무시하지 않는, DIE 방법론은 학습 목표로서 수업의 내용을 강조하였다. 볼튼의 글을 보면, 명제적 용어에 있어 배움에 대한 설명으로부터 좀 더 드라마의 결과로 도출되는 정신 발달의 일반적인 개념으로 그 강조점은 변화하였다Bolton, 1979, 1984. 이것은 무엇이 교육적 맥락 안에서 학생들을 고심하고 이해하게 하는가에 관한 관습적인 개념에 도전하게 했고 이는 바로 많은 사람들이 경험한 드라마였다; 볼튼과 헤스코트의 수업은 다른 맥락에서 그것을 넘어서는 것으로 여겨지는 내용을 시도해 볼 수 있다는 것이다.

만약 감정과 의미의 맥락이 제공된다면 모든 연령의 학생들은 도덕적, 인류학적, 철학적 질문과 깊은 관계를 맺을 수 있을 것 같다. 드라마는 가르치는 과정에서 받아들여진 대중적인 진전이라는 개념에 도전하는 것처럼 보였다. 그러나 과목 자체로 드라마의 진전에 관한 집중이 적었다는 것은 다소 놀라웠다.

다른 과목의 국가 교육과정의 체계에 영향을 받아, 1990년대 집필자들은 성과 대상과 성취 수준을 도입하며 진전에 관해 좀 더 규범적인 설명을 하기 시작했다 Hornbrook 1991; Neelands 2005; Kempe and Ashwell 2000; Arts Council 2003. 각기 다른 성취 수준과 더불어 창조하기/만들기; 공연하기; 반응하기 이 3개의 성취 대상을 보통 찾아볼 수 있다. 이와 같은 계획은 학과에 유용하게 도입될 수 있다. 그러나 기계론적으로 사용되는 정밀한 구조라기보다 넓은 지침으로서 바라볼 필요가 있다. 비록 교수법에 있어서 여전히 중요한 개념일지라도 국가 교육과정에서 독립된 과목으로서, 드라마 도입의 실패는 최근 글에서 진전에 관한 계획의 강조점이 적다는 것으로 설명할 수 있다. 왜 드라마에서 진전을 기술하는 것이 특히 쉽지 않는가에 관한 이유를 이해하는 것은 활용 가능한 체계를 세심하고 유연하게 만드는 데 도움이 된다. 이는 역시 진전의 계획을 맹종하는 것이 왜 바람직하지 않은지를 알게 해 줄 것이다.

❏ 학습은 군더더기 없이 선형적으로 진전하지 않는다

성공적인 단계로 진전을 기술하는 교육과정 모델을 따르려는 모든 과목의 교사들이 직면한 어려움 중의 하나는 학습이 단순하고 똑바로 그리고 선형적으로 진행되지 않는다는 것이다. 학생들은 종종 한 부분에서는 퇴보하는 듯 보이지만 그 과목의 한 측면에는 진전을 보일 것이다. 영어에서 좀 더 복잡한 구조가 시도될 때, 단순한 문장에 구두점을 표시하는 능력은 한시적으로 뒤떨어져 보일 수 있다. 미리 정해진 단계를 통해 학생들을 통제하려는 지각없는 시도는 학습을 위한 필수적인 전제조건을 부정할 수 있다: 어려움을 감수하려는 자유, 실수와 실험. 드라마의 맥락에서 순서대로 일어나는 학습의 효험에 대한 지나친 믿음은 참가자들의 좀 더 창의적인 활동을 고려하기 전, 그들을 그저 지루하고 장황한 활동에 연관되게 한다예시: 5개의 문장 연습하기 등이 그 예가 될 수 있다.; 5장에서 언급했고 12장에서 언급될 '의사의 방문'은 4살의 아이가 세련되게 연극 만들기를 할 능력이 있다는 것을 분명히 보여준다. 이러한 관찰은 진전의 전체를 묘사하는 것이라고 할 수는 없다. 그러나 세심한 이해와 적용이 필요하다는 것을 강조하고 있다. 드라마를 통한 학습에 있어 관련된 어떤 독립적인 능력의 시도는 그 내용과의 연관성을 맺는 것에 실패해서 학생들이 낮은 성취도를 보이는 결과를 가져올 수 있다. 내용에 유의미한 집중을 두지 않으면서 어떻게 드라마 안에서 역할을 활용하고 지속했는지 '의사의 방문'의 4살 아이를 가르치는 것을 떠올려 보아라.

❏ 맥락과 관련된 고려사항은 공연에 영향을 미친다

또 하나의 어려움은 특정 영역의 능력이 참가자의 동기와 참여 정도, 그리고 맥락과 함께 변화하는 듯하다는 인식이다. 한 과목 안에서 드라마의 활용이 괄목할만한 배움의 동기를 제공할 수 있다는 점은 오랫동안 인지되어 왔다. 그러나 드라마에 대한 학생들의 동기와 성향이 문맥에 따라 다양하다는 것은그러므로 그들의 공연과 '능력' 또한 그렇다는 것은 빈번하게 인정되지 않았다. 특정한 적성, 혹은 소질이 내포된 맥락으로부터 '드라마를 하기 위한 능력'과 같은 개념을 추출하기는 어렵다. 같은 이유로 영어교사들은 구술 공연에 관해 손쉽게 판단하는데 어려움이 있을 것이다; 소설 **케스**Kes, 빌리 캐스퍼^{Billy Casper}의 구술공연은 주제에 대한 그의 열정이 그 기능을 다 하였다.

❏ 교사의 역할

성공적인 드라마 창작에 있어서 학생들의 수행 능력보다 교사 역할을 강조하는 것은 DIE의 전통적인 한 부분으로 여겨져 왔다. 이런 점은 이미 1장에서 짚어보았고 좀 더 급진적인 아동 중심 접근에서 교사에게 주어진 최소화된 역할에 대한 반응으로 부분적인 설명이 가능할 수 있다. 효과적인 교사들은 그들의 이전 경험과 상관없이 어떤 학급이나 그룹과도 교육적이고 미학적인 가치가 있는 드라마를 창조할 수 있다는 것은 DIE의 주창자들에 의해 일반적으로 받아들여졌다. 사실, 경험이 별로 없는 학생들은 그들이 피상적인 접근으로부터 순수한 상태이므로 좀 더 작업하기 쉽다는 것은 종종 추정이 가능하였다. 이와 같은 태도는 형식이 없는 연극적 놀이에서부터 단순히 학생에게 '그룹에서 놀아라'라고 말하는 접근, 그리고 교사가 '일어날 차례다... 스트레칭... 잘 씻어...' 등 단지 행위를 지시하며 감각적인 활동의 과용에 대한 반응이 있는 문맥에서 모두 일어난다.

그래서, 드라마의 진전을 설명하는 데는 상당한 어려움이 있다. 그러나 이는 '글쓰기'에서 진전을 만들어내는 것이 단순히 '비서와 같은' 기술을 의미하는 것이 아니라는 것을 아는 영어교사들이 직면한 문제와 다르지 않다. 드라마에서 한 주제에 초점이 맞추어진 능력의 개념에 대한 구분을 시도하는 것은 환원주의적이고 단순한 설명을 초래할 수 있다는 것은 앞선 논의로 명확해진 듯하다.

비록 교사 역할의 본질이 드라마 가르침의 발달을 서술할 때 중요한 고려사항이 되어오고 있지만, 드라마 진전에 대한 논의 역시 필요하다. 이러한 측면에서 학생들이 경험을 얻을수록 그들은 교사로부터 독립적인 의미 창조를 위해 드라마적인 형태를 활용할 수 있어야 한다. 그러나 만약 그들이 너무 일찍 스스로 고안하는 단계로 나아간다면, 그들은 '서투른 연기' 혹은 서투른 연극적 놀이를 제외하고는 그 어떤 것도 절대 경험할 수 없는 위험에 처할 것이다. 드라마 문헌에서 진전에 관한 많은 논의는 당연하게도 독립된 과목으로서의 드라마에 그 초점이 있어 왔다. 그러나 진전에 관한 쟁점은 드라마를 활용한 범교육과정을 포함해 모든 문맥에서 적절하다. 왜냐하면 좋은 가르침에 있어 학습자의 진전은 중요하기 때문이다.

드라마의 진전과 관련하여 다음과 같은 고려사항을 염두에 둘 필요가 있다:

- 진전은 과목의 상세 기준에 맞추어 설명될 필요가 있다.
- 설명될 필요가 있는 부분은 드라마에서 학생들의 진전에 관한 것이다.
- 학생들이 점차 중고등학교로 진학하면서 그들은 작업의 목표와 평가 기준에 대해 인식할 필요가 있다.
- 그 기준의 서술은 쉽게 전달할 수 있도록 예시를 포함한다.
- 그 체계는 반드시 폭넓은 지표로서 어떻게 학생들을 진전하게 만드는지 그리고 확정적인 설명을 피할 수 있는지 보여줘야 한다.

그러므로 진전의 체계를 발전시키는 데 있어 그리고 사정의 계획을 만드는 데 있어 중요한 개념은 '실증'의 아이디어이다. 전체적으로 해석의 투명함과 명료함을 얻기 위한 진술 그 자체의 지속적인 정제와 확장이 필요하다는 것은 때때로 추정되었다. 그러나 실증의 개념은 진전을 묘사하는 진술이 보통 실질적으로 유용한 구체적 예시가 동반될 필요가 있다는 것을 의미한다. 판단에 대한 동의는 실질적 예를 공유하고 타결하며 다다를 수 있다. 객관성, 명확성 그리고 명료함 모두 규정하기 힘든 목표라는 것을 인정해야 한다. 정의에 의해, 언어로 표현된, 그리고 언어 그 자체에 의한 진술은 전적으로 명백하지 않다. 왜냐하면 그것의 의미는 활용되며 결정되기 때문이다.

❑ 드라마 예시

다음의 예들은 다양한 연령에 적합한 드라마 수업의 여러 가지의 지향을 보여주기 위한 의도가 담겨있다. 드라마 가르치기와 교육과정을 위한 드라마 활용의 대부분과 관련이 있으며, 어떻게 드라마가 점차적으로 도전적인 요구를 할 수 있을지에 관한 기준의 제시를 동반하고 있다. 또한 다양한 연령에게 시도할 수 있는 다양한 작업의 유형을 시사하고 있다.

변화하는 지향만들기, 공연하기, 반응하기, 유형대본, 계획되거나 계획되지 않은 즉흥, 구성 둘씩 짝, 소그룹, 전체 그룹 그리고 드라마에서 활용되는 관습들에 의해 다양해질 수 있다. 역사적 의미가 있는 인공물, 다큐멘터리, 문학 자료, 텍스트 발췌본 그리고 게임 등을 활용하는 방법은 출발점을 다양하게 해주는 좋은 아이디어이다. 박스, 오래된 책, 사진틀, 열쇠 뭉치 등의 사물들은 학생들로부터 아이디어를 찾기 위해 활용될 수 있다. 또한 교사가 사전에 의도한대로 학급의 주의와 관심을 끄는데 활용될 수 있다. 출발점으로서 이러한 방법의 장점은 사물이 드라마를 위한 구체적인 초점을 제공한다는 것이다. 그리고 작업이 진행됨에 따라 더 큰 상징적인 힘이 축척되기 쉽다: 이는 그저 하나의 소품 이상의 역할을 수행할 필요가 있다. 예를 들면, 드라마는 가족 내 다른 세대의 책상 혹은 액자 등과 같은 특별한 소지품을 탐구하는 한 방법이 될 수 있다. 오래된 책은 과거의 드라마를 창조하는데 활용될 수 있다: '이것을 소유했던 사람들의 변화된 삶을 보여주는 어떤 비밀을 이 책 안에서 찾아볼 수 있을까?' 고대 로마의 역사적 유물은 역사와 드라마의 결합을 위한 유용한 초점을 제공할 것이다. 학급의 학생들은—배우로서 역할을 수행하며—이 물건이 어떻게 사용되었던 것 같은지에 관한 장면을 역사가가 재창조하는 것을 돕게 되는 것이 그것이다.

신문 기사와 기사 제목은 드라마를 위한 흥미로운 출발점이 된다. 왜냐하면 주로 특정 이야기의 윤곽을 보여주고 의견을 보여주는 경우가 많기 때문이다. 드라마는 기사 제목을 넘어 실제적으로 인간의 삶을 검토할 수 있고 같은 이야기의 다른 버전을 보여준다. UFO에 대한 기사는 '누가 이런 종류의 이야기를 만들어낼 수 있을까?'라는 질문을 탐구하는 출발점으로 활용되었다. 전설이나 신화의 활용은 사회적 사실주의를 뛰어넘는 드라마로 이동하는 데 도움이 된다. 이런 드라마는 만약 학생들이 선택권이 있다면 종종 되돌아가기를 원한다. 드라마를 시작하기 위한 시의 활용은 7장에서 설명하였듯이, 기존의 익숙한 주제에 대한 새로운 관점을 가져오는 대안이 될 수도 있다.

아래 기술된 프로젝트들은 드라마 초심자가 유용하다고 느꼈던 것들이다. 도입 부분에서 다양한 언급의 맥락 안에서 종이에 쓰인 아이디어를 실제적인 활동으로 옮기는 것에 대한 어려움은 있을 수 있다. 특정 수업이나 활동에 대한 학급의 반응 방식에 영향을 줄 많은 변수가 있다. 그러나 이 책의 많은 부분은 드라마 수업에서 일어날 수 있는 어려움과 문제의 강조에 집중하고 있다. 이런 짜임새는 자신의 활동을 고안하려는 교사들에게 도움이 되는 출발점을 제공하리라 본다. 각각의 경우, 이 프로젝트의 매우 단도직입적인 요약과 더불어 문맥적인 고려사항, 드라마 특유의 목적 그리고 이 프로젝트의 확장과 관련된 아이디어가 이어질 것이다.

☐ 공룡(7세)

• 학생들은 왕국의 열쇠 게임을 한다(4장 참조).
• 그들은 열쇠 지키는 사람이 있는 곳에 초대받았다고 상상한다. 그곳에서 덩치 큰 동물, 아마도 공룡은 자고 있다. 지원자는 동물을 깨우지 않고 열쇠를 회수하기 위해 살금살금 앞으로 움직인다. 전체가 조용한 가운데 교사는 속삭이는 듯 이야기를 하며 그 긴장을 유지하도록 하고 그러한 침묵 속에서 몇몇의 다른 학생들이 돌아가며 열쇠 회수를 시도한다.
• 공룡과 사람은 절대 지구에 동시에 살지 않았다. 그러나 어떠한 이유로 이 지역 사람들은 (확실하지는 않지만) 그들의 근처에 공룡이 있다고 의심을 한다.
• 학급은 그들의 주장에 회의적이지만 좀 더 증거를 확보해야만 하는 관리자의 역할을 하는 교사에게 의심스러운 점을 보고한다.
• 학급은 짝을 지어 증거를 수집한다 – 발자국, 치수, 그림 등등.
• 이번에는 회의적이었던 관리자는 조금 더 확신을 갖게 되고 세부 조사를 위해 학급을 동반한다.
• 학급은 그들이 공룡에 관해 무언가를 찾아야 한다고 느끼고 관련 목록을 만든다.

이 프로젝트에서 애매모호한 것은 중심적 요소로서 필수적인 드라마적 긴장을 제공한다: 극의 형태로 공룡은 실제 모습을 드러내지 않는다; 그들의 실존을 입증하는 그 어떤 것도 증거가 되지 못했다. 이러한 방법으로 드라마 안에서 그들이 찾은 것에 대해 매우 회의적인 어른과 함께 학생들의 믿음은 형성되었다: 그들은 스스로 상황을 진지하게 믿음으로써 오직 그 어른을 확신하게 할 수 있었다. 이 수업의 목적은 공룡 연구를 위한 맥락과 동기를 만들어내는 것이었다. 연역적인 기술을 가르치고 학생들이 설명과 이유의 타당함을 보여주는 언어를 사용하도록 하는 맥락에 참여하게 하기 위한 것이었다. 또한 그들은 관련없는 요인을 소개하지 않으면서 어떻게 드라마를 지속하며 작업하는지 배웠다: 다른 말로 하면, 시골 길에서 광란을 벌이는 혹은 소 떼를 먹는 공룡의, 야생에서의 증거를 접한 학생이 없었다는 것은 중요했다. 드라마 특유의 중요한 목표로서, 예술형식을 통해 '놀기'로부터 연속체적인 작업의 이동에 관해 교사는 명쾌하게 설명할 필요가 있다. 만약 적합한 태도와 분위기가 조성된다면, 공룡을 위한 언급은 간접적으로 남아있을 것이다.

이 드라마를 시행했던 한 학급은 '관리자'와 함께 조사하기 위해 동굴에 들어갔다. 이 그룹은 왕국의 열쇠 게임의 정신으로 함께 모였다. 한 학생이 천천히 들어가 상상의 달걀을 매우 조심스레 가지고 나왔다.

이 수업의 시작은 '외부에서 내부outside in'로 드라마를 구축하는 것의 예가 된다: 다른 말로 하면, 아이디어와 내용에 들어가기 전에 표면적 행위에 집중하는 것이다. '내부적' 그리고 '외부적' 행위 사이의 구분은 12장에서 자세히 논의될 것이다. 진지한 분위기를 창조하는 방식에서 학생들이 초보적인 마임을 하는 것은 다음 수업의 발달을 위해 중요하다. 학생들은 공룡이 현대시대에 유전적으로 재창조되고, 이를 드라마에 반영하는 외견상 과학적인 환상에 익숙한 경향이 있다. 이는 그들이 '증거'를 근거로 가능한 설명을 짐작하지 못한다는 의미가 아니다: 다른 큰 동물, 영화의 대중적인 선전, 거짓말, 발자국, 나무에 남겨진 피부, 뭉개진 관목, 동물 시체 등을 그린 그림은 드라마가 진행되는데 도움이 되는 과학적인 정확함을 제공하지 않는다. 그러나 이후 연구를 위한 동기를 창조한다. 유사하게도 작업은 치수발자국은 얼마나 큰가?, 규모찰흙 복제품은 어떤 크기일까?, 무게부드러운 흙에서 발자국은 얼마나 깊을까? 등의 수학적 개념을 고려하며 확장될 수 있다.

☐ 신비한 대저택(7-9세)

◆ 학생들에게 2개의 커다란 열쇠를 보여준다. 이 열쇠들은 드라마의 기초로 활용될 것이다.

- 하나는 마법의 힘이 있는 열쇠로 일시적으로 사람을 돌로 변하게 할 수 있다. 학급은 게임 혹은 활동의 형태로 열쇠를 흔들면 얼었다가 녹는 연습을 한다.
- 다른 열쇠는 학생들이 살고 있는 마을 외곽에 위치한 대저택의 문을 열 수 있다.
- 대저택에는 누가 살고, 학생들은 왜 안으로 들어가고 싶을까? 여기서 교사들은 학생들이 드라마의 구조 안에서 계획하게 한다. 그들의 답이 무엇이든 계획된 수업 구조 내에서 진행이 가능하다는 것을 알아야 한다.
- 학생들은 대저택을 방문해서 문지기 하인인 사람과 그들의 방법에 관해 이야기한다.
- 결국 학생들은 자신들을 들어가게 해 달라고 하인을 설득한다. 그러나 다른 열쇠는 그들의 움직임을 통제하는 데 사용된다. 만약 필요하면 그들을 돌로 만들 수 있다.
- 학생들은 교사의 나레이션과 몇몇의 장면 시행과 함께 이 이야기가 어떻게 발전될 수 있을지 결정한다.

이 프로젝트는 본래 시작 부분에서 열쇠의 사용과 관련해 학급과 협의의 과정을 포함하고 있었다. 그러나 이 부분은 이 책에서 좀 더 안전하고 빈틈없는 구성을 위해 다시 묘사되었다. 첫 수업의 시작 부분에 교사가 마법적인 요소를 소개하는 것, '이 대저택에 누가 살고 있을까?'라는 질문에 대한 학생들의 반응은 꽤 예상이 가능하다; 그럼에도 불구하고 특히 나중에 어떻게 이야기를 발전시킬지 결정하게 된다면, 학생들이 이 이야기의 방향을 통제할 수 있다는 사실은 중요해진다. 학생들이 자신들을 들여보내달라고 문지기 하인을 설득하는 장면은 다양한 방법으로 시행될 수 있다: 학급은 자신들을 전체 그룹으로서 혹은 2−3명의 그룹으로서 표현할 수 있고 다른 사람이 하는 것을 서로 볼 수도 있다. 교사는 학생들을 독려하고 그들의 언어를 고양하는데 역할을 사용한다. 여기서 이 드라마 특유의 목표는 역할로서 제시된 기호들에 반응하는 것과 긴장을 형성하기 위한 절제를 연습하는 것이다. 여기서 다른 열쇠는 유용하다. 왜냐하면 학생들은 이 활동을 언어적이라기보다 신체적으로 행하기를 원할 것 같기 때문이다. '그의 머리를 쳐서 기절시켜 버리자; 창문으로 기어 올라가자' 등이 그 예가 될 수 있다. 물론, 왜 드라마를 학생들에게 위임하며 학생들이 원하는 방향으로 발전시키지 말아야 하고 교사가 그렇게 하는 것을 확신하는지 그 이유는 없다. 여기 성의 주인을 만난 한 학생의 기술을 보면, 보다 숨가쁜 스타일로 남자의 이야기가 틀렸음을 보여준다. 그는 역시 성의 주인은 정말 외로운 사람이었다는 드라마의 중심점을 전한다.

우리는 성으로 다시 돌아왔다. 우리가 도착했을 때 성의 주인은 우리가 성 밖에서 무얼 했었는지 그리고 무엇을 원했는지 물었다. 설득 후, 그는 우리를 그의 성에 들어오게 했다. 우리는 안으로 들어가기 전 신발을 벗어 성 여기저기에 진흙 발자국을 남기지 않도록 해야 했다. 안으로 들어갔을 때, 우리는 이곳저곳을 살펴보았다. 성 안은 매우 깨끗했다. 그가 이 성에서 혼자 살고 있지 않은 것으로 보였다. 그의 하인은 오직 장작을 가지고 있고 불을 지핀다고 말했다. 그래서 우리는 질문을 더 했다. 그는 그가 우리를 풀어주지 않고 모두 돌상으로 변하게 할까봐 걱정했었다. 그는 거짓말쟁이라 할 수 있다. 왜냐하면 성은 깨끗했고 그의 하인은 장작을 가지고 있고 불을 지필 수 있는 사람이었고 성의 주인은 자신의 성을 청소하지 않았기 때문이다. 열쇠들 혹은 그것들 중 하나가 그를 위해 청소를 하지 않는 한… 그것들은 우리를 돌상으로 변하게 할지 모른다. 이는 내가 그를 거짓말쟁이라고 느끼는 또 다른 이유였다. 그는 그 열쇠들이 그저 평범한 열쇠라고 했었다. 그리고 그는 우리에게 그의 큰 비밀을 말해 주었다. 그는 친구를 갖기를 원했다고 했다. 나는 만약 그가 우리를 돌로 만들지 않겠다고 약속하면 우리가 그의 친구가 될 수 있다고 했다. 그리고 사람들을 성 안의 지하 감옥에 집어넣으면서 친구로 만들 수는 없다고 말했다.

❏ UFOs(11-12세)

◆ 신문의 머리기사 하나를 학급에 보여준다(예-'내가 경험한 외계인과의 조우'). 만약 기사를 제시할 수 없다면 칠판에 그냥 이렇게 쓸 수도 있다. 어떻게 이 머리기사에 반응할지 그리고 이러한 주장을 믿는지 학급에 묻는다. 이 질문은 '누가 이런 종류의 이야기를 만들어 볼래?'라는 의미이다.

◆ 그들은 역할 내 교사에게 UFO를 본 적이 있는 사람으로서 진짜 이 이야기가 사실인지에 관해 질문한다. 그리고 그들은 이러한 보고된 목격에 관한 조사를 막 착수한 정부 후원 단체원으로서 역할을 수행한다. 회의에서 그들은 새로운 망원경 혹은 컴퓨터가 필요한가 등의 예산집행 관련, 거짓말로 드러난 최근의 경우, 그리고 경제적 어려움과 그들이 맞이하게 될지 모르는 실업의 가능성 등과 같은 문제를 상의하며 나름의 독자성을 확립한다.

◆ 그룹에서 학생들은 조사원으로 UFO를 발견했다고 주장하는 사람들과 함께 공식적인 인터뷰를 실시한다. 여기에는 이중의 긴장이 있다: 상황은 그들이 거짓말을 할지도 모른다는 기초 위에 세워졌다. 그러나 드라마의 과정은 적어도 단 하나의 목격이라도 그것에 근거한 진실의 확립에 의지한다. 역할 내 교사는 상관으로서 만약 이 그룹이 계속해서 자금지원을 받길 원한다면 예산이 낭비되어서는 안 된다고 주장한다.

◆ 학급은 그들이 무엇을 발견했는지 상급자에게 보고한다. 그들은 어떤 이야기가 좀 더 조사할 가치가 있는지 결정한다. 그리고 인터뷰, 측정치, 그림 등을 좀 더 기록하며 현장 작업을 진행한다.

◆ 이제 그룹의 학생들에게 만들라고 하고, 다른 학급의 학생들에게 그들 조사의 결과를 보여주면서 프로젝트의 확장은 가능하다.

이 수업은 처음 목격자 역할을 연기하는 드라마 학생을 확보하는 호사를 누리며 진행되었다. 학급의 학생들에게 드라마 학생들은 낯선 자들이었기에 상황의 리얼리티는 허구에 반영되었다: 우리가 한번도 만난 적 없는 이 사람들이 거짓말을 하고 있는가? 학생들은 이와 같은 역할로 활용될 수 있다. 그러나 이런 경우, 목격한 것의 보고와 함께, 실제 편지를 전달하는 것은 조사팀이 우선 면밀히 조사하는 데 도움이 된다. 그리고 나서 그들은 후속 조사를 위해 어떤 편지를 선택할지 결정할 수 있다. 이 프로젝트는 그 내용에 대해 천천히 그 믿음을 형성해 가는 것을 목적으로 한다. 이 때 드라마적 긴장을 형성하는데 기여하는 대부분의 UFO 목격은 거짓이라는 추정의 드라마를 기반으로 한다.

▢ 런던 대 화재(11-12세)

◆ 런던 대 화제에 관해 무엇을 알고 있는지에 대한 물음으로 이 주제는 소개된다. 서로의 지식을 공유한 뒤, 그들은 화제의 원인과 화재가 시작된 이후 그렇게 심한 손상은 피할 수도 있지 않았을까 등을 조사할 진상 조사단이 꾸려졌다는 소식을 듣는다.

◆ '런던 대 화제'라는 이름의 타블로가 만들어졌다. 이들은 마음 속 질문을 드러냈다 – 이 장면이 단지 오래 전 일어난 일이라고 말할 수 있을까? 이후 학급은 장면에 적합한 소리를 만든다(만약, 불 소리 배경 음향을 제시한다면, 학생들의 고통의 외침은 좀 더 효과적일 수 있다).

◆ 각기 다른 자료에 따라 학급은 한 그룹당 하나의 역할을 갖는다 (한 그룹에게 하나의 역할) – 예시) 1666년 9월 4일 챈서리 레인(Chancery Lane)에 있는 호밧 여사(Lady Hobart)의 집에서 쓰여진 그녀의 편지, 페피(Pepys)의 일기 발췌본, 시장의 행동 목격담, 은행가 토마스 파리노(Thomas Farynor)(은행가)의 증언 혹은 주택의 목재구조를 보고하는 전문가들은 그 역할의 예시가 될 수 있다. 각각의 그룹은 그룹의 개인적 증거와 함께, (인터뷰와 드라마화된 장면을 포함한) TV '드라마 다큐멘터리'를 준비한다. 조사의 중심은 한 명의 중심인물이 있으며 조사를 더욱 깊이 있게 만들 것이다.

- 장면들은 런던 대 화재를 조사한 설명과 함께 선보이고 수정되고 짜여진다.
- 당시 진상조사위원회의 설명이 배부되고 논의된다.
- 후속 활동으로서 학급은 '화재'와 같은 주제를 영화가 아니라 생생한 드라마로 다루는 어려움에 대해 생각해 볼 수 있다.

　　그룹들은 소재의 확장과 그것을 해석하는 방법을 이해하기 위한 도움을 필요로 할 수 있다. 교사가 각 그룹의 진전을 만들어낼 수 있도록 제안을 하는 것은 좋은 생각이다. 학생은 '우리는 아무런 생각이 없어요'라고 말하면 교사는 '나도 그래'라고 대답할 뿐이다. 물론 이런 일은 일어날 수 있다. 하지만 만약 수업 전 각 그룹에게 맡겨진 과제의 가능한 결과를 충분히 예상할 수 있다면, 이런 상황은 피할 수 있다. 드라마는 사실에 기반하고 있지만, 그 중심에는 맥락과 관련된 세부사항의 발전과 배경 정보를 통한 인물 창조를 강조하고 있다. 제공된 자료에 간략한 단서가 설명을 해주고 있다. 예: 시장은 명백히 술을 많이 마셨다라는 문장은 그 예시가 될 수 있다. 이 수업에서 드라마는 원천이 되는 소재로부터 도출되는 추론을 설명하며, 더불어 런던 대 화재와 관련한 지식을 습득하기 위한 맥락을 창조하도록 돕는다. 중심 주제 중에 하나는 불이 부자와 가난한 자에게 각각 영향을 주었던 방식을 밝혀내는 것이다.

❏ '광고가족'(12-13세)

- 광고에 묘사된 이상적인 가족의 모습을 매우 양식화된 만화적 그림의 형태로 학급에게 보여준다. 그것들은 전형적인 속성을 열거한다: 누구도 결코 화내지 않고, 엄마는 절대 지쳐 보이지 않고, 아빠는 항상 인내심이 있으며, 남자형제와 여자형제는 항상 협력적이고, 집은 항상 완벽하게 깔끔하다.
- 그룹의 학생들에게 그들이 본 이상적인 가족의 모습으로 간단한 아침 식사시간을 연기하도록 한다. 학생들의 발표는 양식적이고 과장될 수 있다.
- 한 그룹을 선택하거나 지원자를 받아 '광고가족'이 되어본다. 이후 이 그룹의 구성원들은 앞서 본 것과는 서로 반대의 모습을 보여주는 현실적인 장면을 묘사하기 위해 이제 새로운 그룹을 형성한다. 이 장면들은 일터에서의 어른의 모습, 혹은 학교에서 친구와 노는 아이들의 모습을 포함할 수 있다.
- 장면들은 수정되고 다듬어진다. 그리고 개별 장면은 진행된다. 결과는 녹화된다.

겉으로 보는 모습과 현실의 대조는 드라마적인 탐구를 위한 유용한 초점이 된다 그리고 이것은 많은 문헌에서 중심이 되는 요소이다. 이 드라마는 가족의 현실적인 모습과 외부세계에 보여지는 진실은 매우 다른 것이라는 우리에게 친숙한 주제를 변형한 것이다. 이 역시 비슷한 방식으로 탐색될 수 있다. 이 프로젝트는 드라마 수업의 경험이 있는 학급에 유용하다. 그러나 그렇다고 해도 2단계 교육과정의 모든 그룹이 그들의 '광고가족' 장면을 발표하도록 하는 것을 의도하지는 않았다. 대부분의 학급에는 이 장면이 요구하는 풍자적이고 양식적인 형태를 위한 성향을 가진 개인이 있다. 그런데, 여기서 드라마의 중심 목표는 다른 양식을 실험하는 것과 관련성을 가진다. 학급의 어떤 학생들은 다른 장면에서 좀 더 편안하게 연기할 수 있는 역할을 발견할 것이다. 그러므로 자발적인 그룹에게 요청하거나 선택하여 연기할 그룹을 구성한다. 이 프로젝트에서 '광고가족'은 그들이 현실과는 차이가 있는 가짜인 자신을 보여줄 때 간단한 가면을 사용한다. 현실 장면을 묘사할 때는 착용하지 않는다. 가면을 정교하게 사용하면서 작업은 더 확장될 수 있다.

❑ 노숙자(14-15세)

- 노숙자의 사진을 활용하여 주제를 소개한다.
- 사진을 바라보며 떨어져 앉아 이 노숙자의 생애 마지막쯤에 가질 수 있는 생각과 추억에 대해 학급 학생들은 한명씩 차례로 또박또박 말한다. 이는 (선생님의 혹은 부모님 목소리의 기억 등의) 직접적인 연설일 수도 있고 (이 직업을 잃을 수는 없어, 안돼; 그들이 그만하지 않으면 난 이 집을 떠날 거야 등의) 당사자 자신의 과거나 현재의 생각일 수 있다.
- 교사는 간단히 논평을 하고 이 사람의 삶의 이야기를 보여주는 그림을 창조하기 시작한다.
- 학급의 한 학생을 선택하여 이 노숙자를 연기하게 한다. 그리고 나머지는 그룹으로 이 사람의 삶의 단면을 다루는 드라마를 준비하게 한다. 노숙자 역할을 하는 학생은 그룹을 돌아다닌다. (물체, 노래나 시 등 중) 한 가지 항목이 각 장면에 재등장하게 될 것이다.
- 학생들은 거칠게라도 문맥을 규명하며 각각의 시나리오를 공연한다. 서사를 활용한다기보다 해설을 통해 드라마 안에서 활동을 진행한다. 일관성을 위해 각 발췌본은 수정될 수 있다. 교사와 학생들은 최종 형태를 위해 각 그룹의 작업 향상 방법을 논의한다. 최종 형태를 위해 조명, 음악 그리고 소품은 활용될 수 있다.
- 전체 작업은 개인의 삶을 '회상'하는 형태로 공연된다.

노숙자 주제는 교사에 의해 선택되었다. 그러므로 구체적인 출발점으로 주제를 학생들에게 소개할 필요가 있다고 느꼈다. 명백하게 닳고 거친 삶을 산 남자의 사진은 눈과 얼굴의 작은 부분만 남기고 모두 종이로 덮혀 있었다. 이는 학급의 학생들로 하여금 호기심을 자아냈다. 학생들은 그 눈이 무언가 감추고자 하는 내용을 담고 있을 것이라 추측하게 했다. 이 활동을 위해 정말 짧은 시간만이 주어졌다. 왜냐하면 많은 질문이 있는 드라마 수업과는 다르게 여기에는 정답이 있었다 ―만약 드라마 가능하게 하는 주제혹은 소재에 대한 고려가 없다면 학생들 나름의 해석에 대한 참여를 독려하는 것은 무의미하다. 도입 활동은 사진의 나머지 부분을 공개하기 전, 좀 더 흥미를 불러일으키는 하나의 방법이 된다. 사진의 공개는 무대 공연의 '시작'과 비교될 수 있다. 그리고 도입 활동을 통해 교사는 무대 극의 세트로 인한 기대와 유사한 효과를 만들어낼 수 있다.

사실 이것은 노숙자의 사진이었다는 것을 확실히 한 후 학생들은 그가 어떤 사람일 것 같은지 그리고 삶이 어떠했을 것 같은지 이야기한다. 벽에 투사된 사진 슬라이드는 인물의 과거로부터 목소리를 음성화하는데 초점이 맞추어졌다. 이것이 수업의 주요한 순간이었다. 그리고 이 활동의 성공은 이후 작업을 위한 상당한 탄력을 가져다주었다. 이 활동은 세심하게 준비되어야 한다. 학급의 학생들은 자신들이 적합하다고 생각하는 것을 말한다. 만약 그들이 원한다면 아무 말도 안할 수 있다; 인물의 생각에 기여할 수 있는 말을 제외하고는 그 어떤 말도 할 수 없다. 만약 2명의 사람이 동시에 말하고자 한다면 서로 순서를 조율하며 문제가 되지 않게 한다. 이 활동이 처음에는 다소 이상하게 느껴질 수 있으나 제대로 운영된다면 매우 효과적이 될 것이라는 것을 학급에 알려줄 필요가 있다. 만약 각각의 생각들이 일관성이 없다고 해도 그들은 많은 걱정을 할 필요가 없다: '네가 집세를 내지 않아 다툼이 시작된 지 3주가 지났어', '당신은 여기서 잠을 자면 안 됩니다', '난 너의 친구가 아니야' 등은 그 예가 될 수 있다.

이 활동의 성공은 대개 교사의 자신감에 달려있다. 어떻게 돌발 상황에 대처할지에 관해 고려할 필요가 있다. 학생들은 당황스러워서 혹은 단순하게 할 말을 찾지 못해 침묵하고 아무런 참여도 하지 않을 수 있다. 이런 경우, 활동은 비자발적으로 반복될 수 있다. 학급의 학생들은 둘씩 짝을 지어 간단한 언급을 함께 준비한다. 이후 짝과 함께 한 조로서 정해진 순서에 따라 연속적으로 생각들을 언급한다. 만약 활동 중에 뜻하지 않게 학생들의 피식하는 웃음이 유발되는 경우에도 이러한 접근법이 활용될 수 있다. 작업에 진지하게 전념하는 분위기를 해치는 것과 관련하여서는 드라마 안에서 어떤 예리한 묘책만으로 해결되지 않을 것이다. 이것은 규율과 관계된 문제이므로 교사가 그런 행동은 도움이 안되며 작업의 과정을 제약하는 것이라고 명확하게 말해줄 필요가 있다. 학생들에게 긍적적으로 기여하거나 단순히 듣도록 요청한다. 그리고 그들이 어느 정도 협력할 것을 기대할 수 있다. 학생들이 드라마 안에서 적합하지 않게 반응하는 것과는 매우 다른 상황이라는 것을 인지해야 한다. 왜냐하면 그들은 그들에게 요구된 것들에 대해 당황할 수 있기 때문이다.

나는 이 예비활동을 위해 얼마간의 시간을 할애한다. 왜냐하면 이 예비활동의 성공은 남은 프로젝트에 질적으로 기여하기 때문이다. 적합한 동기, 그리고 감정적인 참여와 함께 노숙자의 삶의 한 측면에 깊게 근거하며 그 인물의 생각을 녹여낸 소그룹의 장면을 성공적으로 창조할 수 있다. 또한, 첫 활동의 성공은 그룹의 자연적이지 않은 양식의 실험을 고무할 수 있다. 교사는 피드백을 요약하기 위해 학생이 기여하는 바를 세심하게 경청하며 파악할 필요가 있다; 예를 들면, '이 사람은 한때 매우 행복했어요. 그리고 가족의 지지를 받았어요. 그러나 논쟁으로 인해 가정을 떠난 것 같아요 … 그는 학교에서 잘 지내지 못한 것 같아요 …'. 드라마의 첫 장면에서 뮤직박스, 사진, 장난감 등의 물건, 그리고 운문이나 노래가 등장한다. 그리고 이후 드라마 안에서 재등장하며 학생들이 매우 직접적인 방식으로 상징주의에 대한 통찰력을 갖도록 돕는다.

여기서 목표는 드라마에서 상징주의가 작동하는 방식에 대한 지식의 습득과 명확히 연관된다. 그러나 학생들은 역시 자유의지에 대한 개념과 인간의 경험과 관련한 결정론을 탐구하기도 한다: 이 사람의 삶은 전과는 다른 방향으로 나아갈 수 있을까?

☐ 시련(14-16세)

- 학생들은 각자 10대 딸이 있는 가족 그룹을 만든다.
- 10대 딸들이 그들끼리 그룹을 만드는 동안 가족 구성원 중 몇몇은 10대들이 검은 마법을 시도하는 것 같다는 의심을 하는 장면을 준비한다. 나머지 가족은 말도 안 된다고 생각한다.
- 한편, 소녀들은 왜 그들이 그 지역의 숲에서 자정에 그룹으로 만났는지 비밀로 하기로 결정한다; 그들은 마법과는 상관없다고 말할지도 모른다. 그러나 아무튼 그들은 부모님들이 알

기를 원하지 않는다.

- 가족들은 소녀들이 숲에 있었다는 것을 알게 되고 그들을 이 정보와 대면시킨다.
- 가족들은 의장의 역할을 하는 교사(역할 내 교사)를 만난다; 극심한 공포와 희생양 삼기는 시작된다.
- 소녀들은 숲에 모여 있었던 진짜 이유를 묘사하는 타블로를 만든다.
- 시련 1장의 복사물을 학급의 학생들에게 나누어주고 낭독한다. 그룹에서 그들은 1장이 마무리될 때 배우가 무대 위 어디에 있을 것 같은지에 관해 타블로를 만든다.
- 다른 그룹들은 시련의 장면 발표 작업에 착수한다.

이 드라마는 '도덕적 공항'의 개념을 탐색한다. 또한 더불어 시련 이후 작업에 관한 도입을 제공한다. 여기서 교사는 각 장면의 상당히 확실한 방향을 제시한다. 그러나 소녀의 진짜 행동에 관한 정보가 부족하다는 점은 작업에 대한 추진력을 제공한다. 소녀들이 무엇을 했는지가 모호하다는 점, 그러므로 가족들의 걱정을 야기한다는 점은 중요하다; 이는 역시 가족들이 반대하는 처음 장면의 발표에 자극을 준다. 만남이 이루어질 때 그 순간의 드라마 상황에 맡기는 것은 가능하다. 그러나 만약 드라마가 고착된 상태가 아니라면, 교사가 기술적이고 교묘히 방향을 제시할 필요가 있다. 작업의 과정에서 학생들은 가족들 사이에서의 관계와 더불어 상당히 아우르며 인물화를 발전시킬 수 있다.

<표 10.1>은 드라마 초점의 측면에서 주제를 통해 점진적으로 요구되는 방법을 강조한다. 목록의 오른쪽은 각 프로젝트의 모든 드라마 초점을 나타내지 않는다. 그러나 진전을 분명히 보여주는 드라마 초점을 강조하고 있다.

표 10.1 드라마 안에서의 진전의 예시

주제	드라마 초점
공룡	같은 역할을 도입하는 능력. 절정을 지연하는 제약을 받아들이면서 '놀기'에서 '드라마적인 예술'로 이동하기.
신비한 대저택	역할 내 교사의 신호를 이해하고 반응하기. 교사의 내레이션 안내와 더불어 짧은 장면을 만들고 시연하기.
UFOs	독립적으로 교사 내레이션의 짧은 장면을 만들고 시연하기. 정보를 주지 않음으로써 드라마적 긴장을 구축하기.
런던 대 화재	인물과 역할을 구분하기. 배경적인 세부사항에 근거해서 인물을 창조하기.

광고가족	양식적이고 비사실적인 드라마를 만들기. 드라마 효과의 향상을 위해 가면을 사용하기.
노숙자	다른 드라마의 구조를 이해하고 창조하기. 설명의 중요성을 이해하고 드라마 창조의 개념으로 활용하기. 다른 시간의 틀을 활용하여 복잡한 장면을 만들기.
시련	희곡을 드라마적 공연으로 전환하기. 독립적으로 소그룹 드라마를 만들기.

이것은 이 자체로 개념의 복잡성을 보여준다. 왜냐하면 많은 수업들은 구성원이 누구인지에 상관없이 게임과 웜업 활동으로 시작하기 때문이다. 이 수업들의 시작은 단순한 신체적 게임공룡 수업부터 주제에 따라 이야기하기련던 대 화제까지 다양하다 ─ 드라마의 '내적' 그리고 '외적' 측면, 이 책 앞부분에서 다루었던 그 구분은 마지막 장에서 자세히 논의될 것이다.

드라마 사정하기

드라마의 진전과 사정을 위해서는 정밀성과 정확성의 개념을 버리고 좀 더 넓은 지표와 근사치의 관점에서 생각할 필요가 있다. 이는 다른 과목에서도 마찬가지이다. 작업 계획을 세우기 위한 작업의 틀을 활용할 때 '다듬어지지 못한 점'에 대해 관용적이 되기 쉽다. 사정에 있어서는 덜 적절하다고 느낄 수 있다. 왜냐하면 학생들의 성취를 판단하는 것은 가볍게 다루어져서는 안 되기 때문이다. 그러나 사정의 시시한 형식은 엄격한 타당성을 주장하게 될 수 있다는 점과 전체 과정에서 불확실성의 요소는 항상 존재한다는 점을 인지해야 한다.

진전의 묘사와 더불어, 사정 기준은 언어가 정확히 전달된다는 무언의 믿음과 함께 자주 작성된다. 이는 만약 기준이 구체적이고 세부사항이 충분하다면 부동의와 오해의 여지가 없을 것이라는 가정과 함께한다. 따라서 사정의 계획은 모호함을 없애려는 시도 속에서 점점 더 자세해지는 경향이 있다. 그러나 이는 잘못된 영역에서 에너지를 사용하도록 지시하는 것과 같다. 사정의 계획이 좀 더 일관성 있게 되는 것은 언어 개선의 문제가 아니다. 이는 특정 서술이 무엇을 뜻하는가의 사례 안에서 진전을 묘사하는 것이다. 다양한 사정의 계획에서 도출된 다음의 서술을 고려하여 그 의미를 예상해 보아라: '드라마에서 자기 인식을 보여주기'; '드라마 안에서 서사적인 일관성을 수행하기'; '양식의 요소를 활용하여 반응하기'. 학생이 적당한 수준의 기준을 충족할 수 있다는 점에 동의하게 하기 위해서는 서술의 개선보다 그 의미를 파악할 수 있는 확실한 예시를 갖는 것이 훨씬 도움이 될 수 있다.

왜 사정의 계획은 점차 복잡해지는가에 관한 다른 이유는 타당성의 탐색에서 찾아볼 수 있다. '타당성'은 사정의 양식이 실제적으로 주장하는 것을 측정하고 있는지를 묘사하는 데 활용되는 용어이다. 그러므로 학생들이 오직 다양한 종류의 조명을 알고 있는지 등을 알아보는 시험은 간단하게 채점할 수 있고 용인하기 쉽다. 이것은 엄밀한 의미에서 사정의 '신뢰할 만한' 양식이다. 왜냐하면 판단을 하는 데 있어서 주관성 개입의 가능성이 최소화되기 때문이다. 그러나 이것은 사정의 타당한 형식이 아니다. 왜냐하면 드라마에서는 하나의 임무를 수행하며 그 능력에 대해 거의 적합한 판단을 내릴 수 없기 때문이다. 타당도와 신뢰도는 다른 방향으로 이끄는 경향이 있다. 만약 교사가 A라는 학생과 B라는 학생을 비교하여 공정하게 사정을 실시하기 원한다면, 성취목표와 계보의 균형 잡힌 판단, 개인과 그룹 작업, 작성된 반응, 학생 자신에 대한 평가, 학생의 논리 등등 사정 양식이 복잡해질수록 임무를 수행하기 점점 더 어려워질 것이다.

고학년 학생들과의 사정 과정은 대체로 외적인 시험의 요구가 이끌게 될 것이다. 영어과목의 맥락 안에서는 국가 교육과정은 그 접근법을 결정한 듯하다. 드라마가 개별 교과목으로서 교육될 때, 그 체계는 너무 환원주의적이지 않게 작동되도록 할 필요가 있다. 한 학기 프로젝트의 마지막으로 학생들을 사정하는 것은 모든 단위 수업에서 각각의 학생들을 복잡한 방식으로 사정하는 것보다 실행 가능성이 클지 모른다. 만약 작업 계획이 구체적인 기준'만들기' 혹은 '반응하기' 혹은 둘 다에 근거한과 함께 한 덩어리로 끝마치도록 고안된다면, 이는 교사가 형성평가에 더 집중할 때의 압박감을 줄여준다. 학생 드라마 작업의 직접적인 관찰은 그들 자신의 구두적인 혹은 쓰여진 성찰일지에 의해 보충된다. 드라마 계획과 함께 사정을 할 때, 그 내용과 형식을 모두 고려하는 것은 중요하다; '다양한 드라마적인 방식들의 입증'이 아니라 '깊이있고 세심하게 아이디어를 탐색하고 의사소통하는 다양한 드라마적인 방식들의 입증'. 이 장의 마지막 '더 읽을거리' 부분에서 사정 기준의 목록과 사정방법의 예시에 관한 자세한 내용을 찾아볼 수 있는 서지 정보가 있다.

작업 기록하기

학생들 자신이 이 과목과 관련하여 진취적인 감각을 갖고 있는 것은 중요하다. 학습과 이해에 초점을 온전히 두었을 때 드라마 참여의 결과에 있어 발생할 수 있는 문제는 그 경험이 다소 짧고, 고정적이라기보다 진전한다고 느껴질 수 있다는 것이다. 드라마는 학생들에게 가장 강력하고 풍부한 경험을 제공할 수 있다. 그러나 그 특성에 의해 지속적인 기록을 남기지는 못한다. 여기서 드라마 교사가 직면한 문제는 외부 사정을 목적으로 교사의 판단보다 실제 기록이 요구되는 영어 교사가 구두적인 작업의 맥락 안에서 주장해야 할 때와 유사하다. 여기에 두 가지 관심사가 있다. 하나는 사정을 위해 기록을 제공하는 것; 다른 하나는 학생들에게 그들 성취에 대한 기록물을 제공하는 것.

수업 시간의 비디오 기록물 그리고 마무리된 결과물은 학생들에게 분석과 논의를 위한 기록과 초점을 제공하기 때문만이 아니라, 드라마의 질에 대해서 교사들 사이의 합의된 절충안을 허락하기 때문에 중요하다. 작업을 기록하는 여러 가지 방법들은 성취의 증거 수집을 위한 초점과 지속적인 기록을 제공할 수 있다.

+ 드라마 안에서 사용하기 위해 만들어진 것과 드라마 후 성찰을 포함한 오디오 녹화물(예시: 뉴스 발표, 인터뷰, 다큐멘터리); 혹은 녹음 기록물
+ 참가자들이 관련되었거나 그들 자신이 관여하고 기여한 드라마에 관한 성찰이 담겨있는 과정 기록물;
+ 쓰여진 작업물-포스터, 역할로서 작성된 편지, 역사적 문서들;
+ 관람한 극과 극장 방문 리뷰
+ 극 중 중요한 순간과 타블로 사진들;
+ 드라마를 구성했던 공간의 도표;
+ 드라마를 위해 시작한 리서치 기록(예시: 이민이라는 주제와 관련한 인터뷰)

학생들을 사정하기 위한 포트폴리오의 활용은 다양한 맥락 내에서 증가하였다. 왜냐하면 이는 학습을 불러오는 수단이자 긍정적인 상호작용이 있는 사정의 수단이 되기 때문이다: 학습의 사정은 또한 학습을 위한 사정이 될 수 있다. 여기에는 교사가 행하는 다양한 측면의 관찰과 시간의 흐름에 따른 학생이 생산한 결과물

의 수집이 포함된다. 이는 배움의 과정을 구성하는 것을 도울 수 있다: 예를 들면, 학습자는 포트폴리오를 특정 프로젝트를 위해 그들이 모은 자료를 축척하고 형성하는 데 활용할지 모른다. 드라마의 맥락 안에서 그것들은 주제의 공동적 성향을 반영하는 데 기여할 가능성이 있다. 왜냐하면 비록 포트폴리오 자체는 개인적인 작업일 수 있으나 이는 그룹 작업에 대한 비평과 다른 그룹의 성찰을 포함할 수 있기 때문이다. 사정의 측면에서 포트폴리오는 신뢰도보다는 타당도의 기준에 더욱 충족할 수 있을 것 같다. 그러나 그 기준을 논의하고 합의하는 공유의 형태이자 '시범적 시도의 기록인 포트폴리오'는 그 기준에 관한 신뢰할 수 있는 판단 구축으로 나아갈 수 있다.

더 읽을거리

드라마에서 진전과 성취에 관한 논의는 다음을 참조할 수 있다.
Arts Council (2003) Drama in Schools; Kempe, A. and Ashwell, M. (2000) Progression in Secondary Drama; Hornbrook, D. (1991) Education in Drama, chapter 6; Bolton, G. (1992a) New Perspectives on Classroom Drama, chapter 7. For chapters on assessment in drama, see chapter 8 of Anderson, M. (2012) MasterClass in Drama Education; and chapter 5 of Van de Water, M., McAvoy, M. and Hunt, K. (2015) Drama and Education.
특정한 과정을 보여주는 드라마 도서는 다음을 참조할 수 있다.
Bennathan, J. (2000) Developing Drama Skills; O'Toole, J. and Haseman, B (1987) Dramawise: and Kempe, A. (1990a) The GCSE Drama Coursebook.

연구 이해하기

STARTING
DRAMA
TEACHING

Starting
Drama
Teaching

제11장
연구 이해하기

    2015년, 교육기부재단Education Endowment Foundation, EEF은 학습에 대한 예술의 영향
과 성과에 대한 리뷰 책자를 발간했다. 이는 학술지와 다른 발간물에 있는 200개
이상의 논문들을 분석한 연구로서, 예술 교육과 젊은이들의 학술적 성과 및 다른
폭넓은 성과 간의 인과관계를 보여주는 확실한 증거가 없다는 것을 발견했다[Huat
and Kokotsaki, 2015: 4]. 또한 이 리뷰는 대부분의 연구들이 취약했고 높은 수준의 개별
연구가 발견되지 않았다는 결론을 냈다[ibid: 4]. 드라마는 예술의 한 형태로 포함되었
으며 이러한 연구들은 심각한 설계의 오류를 갖고 있는 것으로 판단되었다[ibid: 9].
언어에 대한 드라마의 영향에 관한 초창기 연구의 또 다른 계통적인 리뷰는 드라
마 연구의 타당성, 확실성, 신뢰성을 위협하는 많은 방법론적인 문제점이 있다는
결론을 냈다[Mages, 2008: 124]. 다양한 논문과 책에서 드라마의 영향에 관한 긍정적인
주장이 있는 가운데, 교육기부재단과 다른 리뷰에서 발견된 점은 중요한 질문들을
만들어 냈다. '예술의 영향력을 측정하는 증거는 무엇인가? 연구가 취약한지 여부
를 판단하는 기준은 무엇인가? 이러한 리뷰에서 나오는 주장에 대해 어떻게 대응
을 해야 하는가?'

    이 장의 목적은 연구분야의 소개 개요를 제공해서 독자들이 이와 같은 질문들
을 보다 쉽게 다룰 수 있도록 하는 데 있다. 이번 장에서는 관련한 논의에 대한

실질적 의의가 설명될 것이지만 주로 연구를 수행하는 가이드를 제공하는 것은 아니다. 자주 일어나는 긴장, 도전, 잠재적 혼란에 관해 더욱 고려할 것이다. 연구는 단순하게 전문가에 의해 규정된 기술적인 법칙에 따라 적절한 방법으로 설정하되 그것을 수행하는 과정으로 여겨진다. 가치, 목적, 상황, 이념, 개념적 명확성에 관한 중요한 질문들에 대한 고려없이 너무 쉽게 그저 '바쁜 작업'으로 나아가게 된다. 이는, 즉 '연구란 무엇인가'와 같은 기본적이면서도 근본적인 질문들을 고심할 필요가 있다는 것을 의미한다.

■ 연구란 무엇인가?

'연구란 무엇인가'는 아마도 가장 좋은 질문의 형태가 아닐지 모른다. '연구'라는 용어가 어떠한 다른 방법으로 사용되는지, 그리고 그렇게 사용되는 현실에서 결론이 무엇인지와 같은 질문들이 더 도움이 된다. '연구란 무엇인가'라는 첫 번째 질문은 다른 선택지를 없애고 생각을 한정시킬 위험이 있는 단순한 정의를 이끌어낸다. '연구'라는 용어가 어떻게 사용되는지 그리고 특정 방법들로 사용한 결론이 무엇인지에 대한 질문을 함으로써, 편협한 관점을 피하고 이해를 넓히는데 용이하다.

학계가 '연구'라는 용어를 사용할 때, 때때로 다른 표현으로 단순히 읽고 생각하기보다는 인터뷰, 설문조사, 수업탐색 등 실제로 관찰하고 데이터를 모아 결과를 찾아내는 '경험적 연구'를 의미한다. 대부분의 경우, 철학과 문학의 비판은 온전히 이론적으로 이루어지는 반면, 과학은 실험하고 관찰하는데 더 집중한다. 교육 연구는 이 둘을 혼합한 것이다. '연구'가 단순히 경험적 '조사'라 할 때 때때로 '학문'이라는 용어는 '비경험적 작업'이라 볼 수 있다. 그러나 이론적 작업을 배제하며 이런 방식으로 '연구'라는 용어를 제한하는 것은 경험적 연구가 더 가치가 있음을 의미한다. 예를 들어, 스마이어Smeyer와 스미스Smith, 2014: 1는 도서 '교육과 교육연구에 대한 이해Understanding Education and Educational Research'의 첫 장에서 대학 교원 채용 인터뷰에 응하는 후보자의 경우를 설명한다. 그 후보자는 마치 아이디어와 이론을 개발하는 것이 다소 중요하지 않다는 듯이 '당신은 모든 아이디어와 이론을 설명하였다. 그런데 실질적인 연구는 어떠한가?'라는 질문을 받았다. 경험적 연구는 이론조사보다 더 가치 있다는 믿음은 드물지 않은 잘못된 관점이다.

이러한 관점이 위험한 이유 중 하나는 적절한 기술적 방법을 적용하는 문제로서의 '실증연구'와 개념, 가치, 관점에 대한 이해와 명확화를 위한 '이론' 간의 구분을 강화시킬 수 있다는 것이다. 그러나, 경험적 연구는 이론적으로 바탕이 된 경우에 가치를 가질 것이다. 특히, 개념들이 명확하고 기반의 가치가 가시적일 때 실증연구는 가치를 가진다. 예를 들어, 드라마에 참여하는 것이 학생들의 행동에 어떤 영향을 미치는지, 긍정적인지, 부정적인지 알아내는 연구에 있어서 모든 이들이 '적절한 행위'에 대한 설명에 동의할 것이라는 것을 가정할 수 없다. 그리고 일부 선생들에게는 버릇없다 여겨지는 것이 누군가에게는 독립성과 중요도의 표현으로 판단될 수도 있는 것이다. 비슷하게, 비록 설문조사나 인터뷰 등을 통해 경험적 연구가 드라마 교사들이 그 주제에 해당하는 목적을 어떻게 설명하는지가 우리에게 알려준다 하더라도, 어떠한 목적이 받아들여져야 하는지 또는 다른 목적들이 모순되지는 않는지 여부를 우리로 하여금 파악할 수 있게 하지는 않는다. 이러한 종류의 이슈들에 대한 관점에 있어서, 이론조사, 성찰, 그리고 논의가 필요하다.

한편, '연구'는 너무 좁게 정의되지 않는다는 것이 중요하다. 반면에, '연구'가 너무 폭넓게 확장되지 않는다는 것 역시 중요하다. 단순히 무언가를 고심하고 알아내는 것을 의미하는 '연구'라는 용어의 사용이 가장 흔하다. 학생들은 주로 숙제를 위해 '연구'를 해야 한다. 그리고 대부분의 고객들은 그들이 아이템을 사기 전에 일종의 '연구'를 한다. 또한 채용을 위한 면접을 하기 전에 많은 고용주들은 지원자들에 대해 더 알기 위해 온라인 '연구'를 한다. 이러한 용어의 사용은 잘못된 것이 아니다. 그러나 학계에서 '연구'는 보다 특별한 사용을 위해 필요한 것이다. 이는 단순히 의견이나 전통과는 다른 지식의 원천이다. 오시아나와 프링^{Oceana, Pring,} ^{2008: 24}이 지적했듯이, 연구는 무엇이 아닌지에 관해 부분적으로 이해하는 것이다. 즉, 근거없는 의견의 표현이나 실제적 발전, 질문에 대한 즉각적 응답, 무계획적이거나 통제되지 않은 데이터 수집, 데이터 수집 과정에서의 논리성 결여와 같은 어떤 '아닌 것'에 관한 부분적인 이해를 의미한다. 학계에서 '연구'는 온전히 이론적이든 경험적/이론적이든 간에 철저하고 체계적인 질문을 의미한다. 이러한 질문은 새로운 시각과 이해를 제공하기 위해 기존 지식을 기반으로 한다. 많은 연구자들은 이러한 종류의 정의에 동의한다. 그러나 이에 대한 동의는 연구의 맥락에서 예를 들자면 '엄격한'에 대한 의미는 무엇인가와 같은 의견의 차이를 감출 수도 있다.

교육기부재단 EEF 리뷰에서는 조사대상의 규모가 100개 미만으로 작거나 자료의 무작위 추출, 또는 비교집단의 부재 때문에 연구의 영향에 대한 증거가 취약하다고 했다[op. cit: 6]. 따라서 이 리뷰는 영향력을 판단할 때 대규모의 통제된 무작위 방식이 적절한 과학적 연구로서 여겨진다는 암묵적인 메시지를 전한다. 어떻게 이런 관점이 나오게 되는지 아는 것은 어렵지 않다. 학교에서 드라마에 기반한 개입이 학생의 글쓰기에 어떤 영향을 미치는지 탐색하는 연구과제가 기획된다고 가정하자. 드라마 개입이 일어났을 때 어떠한 개선이 있는지 파악하기 위해 개입의 전후로 글쓰기 테스트 점수를 수집한다. 여기서 문제는 학생들의 글쓰기가 시간이 지남에 따라 드라마의 영향 없이 향상한다는 것이다. 질문에 대한 보다 철저한 접근은 두 그룹을 선택하고, 드라마의 개입을 한 그룹에만 적용하여, 그들의 글쓰기 점수의 차이를 살펴보는 것이다. 비록 이렇게 하면 두 그룹을 비교할 수는 있지만 여전히 점수가 향상된 그룹은 다른 교사의 영향이라던지 등의 다른 변수로 인해 이런 결과가 나온 것이라 주장할 수도 있다. 또한 후광효과 혹은 호손효과의 영향이라 볼 수도 있다. 드라마 자체로 인해서가 아니라 단지 한 그룹이 선별되어 특별한 조치가 이루어졌기 때문에 그 그룹이 향상됐다 볼 수도 있다는 것이다. 이러한 주장은 단순히 임의로 선택된 많은 통제그룹과 처치그룹이 원인을 규정할 것이라는 관점에서 도출된 논법이다: 따라서 그 용어는 '무작위 통제 실험'이 적당할 것이다.

또 다른 예시를 생각해 보자. 학교에서 한 교사가 교실에 드라마를 포함시키는 것이 학생들의 글쓰기에 도움을 주는지 여부를 파악하기 위해 소규모의 액션리서치 프로젝트를 수행한다. 여기에는 비교그룹이 없다. 그러나 선생은 다양한 증거 자료를 사용한다. 예를 들어, 학생의 글쓰기 표본, 학생 인터뷰 및 다른 과목의 교사의 인터뷰, 성찰이 담긴 연구 일지 등이다. 절차와 증거는 투명하게 공표된다. 그리고 데이터를 해석하는 데 있어서 주의가 필요한 그 어떤 요소들도 연구 내용에 공개된다. 학생들의 흥미, 동기, 글쓰기 결과물에 있는 드라마의 긍정적인 영향을 만들어 내는 하나의 그림으로 시작한다. 결론은 확정적이지 않고 절대적인 '증거'를 구성하지 않는다. 그러나 이러한 결론은 비평가들에게는 도전적인 지식 혹은 다른 연구의 결과에 의해 보완될지 모르는 지식의 기반 제공에 기여한다.

모든 드라마 연구가 드라마의 영향에 대한 것만은 아니다. 예를 들어, 학생의 학습, 학교에 대한 학생의 태도, 웰빙, 또는 문학 등이 있다. 많은 드라마 연구는 교수법에 관한 질문을 포함한 교실 현장의 관점을 탐색한다. 그러나 영향이라는 이슈는 정책입안자들과 현장 종사자들에게 상당히 중요하다. 특히, 많은 이론문헌에서 만들어진 드라마에 대한 주장과 관련해서 말이다. 앞서 제시했다시피, 무작위 통제실험을 활용한 실험적 연구가 영향력을 만드는데 필요하다는 관점은 실험적 접근만이 가치 있는 연구 유형이라는 주장으로 손쉽게 확장된다.

대조적 관점들

과학적이어야 연구의 적절한 형태라고 주장하는 관점은 많은 정책입안자들에 의해 지지를 받아왔다. 미국 정부는 법the 'No Child Left Behind' Act, 2001에 의거하여 교육에서 작동하는 것의 확고한 증거를 제공하기 위한 무작위 통제 실험을 과학적이라고 정의했다Delandshere, 2009: 35. 영국에서 골드에이크르Goldacre, 2013는 교육단체가 비교그룹을 가지고 실험을 수행하며 연구에 의학적 접근법을 적용하는 것을 촉구했다. 그리고 이러한 관점은 정부 공무원들 사이에서 큰 반향을 일으켜 왔다. 정량적 연구의 한 유형으로서의 무작위 통제실험은 일부 지지자들에 의해 '참고서'와 같이 여겨졌다.

이는 교육연구 문헌에서 강하게 나타난 관점은 아니다. 여기서는, 숫자 계산에 기반한 정량적 연구뿐만 아니라 인터뷰나 관찰로 얻는 데이터에 기반한 정성적 접근에 의존하는 대안적 관점에 보다 큰 동의가 있다. 앞서 언급했던 드라마와 글쓰기에 대한 액션리서치는 정량적 접근의 한 예이다. 연구에 대한 접근법들은 특히 연구방법론 관련 책에서 주로 서로에 대해 대비된다. 연구방법론 책들에서 이러한 접근법들은 두 가지 대조적인 위치에 나란히 놓여있다. 하나는 주관적, 정성적, 반실증주의적, 해석적과 같은 개념이며, 다른 쪽은 객관적, 정량적, 실증주의적, 과학적과 같은 것들이다. 평론가들은 방법론 상의 차이점뿐만 아니라 지식의 본질과 어떻게 이것이 받아들여지는지에 대한 뿌리깊은 믿음에 대해서도 관심을 기울인다. 실증주의자들은 현실이 현실 밖 '그 곳에' 존재한다는 믿음에 대한 비판을 받는다. 실증주의는 안정적이며 쉽게 측정이 가능하다. 그리고 정성적 연구자들은 현실은 항상 해석되거나 주관적인 인식에 따라 설정된다고 주장한다. 정성적 연구는 지나치게 주관적이고 상세하지 않으며 과학적이지 않다고 비판을 받는다.

반면에 정량적 연구는 환원주의적이고 상황에 둔감하다는 비판을 받는다. 서로 대립되는 진영은 과학[Flyvberg, 2001], 패러다임[Schwandt, 2005], 또는 방법론[Alexander, 2006]을 다양하게 언급하는 비평가들과 함께 적대적인 역사를 갖고 있다.

드라마와 다른 예술 연구자들은 교육학의 발전에 대한 시각을 더욱 제공할 듯하기에 정성적 접근을 지향하는 경향이 있다. 그러나 드라마 옹호론자들은 숫자 계산이 핵심인 대안적 접근에 적대적일 필요가 있다고 여겨지는 않는다. 정량적, 과학적 또는 이성적 방법론으로 불리는 것에 대한 전면적인 거부는 적절한 대응이 아니다. 필요한 것은 다른 방법론들의 가치와 한계를 모두 인식하는 균형 잡힌 시각이다.

관점의 균형 잡기

연구 방법론에 대한 보다 균형있는 관점은 '목적에 대한 부합성'이라는 사고를 위하여 이분법을 거부하는 것이다. 이는 특정 기법을 지지하는 믿음 체계인 연구 패러다임에 대한 지나친 집착을 버리는 것을 의미한다. 오히려 연구 접근법은 전반적으로 연구 질문에 기초할 것이라는 것을 인식하는 것이다. 만일 중등자격시험 GCSE을 위한 드라마 교수요목이 다른 과목보다 학교에서 더 인기가 있다거나 4단계 국가교육과정에서 선택과목으로서 드라마가 한 국가의 남부지방보다 북부지방에서 더 많이 선택되는지 여부를 알고 싶다면, 대규모의 정량 설문조사가 적합하다. 반면에, 만일 교사들이 어떻게 드라마 교수요목을 해석하고 있는지 알고 싶다면, 인터뷰와 관찰이 더 효과적일 것이다. '목적에 대한 부합성'을 인지하는 것은 연구에 대한 균형 있는 관점을 갖는 한 측면이다. 그러나 이것으로 충분하지는 않다.

또한, 서로 다른 연구접근법들이 각 접근법을 보완해준다는 것을 인지하는 것이 중요하다. 무작위 통제실험은 설계하기 매우 어렵고 윤리적인 질문을 만들어낼지 모른다는 어려움이 있다. 일부 학생들에게서 다른 이들에게 귀중하다고 여겨지는 개입의 기회를 박탈하는 것이 타당한지와 같은 질문이 윤리적 질문의 예시이다. 그러나 드라마의 활용이 글쓰기 시험 점수를 향상시키는지 알아보기 위해 수많은 학교들을 연구한 무작위로 통제 실험의 예를 생각해 보자. 비교는 개입을 받은 학생들과 받지 않은 학생들 사이에서 일어난다. 그리고 드라마 수업의 점수가 더 높게 나타난다. 이는 어느 정도 도움이 된다. 그러나 이것이 제공하는 정보는 제한적이다. 특히 과정과 상황과 관련한 정보는 제한적이다. 다양한 주요 질문들에 대한 대답이 이루어지지 않는다. 예를 들어, 왜 드라마가 글쓰기에 효과적이었는가? 교사가 수업을 어떻게 가르치는지가 관건이었나? 개입이 일부 학생들에게 부정적인 영향을 미쳤나? 모든 형태의 드라마가 비슷한 효과를 가질 것인가? 이와 비슷한 질문들에 대한 대답에 있어서 상호보완적인 소규모 연구가 필요하다. 대규모의 정량연구들은 트렌드의 폭넓은 표면적인 징후를 알려줄 수는 있으나 교수법에 영향을 주는 상황적인 구체성이 반드시 결여된다. 어떻게 교사들과 학생들이 특정 상황에서 생각하고 행동하는지 밝혀내기 위해 비실험적 설계가 필요하다.

이번 장의 시작에서 논의되었던 교육기부재단 EEF 리뷰의 문제점은 무작위 통제실험을 대단히 옹호하는 것이라 볼 수 없다. 오히려 실험적인 대규모 연구가 아니라면 어쩔 수 없이 '취약'하다는 것을 말해준다. 만일 단발적인 '과학적' 격변을 거치지 않고 자연스럽고 점진적인 방법으로 교육에 대한 생각의 과정이 축적된다는 점을 받아들인다면, 더 작은 규모의 연구과제가 가지는 영향을 우리가 이해할 수 있다. 연구는 진리와 지식을 찾아가는 것이지 '명확성'과 '입증'을 찾아가는 것이 아니다. 이러한 시각에서 서로 다른 관점들은 매우 미묘한 차이가 있으며 이에 보다 많은 설명이 필요하다.

양극적 관점보다 덜 극단적인 균형있는 관점은 연구를 수행할 때 확고하고 체계적이며 비편향적인 것이 중요하다는 것을 아는 것이다. 또한 균형있는 관점은 연구성과가 인간의 인지와 해석의 결과라는 점을 아는 것이다. 이는 진실의 개념을 버리는 것을 의미하는 것이 아니며 '객관적 현실'이란 것은 없다는 것을 의미하는 것이다. 진실을 찾아가는 시도는 의심, 모호함, 실수를 통제하는 것이 아니다. 세상 속에서 이성적으로 작동시키는 진리의 개념이 필요하다. 비트겐슈타인 Wittgenstein, 1969: 13은 '알기'와 '정확하기' 간의 차이는 그리 크게 중요하지 않다고 주장한다. 이글톤 Eagleton, 2003: 103은 절대적 진실의 개념과 관련하여 유사점을 찾는다. 그는 진실의 개념에 어떠한 것도 더하지 않는다 했다. 객관적 설명과 주관적 설명 사이 그리고 실증적 방법론과 실증적이지 않은 방법론 사이의 분극화는 도움이 되지 않는다. 정량적 연구에 대한 지지자들이 정량적 접근은 정확성과 입증을 이끌 것이라고 극단적으로 주장하게 될 수 있는 것과 같이, 정성적 접근에 대한 지지지들은 상대주의와 '무엇이든 허용된다'는 개념에 너무 손쉽게 빠져들 수 있다. 이는 철학적 주장을 의심하는 것을 이끌어낼 수 있으며 실질적 기법에 있어서 엄격함이 결여될 수 있다.

공동체에서 지식은 대화를 통해 비판적인 질문과 성찰의 지속적인 과정을 거쳐서 발전한다. 그리고 지식은 다른 이들의 생각에 참여함으로써 만들어지며, 일반적으로 언어로 표현된다. 언어가 완전히 투명하지는 않다는 점을 인식하는 것이 연구의 양극단을 조화롭게 하는 방법이다. 이런 점은 이 책에서 논의된 주제이기도 하다. 현실이 언어로 나타나고 이러한 나타남이 반드시 해석에 기대어진다는 것을 인지하기 위해서 객관적인 현실의 존재를 거부할 필요는 없다.

정확성과 입증의 위안을 추구하길 원하는 것은 본질적인 인간의 특성이다. 견해의 차이를 지향하는 교육에 관한 문제들에서조차도 말이다. 확실한 답을 찾아내기 위한 경험적 연구를 생각해 보는 것은 매혹적인 일이다. 어려운 문제에 대한 최종의 해결책을 제공하듯 말이다. 그러나 경험적 연구를 문제의 끝이 아닌 대화와 논의에 기여하는 것으로 바라보는 것이 훨씬 더 현실적이다.

연구에 대한 균형 있는 관점의 특징은 다음과 같이 요약될 수 있다.

- 경험적 연구는 주어진 제한사항 아래에서 가능하면 체계적이고 확고해야 한다.
- 연구는 진리를 찾아가는 것이다. 그러나 '입증'과 '명확성'의 개념은 도움이 되지 않는다.
- 지식은 일시적일 때 가장 잘 보인다.
- 지식은 공동체에서 대화를 통해 발전한다.
- 실험적 기법을 포함한 정량적 접근은 가치가 있다. 그러나 정량적 방법의 한계를 인지하는 것이 중요하다.
- 객관적으로 보여지는 연구는 검증되지 않은 가치와 이념적 지위에 의해 보강되어질 수 있다.
- 경험적 연구의 결과는 주로 문제의 시작이며 끝이 아니다. 또한 다른 관점들을 보강한다.

주요 개념과 이슈

이 부분에서는 독자가 경험적 연구를 시작하거나 출판된 연구를 비평할 때 마주하게 되는 주요 용어들을 소개한다. 목적은 포괄적이지는 않으나 자주 등장하는 핵심 이슈와 개념에 대해 개괄적으로 소개하는 것이다.

앞서 제시했듯이, 체계적이고 엄격하기에 연구는 지식의 다른 원천들과는 구분된다. 따라서 투명성과 반영성성찰은 주요 원칙들이 된다.

투명성은 주장을 기반으로 하는 증거와 관련된 상황에 있어서 분명하고 열려있으며 상세한 것을 의미한다. 따라서 지지할 수 없는 주장을 거부하는 것을 의미한다. 이는 연구논문을 평가할 때 기억해 두어야 하는 것이다. 그리고 이는 연구자들이 이용 가능한 증거를 넘어서 자기 의견을 주장하게 해주는 매우 매혹적인 것이다. 특히 연구자들이 강한 의견을 갖고 있는 주제를 다룬다면 더욱 그렇다. 교수법을 공유하는 것을 목적으로 하는 수업에 대한 서술적이고 사색적인 보고는 가치가 있다. 그러나 만일 설명이 매우 선택적이고 평가적인 논평이 증거로 뒷받침되지 않는다면 좋은 경험적 연구로 여겨질 수 없다.

반영성성찰은 효과적인 연구의 본질적인 요소로서 또 다른 핵심 개념이다. 반영성은 지속적으로 모든 연구절차를 인지하는 과정이며 모든 연구절차에 비판적으로 성찰하는 과정을 의미한다. 내용과 타당성과 관련한 장애물, 자료 수집 및 분석의 과정에 영향을 미칠지 모르는 근본적인 가치와 이념 그리고 개인적인 편견을 포함한 연구자 자체의 영향, 이러한 것들은 개인적 자기성찰의 문제를 넘어서서 많은 연구들이 비판적으로 정밀하게 조사하는 방법이 된다. 액션리서치 프로젝트의 한 부분으로서 교사는 학생들이 드라마 수업을 어떻게 경험하였는지 알기 위해 학생들 대상의 인터뷰를 원할지 모른다. 그러나 여기에는 학생들이 솔직한 반응을 보이기 어려운 암묵적인 권력의 불균형이 존재한다; 대신에 교사는 학생들의 즐거움을 추구한다. 이는 인터뷰가 불가능하다는 것을 의미하는 것이 아니라, 이러한 가능성을 인지해야 한다는 것을 의미한다. 반영성은 최종적인 증거를 찾아내는 과정이 아니라 공공적이고 대화적이며 유기적인 과정으로서 지식의 향상을 올바르게 보는 중요한 측면을 가지고 있다.

연구를 처음 접하는 사람들이 맞닥뜨리는 많은 도전과제 중 하나는 연구방법론 관련 문헌에서 찾아 볼 수 있는 많은 전문용어의 분류와 관련이 있다.

이것들은 다양한 방향으로 해석될 수 있어서 더 많은 혼란을 야기한다. 일부 저자들과 심사위원들은 이러한 용어를 사용하는 특정하고 상세한 방법에 대해 말한다. 반복하여 말하건대, 균형있는 관점을 택하는 것이 중요하고, 분류화에 너무 무심하거나 차이점들에 너무 사로잡히지 않는 것이 중요하다.

예를 들어, 액션리서치action resaerch는 일종의 혁신이 소개되어진 후에 연구자가 현실에 초점을 맞추는 것을 의미한다: 예를 들어, 그룹을 구성하는 새로운 접근이 알려진 후에 드라마 교사가 그 접근을 바탕으로 교실 현장을 연구하는 것이다. 일부 저자들은 엄밀한 의미에서 액션리서치는 더 많은 분석을 위해 자료를 수집한 후 추가적인 변화를 소개하는 과정을 포함해야 한다고 주장한다. 다른 연구자들은 변화를 소개하고 평가하는 과정에 만족한다: 즉, 많은 석사논문들은 시간이 부족할 때 현실적인 이유로 이 방법을 사용한다. 어떤 경우에도, 앞부분에 성찰은 상당히 많이 있어야 할 필요가 있다. 일부 저자들은 연구 상황과 절차에 관하여 자기 자신을 깊게 성찰하는 것의 중요성을 전달하기 위해 '반영'이라는 표현보다는 '반영성'이라는 용어를 선호한다. 이 용어들은 자주 같은 뜻으로 사용된다. 중요한 점은 의미의 차이가 아니라 비판적 고찰에 대한 초점이다. 액션리서치의 한 가지 강점은 분석에 있어서 상황적 상세함이 중요하다는 것이다. 액션리서치에 대한 의견이 갈리는 경향이 있다. 그리고 교사들이 외부의 전문가에 의해 강요되기보다는 스스로를 내부자로 생각하고 현장을 고찰할 수 있기 때문에 일부 저자들은 액션리서치를 민주주의적 형태의 연구로 바라본다. 반면에 다른 저자들은 액션리서치의 타당성과 객관성에 대한 의문을 제기한다.

　상황에 대한 초점은 사례연구Case Study의 핵심이기도 하다. 이는 일반적으로 특정 사례학교, 드라마 학과, 사건에 초점을 두며 현상에 대한 자세하고 심도있는 해석을 수반하며 대규모의 실험적 접근과는 반대선상에 있다. 액션리서치와 마찬가지로 이는 설문조사, 인터뷰, 관찰 등 다양한 자료수집의 다양한 기법을 포함한다. '사례연구'라는 용어의 의미가 상당히 자기 입증적이기 때문에 더 기술적인 문헌을 읽지 않은 상태에서는 사례연구에 착수하는 것이 매력적이라 느낄 수는 있다. 그러나 사례연구를 수행하는 모든 이들은 관련 문헌에서 그 장점을 취할 수 있어야 한다. 예를 들어, 무엇이 탐구될 것인지에 관한 결정과 더불어 한 사례의 범위를 설정할 필요가 있다. 그리고 설명적인지 아니면 기술적인지 또는 연구 질문과 절차에 초점을 두는데 도움이 되는지 아닌지 등을 수행하는 사례연구의 유형을 정의할 필요성이 강조된다.

　민속지학은 문화적 인류학에서 비롯되며 다양한 자료수집의 기법을 통해 다른 문화, 신념, 가치, 행동을 깊게 이해하도록 하는 데 목적이 있다. 교육의 상황에서 이는 학교, 교실 또는 학과에 대한 면밀한 연구를 포함할 수 있다. 따라서 이는 사례연구와 유사하기는 하지만 보다 자기성찰적인 경향이 있다. 이는 보다 참가자들의 관점으로 이해하려는 것이다. 연구자가 상황의 일부가 되어 참가자들과의 사회적 관계를 형성하는 참가자 관찰은 이러한 유형들의 연구에 있어 공통적인 요소이다. '비판적인 민속지학'의 개념은 드라마 연구자들에게 매력적으로 보였다. 왜냐하면 이 개념은 극에서의 이념적이고 정치적인 요소에 대한 인식을 강조하기 때문이며, 액면 그대로 모든 것을 취하는 자료수집과 분석을 실시하는 '순수한' 방법의 적용을 무시할 수 있기 때문이다.

근거이론은 때로 교과서에 나오는 기법으로 여겨지기는 하나 이는 자료분석을 위한 접근의 하나이기도 하다. 많은 전문연구 용어와 같이, 다른 해석들이 혼돈을 야기할 수 있다. 더 안 좋은 경우에는 근거이론에 기반하여 자신들의 연구 논문을 작성하고도 스스로 근거이론은 적합하지 않아 보인다고 대학원생들이 학위논문을 위한 구술 시험에서 말할 수도 있다. 근거이론을 개발한 글레이저와 스트라우스 Glaser, Strauss, 1967가 반복을 통해 이론을 개발하고 발전시키면서 자료를 분석하고 코딩하는 매우 기술적인 개념으로 설명하였다. '근거이론'에 대한 설명은 검증이 필요한 가설이나 이론을 가지고 시작되는 것이 아니라 데이터 자체로부터 발생하는 이론을 가능하게 하는 분석접근방법으로서 보다 광범위하게 활용되어 왔다. 예를 들어, 카시디와 그의 동료들Cassidy et al., 2014은 어떤 과정으로 연극치료적인 작용이 일어나는지에 관해 알아보기 위해 근거이론을 적용하였다. 이미 출판된 기존 논문은 연구를 위한 데이터로 활용되었다. 그 목적은 어떤 고객 그룹이던, 어떤 세션이던 간에 누구에게나 적용될 수 있는 연극치료 과정에 관한 이론을 개발하기 위해 출판된 사례 자료를 종합하는 것이었다. 이 연구는 근거이론 접근의 실례로서 그리고 개별적 보고가 있는 작은 사례들로부터 연구를 종합하고 일반화를 이끌어내는 수단으로서 흥미롭게 여겨진다.

다양한 자료수집 방법들은 다양한 접근법에서 사용될 수 있다. 인터뷰는 드라마 연구에서 매우 일반적이기는 하나 수행하거나 분석하기 쉽지 않다. 방법론 교재들은 인터뷰 과정조용한 환경 선정, 철저한 준비, 질문의 다양한 유형에 대한 인지, 도전적인 주제를 이끌어내는 질문들을 연속적으로 하기 등에 도움이 되는 조언을 담고 있다. 그럼에도 불구하고 연구자는 나이, 성별, 다른 문화적 고려사항과 같은 요소들이 대답에 영향을 줄지 모른다는 점을 알아차릴 필요가 있다. 앞서 말했다시피 힘의 불균형은 응답자들이 질문자가 기대하는 대답을 하도록 할 수 있다. 또는 다른 사람을 기쁘게 해주고자 하는 인간의 본능 때문에도 이런 결과가 나타날 수도 있다. 따라서 분석 과정은 단지 주제를 결정하는 문제가 아니라 비판적 성찰, 보다 깊은 의미의 탐색, 심지어 의도하지 않은 의미에 대한 고찰의 과정을 내포해야 한다. 때때로 연구자들은 데이터에 대한 보고가 단순히 독자에게 다양한 주제에 대해 설명하는 것이라고 가정하기도 한다. 이는 언어가 좀처럼 완전히 투명하지 않다는 사실을 간과하는 것이다. 즉, 의미에 대한 해석과 탐색이 필요하다는 것이다. 연구에서 '담론분석'이라는 용어는 사회적인 상황에서 쓰이는 언어를 분석하는 접근법을 설명하기 위해 사용된다. 이는 언어가 단지 현실을 반영하는 것이 아니라 현실에 대한 해석을 만들어내는 데 도움이 된다는 믿음에서 기인한다. 기술적인 용어는 유용하다. 이는 언변에 대한 보다 넓은 상황을 분석하는 절차와 기법을 제공하며 집중하도록 해주기 때문이다. 하지만 인터뷰에서 얻은 모든 자료가 당연하게 담론으로서 다루어져야 한다는 점에 대해서는 논쟁의 여지가 있다.

관찰은 그 자신에게 사용될 수 있거나 다른 원천들을 보완하기 위한 자료수집의 방법으로 사용될 수 있다. '삼각법'의 개념은 결과의 타당성을 높이기 위해 자료의 원천을 하나 이상 사용하는 것을 의미한다. 예를 들어, 교실 수업의 변화에 대한 드라마 교사들과의 인터뷰는 수업을 관찰하여 얻어지는 자료와 더불어 수행될 수 있다. 관찰은 자신도 모르게 선택적으로 되어 이에 따라 관찰 결과가 대표성을 띄지 못할 수 있다는 점을 인지하는 것은 중요하다. 더 열린 방식과 동반되는 미묘함은 잃게 될 수 있을지라도 앞서 언급된 위험은 체크리스트나 표를 이용하는 구조화된 접근법들의 사용으로 어느 정도 완화될 수 있다. 연구의 많은 측면들과 마찬가지로, 특정 상황에 맞는 가장 좋은 조정과 선택을 하는 것이 중요하다. 또한 관찰과 관련하여 성찰할 필요가 있는 지점은 사람들이 관찰되어질 때 행동이 변할지도 모른다는 것을 인지할 필요가 있다.

설문지와 설문조사는 정성연구와 정량연구 모두에 공통적으로 도입될 수 있다. 설문조사의 경우, 대답이 수로 변환되어야 하기 때문에 질문들이 열리기보다는 닫힌 형태가 될 가능성이 크다. 예를 들어, '매우 동의한다, 동의한다' 등 척도에 대한 질문들이다. 설문지는 인터뷰에서 발생될 수 있는 의미에 대한 탐색과 추가적인 설명에 허락되지 않는다. 그러나 대량으로 사용될 수 있으며 다른 이점들이 있다. 즉, 많은 사례들로부터 얻은 결과물은 대표성을 띨 수 있다. 드라마 및 예술 연구자들은 그들이 벅차게 여기는 통계보다는 정성적 정보에 더 편안함을 느끼는 경향이 있다. 그러나 동일한 기본적인 원칙들이 두 기법 모두에 적용된다. 즉, 투명성과 반영성이 이 두 가지 접근에 중요하며, 정량적 데이터를 수집하는 수단을 설계하는 근본적인 가치와 가정이 요구되고, 결과에 대한 해석과 설명이 필요하다. 정성연구와 마찬가지로 통계분석은 정확성보다는 가능성에 기반한다. 실험적 접근과 준실험적 접근은 다른 그룹과 비교되는 한 그룹에 대한 개입의 효과를 탐색한다. 예를 들어, 플레밍과 그의 동료들$^{Fleming, Merrell, Tymms, 2004}$은 드라마 프로젝트에 참여한 학생들의 수학, 영어, 자아개념검사의 결과가 높았다는 점을 알아냈다. 이 논문의 저자들이 인정했듯이, 이 연구에서는 연구를 실시한 사례의 수가 적었고 드라마의 개입보다는 다른 교사들의 영향이라 볼 수도 있다는 이슈가 존재했다.

연구를 수행하거나 비평을 할 때, 많은 이슈들을 기억해야 한다. 대부분의 경우, 선택한 방법에 대한 편견 또는 과정상 일부 한계 때문에 연구결과를 무시하는 것은 완전히 잘못된 것이다. 무작위 통제실험이던 다른 접근법이던 상관없이, 연구에 있어서 '최적표준'은 없다. 그러나 앞서 말했듯이 자기 비판적으로 자신의 또는 다른 이의 연구를 비평하는 것은 중요하다. 이는 앞서 제시하였듯이 어떻게 대화적이고 공공적인 방법으로 지식이 발전하는가를 의미한다. 학위논문과 저널논문에서 경험적 연구과정을 비판적으로 살펴보기 위해서 사용될 수 있는 다양한 질문들을 기억할 필요가 있다. 예를 들어, 연구의 목적이 충분히 명확한가? 경험적 연구가 이론문헌과 관련이 있는가? 개념들이 명쾌하게 설명되어지고 있나? 연구과정이 충분히 투명한가? 연구자와 현장 종사자 사이에 관련이 있다면 이것이 설명되었나? 매우 제한적인 정보에 기반하여 너무 많은 주장이 만들어 졌나? 주장들이 자료와 일치하는가? 인터뷰 데이터는 액면 그대로 받아들여졌나? 사례의 규모가 적절한가? 윤리적 이슈가 설명되었나?

유사하게, 누군가 자신의 연구를 작성할 때 기억해야만 하는 고려사항들이 있다. 이는 이미 출판된 연구물을 비평할 때도 도움이 된다.

- 선행연구 고찰부터 시작하라. 왜냐하면 새로운 경험적 연구는 항상 현존하는 문헌에 기반하기 때문이다. 이는 연구가 갖는 공동의 대화적인 본질을 강화시킨다.
- 스스로 할 말을 남긴 선행연구에서 긴 인용구를 사용하지 말라. 어떻게 해서든 설명되고 논의되는 짧은 인용구들이 더 생산적이다.
- 다른 연구를 설명할 때 지나치게 협소하게 설명하는 것을 피하라. 자신의 연구와 관련된

비판적인 관점이 보다 도움이 된다.

- 비록 개인의 경험에 의존하는 것이 타당하다고 하더라도 관찰이나 실제에 기반한 지나치게 많은 길이의 학술논문과 관련없는 개인적인 진술을 포함시키지 말라. 예를 들면, 교실에서 맞닥뜨려진 도전에 관한 글에 너무 휩쓸리지 마라.

- 관련 문헌을 살펴볼 때 범위와 깊이를 모두 활용하라. 즉, 일부 학술 논문들은 특정 관점을 지지하는 반면에, 다른 논문들은 보다 많이 상세한 분석이 필요하다.

- 다른 연구논문을 비평할 때, 도를 넘지 않는 것이 좋으며 비판적으로 경험적 결과물을 살펴 보는 것이 좋다. 연구의 성과와 한계 모두를 파악하는 관점으로 생각하라.

- 논문의 긴 요약은 피하라. 대신, 논의와 관련하여 두드러진 부분을 강조하라.

더 읽을거리

교육과 일반적인 연구 쟁점을 소개해주는 책들은 아래와 같이 다양하다.

Cohen, Manion and Morrison (2006) Research Methods in Education is a popular text and is now in its sixth edition. Also, see Wellington (2000) Educational Research: Contemporary Issues and Practical Approaches; Punch (2009) Introduction to Research Methods in Education; Opie (2004) Doing Educational Research; Denscombe (2007) The Good Research Guide; and O'Leary (2004) The Essential Guide to Doing Research. For a discussion of philosophical issues in research, see Pring (2004) Philosophy of Education Research. For an account of the development of approaches to drama education research, see Taylor, P. (2006) Power and Privilege: Re-envisaging the qualitative research lens; and Ackroyd, J. (2006) Research Methodologies for Drama Education.

결론

STARTING
DRAMA
TEACHING

Starting
Drama
Teaching

제12장
결 론

의사의 방문

　이 장은 한 어른과 네 살짜리 아이에게서 지속된 드라마를 설명하는 것으로 시작된다. 지금까지 이 책에서 참조해 온 드라마와 드라마 교육의 다양한 특성을 포함한다. 2장에서 사용된 문장의 발췌 내용은 인간의 인생 경험을 체감하게 하는 예술을 묘사한 것이고, 5장의 발췌 내용은 연극과 드라마 간의 차이점을 탐색한 것이다. 또한 10장의 내용에 대한 참고내용들은 드라마의 진전을 설명하는 데 있어 어려움을 강조하였다. 예전부터 아팠던 한 아이는 첫 번째 부분에서 자신의 경험을 묘사한다. 드라마가 전개되면서, 그 아이는 죽음과 장례의 개념을 탐색하기 위해 최근에 자신이 맞닥뜨린 영역의 밖으로 나간다. 한 어른의 역할이 모호하긴 하지만 그러한 만남의 질적 수준을 올리는데 중요하다. 이 책을 관통하는 주제들 중 하나는 언어와 사고의 관계에 대한 잘못된 가정에 관한 것이고 현실에 대한 오해의 소지가 있는 결과에 관한 것이다. 이 기록은 아이가 사용하는 언어의 측면에서 본 그의 개념에 관한 통찰력을 제공한다. 이 드라마는 20분 정도 이어지며 쉬는 시간 없이 정확히 기록된 대로 묘사된다. 소품들은 플라스틱 장난감 전화기와 플라스틱 주사기 등 장난감 의료장비이다.

(아이: 이건 내 전화기에요. 그렇지 않나요?)

어른: 안녕하세요.

아이: 안녕하세요.

어른: 의사 선생님, 이리로 와줄 수 있나요? 내 꼬맹이가 몸이 썩 좋지 않아요.
　　　목에 붓기가 있어요. 지금 이리로 올래요?

아이: 네. 안녕히 계세요.

어른: 안녕히 계세요.

　어른과 아이는 의사놀이를 하기로 한다. 드라마의 의미는 전반적으로 내부로부터 협상된다. 어른은 '역할 내 교사'를 활용하여 상황을 만드는 시작 부분에서 중요한 역할을 한다. 드라마 시작 이전조차 이러한 상황은 아이가 보다 격식있는 언어를 사용하도록 유도한다: '이건 내 전화기에요. 그렇지 않나요?'. 누군가에 의해 일상적인 표현으로 아이는 '이건 내 전화기야' 또는 단순히 '내꺼야'라고 말해야 하는 상황이 있었을지도 모른다.

(아이: 아저씨가 그 작은 소년에게 OK라고 말해주세요. 그럼 시작해요.)

어른: 의사가 방문할거야. 그리고 나는 너가 좋아지길 바란다. 나는 너가 의사한
　　　테 무례하지 않길 바란다.

(아이: 아저씨는 그 어린 소년이 되세요. 아저씨는 '의사가 오니까 빨리 침대로
　　　가야해.'라고 말해요.)

어른: 빨리 침대로 가, 의사가 올거야. 그가 왔어-문을 두드리고 있어.

(문 두드리는 소리)

어른: 오! 의사 선생님, 들어오세요. 그는 긴 소파에 앉았어.

아이: 안녕하세요.

어른: 안녕하세요.

　아이는 어른의 역할 변화를 제안하고, 대사를 지정해주며 재빠르게 드라마를 연출하기 시작했다: '빨리 침대로 가.'는 아이가 어른에게 말했던 것이다. 아이는 자신의 근래의 경험을 반영한 것으로 보인다.

(의사로써 가방을 열 때 잠시 멈춘다.)

아이: 입을 벌리세요. 입을 벌리세요. 안에 무엇이 있는지 볼께요 ... 고마워요 ... 좋아요, 주사를 놓지 않을 거예요. 귀를 보여주세요. (환자는 마치 간지럽다는 듯이 웃는다.) 귀 안에 무엇이 있는지 보기 위해 손전등을 비추는 거예요. (환자는 마치 간지럽다는 듯이 웃는다.) 좋아요, 약을 좀 줄께요.

어른: 이거 고약한 맛이 나나요?

아이: 아니요. 맛이 매우 좋아요. 제 아이들도 이걸 좋아해요.

어른: 그래요?

아이: 괜찮죠? 제가 이거 맛 좋다고 말했죠? 귀에 작은 상처를 봤어요. 붕대를 붙여야 해요. 여기요. 침대에 머물러 있어야 해요 그리고 엄마랑 유치원에 가지 않아도 좋고 가벼운 놀이를 하세요.

아이는 다시 한번 자신의 실제 최근 경험을 모방하고 있는 듯하다. 주사를 놓지 않을 거라는 그의 말은 그가 비슷한 상황에서 무엇을 원했었는지 예상하는 데 의심할 여지가 없다. 그가 귀를 검사할 때 의료절차를 정교히 파악하고 있는 것으로 보인다는 점에 주목하자. 그는 나중에 그가 상처를 찾았었다는 것을 밝힌다. ㅡ 4살 아이에게는 충분히 논리적인 것이다.

어른: 왜 가벼운 놀이를 해요?

아이: 네가 아프기 때문이지요.

어른: 무슨 놀이를 내가 할 수 없지요?

아이: 배트맨이나 히맨 같은 놀이.

어른: 그럼 무슨 놀이를 내가 할 수 있지요?

아이: 레고 놀이 같은 거. 좋은 게임이지요? 그리고 너는 스티커를 가지고 놀 수도 있어.

어른: 수영을 할 수 있나요?

아이: 수영은 안돼요. 너의 엄마한테 '다녀오세요.'라고 말할 수 있어요. 가서 너의 엄마한테 말해.

어른: 내가 엄마에게 뭐라 말해야 하나요?

아이: 유치원에 가지 말아야 한다고. 그리고 수영장에 관해서도.

어른: 의사 선생님이 우리 엄마한테 말해줄래요?

아이: 아니. 네가 너희 엄마한테 말하렴. 난 이제 그만 갈게. 안녕.

어른: 안녕히 가세요.

아이: 네가 엄마한테 괜찮다고 말해.

어른: 그래요, "엄마, 저는 유치원에 가면 안 된다고 의사 선생님이 말했어요."

'가벼운'이라는 단어는 언어의 창의적인 활용이며, 아이에게는 다듬어지고 거칠지 않은 놀이를 의미한다고 하겠다. 비록 어른이 드라마에서 상당히 소극적인 역할을 하는 것처럼 보일 수 있더라도, 그는 아이에게 더 자세한 것들을 설명해달라고 요구한다. 그는 아이가 생각하도록 유도한 것이다. 아이는 자신감을 갖고 드라마의 방향을 조정한다.

(아이: 내일 아저씨는 정말정말 안 좋을 거예요.)

(어른: 그래, 나는 내일 매우 별로일거야. 나는 말조차도 못할 정도야. 너는 내가 말하도록 도와줘야 해.)

(전화 소리)

어른: 의사 선생님.

아이: 여보세요.

어른: 제 어린 아들이 오늘 더 안 좋아졌어요. 매우 안 좋아요.

아이: 아들에게 무슨 일 있었어요?

어른: 잘 모르겠어요. 그는 거의 말을 못 하고 아무것도 먹지 않아요.

아이: 아들이 말을 제대로 못해요?

어른: 그래요, 말을 잘 못해요.

아이: 오! 제가 지금 갈게요.

어른: 고마워요. 바로 와줘요. 아들이 침대에 누워있어요.

아이: 알았어요.

(딩동)

(아이: 엄마가 문을 열러 왔어요.)

어른: 의사 선생님, 여기예요. 아들은 여기 있어요.

아이: 괜찮니? 기침을 해봐요(어른이 기침을 한다.)

아이: 입을 벌려봐. 오, 홍역이네. 홍역이야. 자, 입을 다물어도 돼요. 나는 의사
　　　에요. 오늘 열이 더 올랐네. 울지마요. 곧 나을거야.

　어른은 어린 아들이 말을 못하고 의사가 아들이 말하도록 도와줘야 한다고 말
하면서 계속해서 미묘하게 가르치는 역할을 한다. 가상의 상황에서는 필요없는 아
이의 "나는 의사에요."라는 주장은 아이가 현실과 가상을 모두 마음속으로 동시에
유지하고 있다는 것을 가리킨다. 이 말은 아이가 자신이 의사가 아니라는 것을 알
고 있으면서도 드라마에서 의사 역할을 하고 있다는 것을 분명하게 한다. 아이의
진단은 의료계의 실제와 관련이 없음에도 불구하고 그만의 논리를 따른다. 그러나
그 아이는 진단의 개념을 발전시킨다. 아이는 몸이 악화되고 있는 소년의 건강에
관한 드라마가 진행되고 있다는 구조를 이해하고 있는 것이다. '오늘 열이 더 올랐네요'

(아이: 다음 날 아저씨는 울지도 못해요. 좋아요. 다음 날 아저씨는 울지도 못해요.)
아이: 주사를 맞아야 해요. 옷깃을 걷어봐. 나는 피를 전부 뽑을 거예요.
(주사기를 잡아당긴다.)
어른: 주사 맞기 싫어요.
(아이: 말을 못하는 줄 알았는데.)
아이: 주사를 맞아야 해요. 울지 마요. 울지 마. 입을 다물지 마요. 우리는 밴드를
　　　붙여야 해. (잠시 멈춤) 자, 끝났어요. 엄마한테 집에서 회반죽을 칠해달라
　　　고 할래? 좋아. 그렇게 합시다. 엄마한테 회반죽을 칠해달라고 해요. (잠시
　　　멈춤) 엄마한테 회반죽을 칠해달라고 해. 안녕.
어른: 안녕히 가세요. 나중에 봐요.

　이 시점까지 아이는 '온도', '주사' 같은 인상깊은 단어를 도입했다. 네 살짜리
아이의 의료 관련 지식은 인상깊다. 하지만, 여기서 아이는 주사가 무언가를 넣는
게 아니라 피를 제거한다고 생각하는 것이 명백하다. 장난감 주사기의 압착기를 당겼을
때 그 플라스틱 주사기는 빨갛게 변한다.) 아이는 '말을 못하는 줄 알았는데'라며 행동을
지시하면서, 드라마에서 기꺼이 잠시 빠져나오기도 한다. 이는 아이가 이 상황을
허구라고 인식하고 있다는 것을 보여준다.

(아이: 내일 더 나빠질 거예요. 아저씨는 지금 엄마예요.) (전화 소리)

어른: 의사 선생님, 의사 선생님, 빨리 와주세요. 어린 아들이 눈조차도 못 뜨고 있어요.

아이: 빨리 갈게요.

어른: 고마워요. 여기에요. 선생님. 그는 여기 있어요. 빨리요, 빨리.

아이: 저는 의사예요. 옷깃을 말아 올려 봐요. (잠시 멈춤) 어머니, 어머니, 어머니. 아들이 죽었어요.

여기서 주목할 점은 비록 어른은 아들이 눈을 뜨지 못한다는 것을 알렸더라도 죽음이라는 개념을 도입한 이는 어른이 아니라 아이였다는 것이다. 드라마는 그 아이의 최근 경험들을 넘어서게 했다.

어른: 안 돼. (운다) 우리 이제 뭘 해야 하지요?

아이: 그를 데리고 오세요. 구급차를 불러요.

어른: 구급차를 부르는 게 뭐가 좋은데요?

아이: 아들을 낫게 할 거예요.

어른: 하지만 당신은 아들이 죽었다고 했잖아요.

아이: 그래요. 하지만 아저씨가 그를 낫게 할 거예요.

어른은 다시 '우리 이제 뭘 해야 하지?'라고 물어봄으로써 확실한 의사결정을 아이와 함께 내릴 수 있도록 미묘하게 가르치는 역할을 수행한다. 아이의 진심이 담긴 불명확함은 아이 대답의 머뭇거림에 반영된다. 이는 대사보다는 녹음된 음성에 더 명확히 나타난다. 다시 한번 더, 아이가 개념을 이해하고 받아들이는 것과 관련해서 우리는 아이의 언어에 대한 표면적 사용이 쉽게 오해될 수 있다는 것을 알게 된다. 하지만 우리는 아이가 이해한 것에 대한 명확한 관점에 다다르기 위해 아이의 의식 내부를 철저하게 조사할 필요는 없다. 그리고 우리는 더 넓은 맥락을 수평적으로 바라볼 수 있다. 내부와 외부의 행동과 드라마 교육에 관한 것들에 대한 논의에 대해서는 Fleming(2001)을 참고할 수 있다.

(아이: 전화를 들어요. 이제 아저씨는 간호사가 되는 거예요.)

아이: 안녕하세요. 간호사인가요?

어른: 네. 병원에 있는 간호사입니다. 무엇을 도와드릴까요?

아이: 저는 누군가의 집에 있어요. 그녀의 어린 아들이 죽었어요. 여기로 와서
　　　고쳐줄 수 있나요?

'고쳐준다'는 표현은 '낫게 한다'는 표현보다 좀 더 불분명하다. 하지만 그 의도
된 의미는 동일한 듯하다. 우리는 이 아이가 죽음에 대한 개념을 아직 완전히 형
성하지 못하였다는 추가적인 증거를 가지고 있다. 물론, 만일 우리가 언어와 의미
를 더 확장이 가능하면서도 덜 논리적인 계산의 형태로서 바라본다면, 우리 중 누
가 죽음이라는 개념에 관해 '완전히 형성되었다'고 말할 수 있을지 의문이다.

어른: 음, 내가 할 수 있는 건 없어요. 당신은 그를 묻어야 할 거예요.

아이: 오, 안녕히 계세요.

어른: 안녕히 계세요.

아이: 어머니.

어른: 네. (운다)

아이: 우리는 아들을 묻어야 할 거예요. 간호사가 할 수 있는 건 없어요.

어른: 음, 어떻게 해야 하죠? 아들을 묻는다는 게 어떤 의미인가요?

아이: 우리는 십자가를 세울 거예요. 저는 의사의 집에서 십자가를 가져왔어요. 우
　　　리는 십자가를 세우고 아들의 이름을 새겨야 해요. 그 아이 이름이 뭐예요?

어른: 이름은 데이빗이에요.

아이: 네, 데이빗이라고 이름을 새겨야 해요. 오세요. 우리는 그 아이를 묻어야
　　　해요.

(아이: 이제 아저씨가 그 어린 아들이 되세요.)

어른: 하지만 나는 지금 슬퍼지려 해.

아이: 우리는 아들을 묻어야 해요.

어른: 하지만 나는 너무 슬퍼지려 해.

아이보다 어른이 이 상황의 감정적인 면에 더 관심이 있다. 아이는 이전에 우리
가 생각했던 것보다 더 죽음에 대한 개념을 갖고 있다는 것을 이제 보여주려 한

다. 오디오 테이프에서 아이의 '오!발췌본의 두 번째 줄'는 다소 불확실함과 놀라움을
전해준다. 하지만 그는 곧 회복한다. 교사로서 어른은 장례식에 대한 아이의 이해
를 살핀다. 그리고 아이는 놀랍게도 십자가에 이름을 새기는 의식을 소개한다. 어
른은 실제로 아이가 관심을 보이지 않는 감정적인 측면을 고집한다.

(아이: 아저씨는 어린 아들이에요.)

(땅을 파는 소리와 행동)

아이: 데이빗 (십자가에 이름을 쓴다.)

(아이: 아저씨는 눈을 뜬 상태에서 어린 아들처럼 말하세요. 왜냐하면 아저씨는
　　　다시 살아나니까요. 땅 속에 있다고 말하세요.)

어른: 저기, 나를 꺼내주세요. 나를 꺼내주세요.

아이: 저기요, 너 거기 있구나.

어른: 이 아래에서 내가 무엇을 하고 있었죠? 난 흙투성이에요.

아이: 우리는 네가 죽었다고 생각했었어.

어른: 나는 지금 조금 더 괜찮아진 것 같아요.

아이: 의사의 자동차로 돌아가자. 좋아.

　　그것은 부활의 연기를 위한 아이의 생각이다. 아이는 되살아나는 것으로 이 상
황을 인지한다. 하지만 곧 아이는 장례가 단지 실수였다는 것을 받아들이는데 행
복해하는 듯하다: '우리는 네가 죽었다고 생각했어.' 비록 죽음과 장례에 대한 아
이의 생각들은 제한적이긴 하지만 처음보다 더 정교하게 된다.

(운전하는 소리)

아이: 이제 돌아가는 거 괜찮니?

어른: 내 엄마한테 나를 데려다 줄껀가요? (운전하는 소리) 그녀는 뭐하고 있어
　　　요? 슬퍼하고 있나요?

아이: 도착했어요. 너희 집으로 들어가자. 너희 엄마한테 인사 전해주렴.

어른: 안녕하세요. 엄마. 저 나아졌어요.

(아이: 엄마가 말할 수 있게 해요. 어른: 네가 엄마가 될래?)

아이: 안녕하세요.

어른: 나 다 나았어.

아이: 만나게 돼서 정말 좋구나. (포옹) 외출했을 때 작은 선물 하나 사왔단다.

어른: 선물을 사왔다고요?

아이: 응.

어른: 오, 좋아요. 이게 뭐예요?

아이: 눈을 감아. 이제 눈을 떠.

어른: 이게 뭐예요? 오, 의사놀이 세트구나.

아이: 너 주려고 샀어.

어른: 그러면 내가 의사역할을 해도 돼요?

아이: 그럼.

어른: 엄마가 환자가 될래?

아이: 그래.

어른: 좋아요.

아이: 우리 나중에 놀래요?

어른: 그래.

어른은 아이는 가져가지 않는 슬픔을 유지한다. 아이는 행복하게 역할을 다시 바꾼다. 드라마는 만족스러운 통합을 이끄는 자기–지시적인 엔딩으로 끝난다. 소년과 어른은 드라마를 시작하기 위해 현실에서 그리 했던 것처럼 가상에서 나중에 의사놀이를 할 것이다.

'의사의 방문'은 좋은 드라마나 연극의 많은 특징을 갖고 있다: 아들의 건강이 점차 악화되는 것에 따른 명확한 초점과 구조화된 리듬, 마치 예정된 마무리가 외부에 있지 않은 것처럼 만족스러운 미학적인 통합과 완성의 감각, 의미를 전달하기 위해 즉흥적으로 만들어진 언어와 대화의 사용, 그리고 표면으로부터 깊은 염려로 이동하며 일치하는 개인의 경험으로부터 기인한다는 명확한 감각. '의사의 방문'은 예술로서의 드라마와 관련된 많은 특징을 갖고 있다.

예술로서의 드라마

오래 전 내가 초등학생 시절, 학교의 공개일Open Day에 나는 친구들과 함께 벽에 걸린 예술작품을 바라보며 서 있던 것을 회상할 수 있다. 모두들 벽면에서 자신의 예술작품을 찾아내느라 바빴고 내 친구들은 나에게 어떤 게 내 그림인지 물어보았다. 선의를 갖고 나는 그들에게 선명한 노란색과 초록색 그리고 신중하게 명암을 넣은 멋진 수선화 그림을 보여주었다. 그들은 감동을 받았고 나는 칭찬을 즐겼다. 그러나 이 상황은 잠깐이었다. 왜냐하면 작품의 실제 작가가 나타나서 구석에 있는 그의 이니셜을 지적하며 그의 작품이라고 말했기 때문이다. 그리고 나는 자신도 모르게 틀린 그림을 선택했던 것이다. 내 친구들은 유쾌하게 내 수선화 그림의 위치를 다시 알려주었고 우리는 구석에 있는 벽면에서 뜨개질바늘의 끝에 거꾸로 놓인 커스터드 파이처럼 보이는 그것을 발견했다. 나는 그게 내 것이라는 것을 깨달았다. 그 순간 두 작품의 차이점으로 인해 다른 것으로 잘못 안다는 것이 불가능 한 듯 했다. 그러나 예술 교육의 관점에서 수선화를 그리는 경험을 고려할 때 작품이 어떻게 보이는지가 무슨 상관인가? 나에게는 내가 참여한 과정이 첫 번째 것을 그렸다는 생각을 갖게 하는데 충분히 중요하지 않은가?

나에게는 그러했다. 이 일이 있은 지 몇 년 후에 나는 그 당시 경험했던 당혹감을 상기시킬 수 있다. 그 일화와 관련하여 제기된 질문은 예술 및 드라마 교육에서 오래된 유산으로 여겨지는 핵심적인 양분을 강조한다. 또한 이 질문은 '주관성', '객관성', '개인영역', '공공영역'과 같은 대칭적인 개념들을 포함하는 양분을 강조한다. 만일 예술에 대한 정당화가 개인의 자기표현과 창의적 생각에 있다면, 수선화가 실제로 어떻게 보이는지는 그다지 문제가 되는 것이 없다. 하지만, 일반적인 상식과 11살 아이의 기억은 이를 문제라고 한다. 객관적인 기준과 공공의 표준에 대한 생각은 중요하나 현실에서는 예술 교육이 기반하는 이론적 근간을 개의치 않고 침범한다. 한편, 교육적 관점에서 볼 때 작품을 만드는 정황이 어느 정도 중요한지에 대해서 많은 이들의 논의가 있다. 예를 들어, 작가가 형식에 맞추어 그림을 그렸는지, 책에 있는 그림을 베꼈는지, 천재적인 심미적 경험을 바탕으로 그렸는지 말이다. 과정과 결과물의 개념이 더 가깝게 얽히는 드라마의 맥락 안에서 문제는 더욱 예민해진다. 간단한 질문으로 바꾸자면: 드라마 창작에 있어서 참가자들의 경험과 느낌을 더 중시해야 하는가? 혹은 외부인이 그 작업을 바라보는 방식을 중시해야 하는가?

이 책의 목적 중 하나는 독립된 교과목으로서 그리고 교육과정에 통합된 부분으로서 드라마 가르치기에 대해 소개하는 것이다. 도입부에서 언급했듯이, 드라마가 학교에서 학습의 실제 업무로부터의 기분전환보다 더한 무언가로 보여지기 위해서는 이론과 실제의 중요성과 상호관계에 대한 이해가 필요하다. 1장에서 제시하였듯이, 이 주제의 역사적 논의에 있어서 학교에서의 드라마 가르치기는 과거의 전개와 연속을 기반으로 해야 한다. 특히 DIEDrama in education의 대표자들에 의해 구축된 괄목할만한 진전을 토대로 해야 한다. 이러한 관점은 위에서 확인된 딜레마에 관하여 추가적인 탐색을 필요로 한다.

'DIE'라는 용어는 1960년대와 1970년대에 등장하였다. 이는 드라마를 가르치는 하나의 특정한 접근 방법을 뜻한다. 그러나 이 의미는 전반적으로 완벽히 정의되어 있지 않다. 'DIE'가 반反연극하기 또는 즉흥 공연 방법에만 적용하는 것을 의미하는 것이라고 간단히 가정하거나 오로지 교육과정에 드라마를 이용하여 아우르는 것을 의미하는 것이라는 가정이 있다. 그런데 이러한 가정은 철저한 검토에 의한 것은 아니다. DIE 주창자의 주요 기여들 중 하나는 내용에 대한 새로운 강조였다. 볼튼[1998]은 그의 개인적 역사를 통해 이를 명확히 한다. 드라마 가르치기의 기존의 주창자들은 이 학문을 마임, 행동화 스피치 훈련, 움직임 또는 극적 연기 등의 다른 방향으로 생각했었다. 그러나 헤스코트는 의미와 내용을 크게 강조했다. 왕처럼 걷기, 왕의 예복 입기, 왕관 수여식 흉내내기 등을 대신에 DIE 수업에서 학생은 왕으로서의 권력에 대한 책임을 다루는 법, 왕의 외로움, 신뢰할 만한 사람 알아차리기와 같은 영역을 실험한다. 이는 신체적 행위나 연습이 수업내용에 없다는 것을 의미하는 것이 아니다. 목적 자체가 아니라 목적에 이르기 위한 수단이라는 뜻이다.

DIE에서 또 다른 강조는 참가자들 경험의 질이었다. 이러한 관점은 초창기 작가들의 작업에 기인하며 잦은 혼돈을 일으키는 부분이기도 하다.

슬레이드와 웨이는 우선적으로 이를 강조하기 위해 흡수나 진심과 같은 용어를 사용했다. 후대 작가들은 생생한 감정, 경험을 통한 일상, 직감과 같은 개념을 사용했다. 새로운 사고의 흐름이 이전 세대의 부족함에 대응할 때, 지나치게 수정된 강조가 주어졌다. 왕처럼 걷기, 대상에게 인사하기, 손 흔들기 등 목적에 대한 풍부한 감각 없이 학생들이 활동에 참여하도록 했던 드라마의 피상적인 방법에 대한 반대적 대응과 같이, 많은 교사들은 실질적 느낌을 불러일으키는 드라마의 목적을 알게 되었다. 드라마 워크숍은 주로 참가자가 경험을 통해 실제로 움직이도록 하는 그 정도에 의해 성공적이라 판단되었다. 이는 막대한 권력이 소수의 불운한 그룹 리더들이 아닌 참가자들에게 있도록 하는 '너에게 어떠했니?' 기법이었다. '나는 아무것도 느껴지지 않았다'라고 무시하는 듯 말하는 불운한 그룹 리더들은 훨씬 적다. 이는 행동의 외적 유형을 중시하는 연습 유형과는 대조적이었다. 하지만, 여기에 설명된 극단적인 것들이 유지될 수 없다는 것을 알기까지 많은 숙고가 필요하지는 않다. 스타니슬라브스키가 인지하였듯이 그의 작업 방법과는 반대로 '때때로 외부특성을 통해 일부 내부 특성에 다다를 가능성이 있다'^{Mitter 1992: 17에서 인용}. 느낌으로부터 외적 행동을 구분하는 것이 언제나 가능한 것은 아니다. 한 아이는 나름의 방법대로 우는 척 할 수 있으며 그와 같은 과정에서 진실되게 화를 낼 수도 있다. 드라마 참가자는 의도적으로 매우 화가 난 척 할 수 있으며 결국 그 과정에서 화를 낸다. 극단적으로 말하자면, 가상의 상황에 참여하였을 때 참가자들은 현실의 삶에서와 같은 느낌을 경험한다는 것은 거의 합리적이지 않다.

'경험하기'의 반대선상에 있는 '연기하기' 혹은 '~하는 것처럼 나타내기' 사이에는 밀접한 관계를 갖고 있는 이분법이 존재한다. 앞서 논의했듯이 '연기하기' 자체가 다른 해석들과 의미들을 갖는 하나의 개념이라는 점을 알게 될 때 이러한 구분은 복잡해진다. 예를 들면, 스타니슬라브스키^{1926: 25}는 '연기하기'의 다른 개념들을 비교한 바 있다:

> 기계적인 연기자에 따르면, 공연에 적합한 스피치와 인위적인 움직임(가사의 과장된 달콤함, 서사시 낭독에서의 단순하고 따분한 목소리, 증오를 표현하는 경멸의 소리, 비통함을 표현하는 목소리 하의 거짓 눈물)은 목소리, 발음, 움직임을 향상시키고 배우를 더 아름답게 하며 공연의 효과에 더 큰 힘을 실어준다. 불행하게도 고귀함 대신에 겉만 번지르함이, 아름다움 대신 귀여움이, 표정의 풍부함 대신 공연적 효과가 창조되어 왔다.

'연기하기'와 같은 용어의 사용으로 야기된 어려움을 제쳐두고, 참가자들의 내적 경험과 반대되는 개념인 행동의 외적 표현의 치중에 그 초점이 맞추어져 있었다. '내적'과 '외적' 사이의 이러한 차이는 드라마 가르치기의 발전을 설명하는 주요 특징이 되어 왔다. 참가자들 느낌의 본질인 경험의 내적 차원에 대한 강조는

DIE 전통의 가치를 폄하하는 사람들에 의해 비판을 받아왔다. 낭만주의, 내면화된 예술의 영향 하에서 기술과 제작으로부터 주관성과 심미적 표현이라는 불분명한 개념으로 그 강조점이 변화되었다는 점은 비판에 취약하다. 혼브룩Hornbrook, 1989: 69은 19세기 낭만주의와 20세기 발달심리학이라는 두 영역이 전쟁 이후 예술교육에 대한 사상을 형성했다고 주장했다. '이 두 영역은 사회적으로 가치있는 결과물을 만들고 감상하는 것으로 여겼던 예술에 대한 사고를 개인의 내적 세계가 가미된 치유적 개입으로 전환시켰다는 것이다'. 그는 대중적 공연에 대한 전통적인 적대감은 개인의 감정 대응을 최우선으로 하는 것으로부터 벗어난 비자발성을 동반한다고 주장한다ibid: 71.

드라마 교사들은 '주관성', '참여', '중요성', '깊이' 등의 가치와 객관적이고 가시적인 행태의 외적 징후의 가치를 보여주는 이론적 모형들 사이에서 선택에 직면하는 것처럼 보일 것이다. 그러나 실제성과 꽤 거리가 먼 이론적 논의가 갖고 있는 문제점은 우리의 실제 경험과 적절히 관련되어 있지 않은 선택을 강요한다는 것이다. 비록 이러한 용어를 사용하지 않는다 하더라도 드라마 교사들은 거의 예술적이거나 교육적인 경험의 방법으로 단지 적절하게 행동하는 것에 근거한 수업은 예술적이며 교육적인 경험이 부족하며 그러한 수업에서 내적 행위의 개념이 중요하다는 것을 알고 있다. 이는 볼튼과 헤스코트의 작업과도 깊은 관련이 있는 드라마 참가자들 경험의 질에 대한 강조였다. 웨이의 **드라마를 통한 발달**Development Through Drama의 도입에서 그는 학습의 경험적 형태로서의 드라마의 힘을 환기시키기 위해 '맹인'의 예를 활용했다.

다수의 단순한 질문에 대한 대답은 두 형태 중 하나와 관련이 있다. 정보에 관한 대답 또는 직접 경험에 관한 대답이 그것이다. 정보에 관한 대답은 학술적 교육의 범주에 해당하며, 직접 경험에 관한 대답은 드라마에 해당한다. 예를 들어, '맹인은 무엇인가?'라는 질문에 대해 대답은 '볼 수 없는 사람'이 될 수 있다. 그 대신에 '눈을 감아라. 계속 그런 상태에서 이 방 밖으로 나가는 길을 찾아라.'가 답이 될 수 있다. 첫 번째 대답은 상세하고 정확한 정보를 담고 있으며, 아마도 그 대답이 충족한다고 느낄 수 있다. 그러나 두 번째 대답은 질문자가 직접적인 경험의 상황으로 이끌어져서 단순한 지식을 초월하고 상상력을 강화시켜서 생각뿐만 아니라 마음과 정신을 자극한다. 매우 간단히 말해서, 이는 드라마의 정밀한 기능이다.

(Way, 1967: 1)

1976년에 볼튼은 이러한 활동이 참가들의 맹인에 대한 이해를 충분히 증진시키는지 고찰하였다.

참가자들의 시각적 박탈에 대한 대강의 이해를 높이는데 유용하다는 전제 하에, 만일 맹인의 개념이 심각하게 다루어진다면 그 연습은 크게 확대될 필요가 있다. 만일 연습이 그 자체로 여겨지기보다 드라마의 일면으로 이동하는 것으로 여겨진다면, 감각을 제한하는 것은 즉흥적인 감각 경험을 넘어서 상징적 의미를 얻어야 한다.

(Bolton, 1976)

혼브룩[1989: 92]도 비슷한 언급을 한다. '예를 들어, 눈을 감고 방을 가로질러 걷는 것이 실제로 우리로 하여금 맹인이 세상을 인지하는 것과 같다고 느끼게 하는가?' 여기서 핵심은 신체적 연습이 가치가 없다는 것이 아니라, 맹인에 대한 드라마를 개발하는 데 있어서 그 자체가 충분하지 않다는 것이다. 이는 일종의 놀이나 신체적 활동으로 시작된 10장에서 설명된 수많은 수업들처럼 귀중한 출발점이 될 수 있다. 맹인을 주제로 다루는 수업을 위해 타당한 동일한 출발점은 그 이슈에 대한 논의에 학생들을 참여시키거나 또는 연극 대본의 발췌본을 읽도록 하는 것이다. 브룩과 스타니슬라브스키를 각각 언급한 아래 인용문과 같이 '내부에서 외부' 또는 '외부에서 내부'로 드라마 작업이 모두 가능하다[Mitter, 1992: 6].

연기자는 반응을 위해 자신의 내부를 파헤쳐야 한다. 그러나 동시에 그는 외부자극에 자신을 열어두어야 한다. 연기는 이러한 두 과정을 연결하는 것이다.
실제로 개별의 신체적 행위에는 정신적인 내적 행위 안에 초자연적 본질을 표현하는 신체적인 행위가 있는 것처럼 신체적 행위를 하게 하는 내부에는 역시 정신적 동기가 있다. 이 두 행위들의 융합은 무대 위에서 유기적이고 자연스러운 행위를 만들어 낸다.

한 번 더 언급하건대, 만일 감각이 둘 중 하나로 구성된다면 이론은 실제에 기초할 필요가 있다. '내적'과 '외적' 사이의 철저한 구분에 대한 논의는 언어를 너무 심각하게 다루는 것이다. 그리고 이러한 논의에 기반하는 것은 언어와 현실 사이의 관계가 복잡하고 삶과 경험을 이해하기 위한 비유의 근사치로서 '내적'과 '외적'과 같은 단어를 사용한다는 것을 인식하지 못하는 것이다. 언어와 객관성, 진실성,

느낌에 대한 드라마와 예술을 정제하는 것은 표면적으로 더 매력적이면서도 이성적인 설명을 제공해 준다. 그러나 이러한 설명은 궁극적으로 환원주의적이다. 왜냐하면 그것들은 중요한 것을 많이 배제시키기 때문이다. 자기표현으로서 예술에 대한 많은 비판은 그것이 타당하지 않다는 것을 의미하지 않는다. 하지만, 미학적인 맥락에서 이러한 특정 이론에 관해 언급되는 일종의 의구심에 대한 더 상세한 설명은 느낌과 감성의 본질을 이해하지 못하는 예술에 대한 오해를 드러낸다. 결국, 이러한 오해들은 언어가 작동하는 방식에 대한 잘못된 관점으로부터 야기된다.

❏ 자기표현

제목이 제시하듯이, 예술의 자기표현 이론은 창작과정에서 진행되어야 하는 것에 주의를 기울였다. 즉, 예술작품에서 예술인이 내적 느낌이나 감정을 표현해야 한다는 것이다. 오스본[Osborne, 1968: 132]은 그가 만연하게 퍼져있는 낭만주의를 포함해 역사적 맥락 하에 이러한 관점들을 활용한다.

예술가의 격상, 독창성의 승격, 그리고 영향력 있고 감정적인 경험을 특별히 강조하는 새로운 가치들, 그리고 허구와 지어낸 이야기에 연결된 새로운 중요성.

전통적으로 자기표현 이론에 대한 많은 논의들이 발전해 왔다. 예술가들이 작업하는 실제 방식에 대한 탐구는 특정 문제를 생산해 내기도 했다. 우리가 창의적 과정에 대해 알고 있는 것은 '자기표현의 신비로운 활동에 참여하는 단독적인 재능' 이론에 의해 제시된 양식을 따른다고 명확히 말할 수 없다는 것이다[Hospers: 1954-5]. 위대한 예술은 창조론에 사로잡혔다고 진술하지 않는 사람들에 의해 만들어져 왔다고 인식되어 왔다. 그 사람들은 어쩌면 감정에 표현을 추가할 것을 강요받으며 돈 벌기를 기대하거나 기예를 완성하기 위해서 동기부여 되었을지 모른다. 만일 자기표현이 평가를 위한 기준으로 사용된다면, 우리는 창조활동에서 강한 감정을 경험하였지만 예술과 닮은 어떤 것도 만들어내지 못한다. 주장하는 사람들과 씨름해야 한다. 자기표현 이론은 예술가의 느낌과 의도가 최고라는 '내적 오류'의 극단적인 형태로 보일 수 있다.

그런데 이러한 것들은 자기표현으로서 예술에 대한 비판의 일부이기도 하다.

그러나 도전의 또 다른 형태는 이 이론에 암묵적으로 내재된 감정의 관점에서 얻어진다. 그리고 이는 인간 활동의 '내적' 그리고 '외적' 차원에 관한 논의와 관련이 있다. 이 이론은 특정 예술형태적인 표현이 사적 세상에 존재하는 어떤 '내적 격변'으로 바라보는 감정의 관점을 토대로 한다. 언어는 우리로 하여금 느낌, 동기, 개인적 성향에 관한 단어들이 신비로운 내적 실체를 정의한다고 생각하도록 한다. 여기서 내적 실체는 표현을 찾아내는 '외적' 행동과는 다소 다르다. 핵심은 감정이 감각으로써 느껴지는 것이 아니라는 데 있는 것이 아니다. 마치 누군가가 화가 날 때 그에 따른 실제 신체적인 변화를 겪을 수 있다는 명확한 사실을 부인하는 것이 아니다. 오히려 핵심은 '내적' 감각을 의미하는 단어가 단순히 무엇을 의미하는지 충분한 설명이 아니라는 것이다. 만일 감정이 단지 감각이라면, 특정 사람들 또는 대상에 연결하여 언급하는 것은 타당하지 않을 것이다. 비록 우리가 감정에 대해 말하는 방법이 자세하더라도, 타당하거나 타당하지 않은 감정에 대해 말한다는 것은 받아들이기 어렵다. 우리는 각자에서 야기되는 다른 종류의 찌릿한 통증이나 내적 감각을 탐색함으로써 '분개'와 '짜증'을 구분할 수 있는가? 이에 대한 대답은 명확히 말해서 '구분할 수 없다'이다. 이를 구분하는 요소는 특정 느낌이 생기게 하는 상황이다. 만일 내 자동차에 연료가 떨어져 작동하지 못하게 된다면, 나는 누군가가 의무를 어겼다는 함축을 단어에 담아 '분개한다'고 말하는 것이라 여기기는 어렵다. 예를 들자면, 정비소의 정비공이 서비스 후에 요청한 기름을 채워놓지 않은 경우에만 이 논리가 타당할 것이다[Bedford, 1956: 292].

감정은 느낌이라는 단순히 본질적인 특성의 덕목에 의한 것뿐만 아니라 대상 그리고 상황과의 관계에 의한 덕목이다. 물론, 감정과 느낌을 설명하는 것이 반드시 개인의 내적 상태를 설명하는 것이 아니라는 주장은 극단적인 행동주의 관점의 불충분함을 보여주는데 사용될 수도 있다. 여기서 극단적인 행동주의 관점은 행동의 외적 징후를 중요한 것으로 바라보는 것이다. 그런 경우에는 실제 감정과 가식 사이의 구분을 만들어내는 게 불가능하다. 만일 누군가의 화가 진심이라면 그들의 내적 상태를 탐색함으로써가 아니라 그들이 상황으로부터 만들어진 정보 때문에 화가 난 것처럼 하고 있다는 것을 알게 된다. 더 명확하게는, 이는 그 느낌이나 감정의 특정한 상태에 놓이게 되면 어떨지에 대한 설명과 정확히 일치하지 않는다.

행동주의에 대한 논의가 행동의 외적 징후를 묘사하는 반면, 미드글리[Midgley, 1979:

[106]는 우리가 행동을 묘사할 수 있는 대부분의 용어들이 대리인의 경험을 효과적으로 설명한다는 점을 강조한다. '문제를 없애기 위한 예방책이 무엇이던 간에 의식적 주체에 대한 언급은 항상 끼워 넣어진다. 왜냐하면 언어는 그것을 전달하기 위해 정형화되어왔기 때문이다.' 그녀는 웃기나 울기 등 인간의 행위에 대한 묘사는 단지 표준화된 외적 움직임을 묘사하는 것이 아니라 그들이 마음의 상태를 묘사하는 것 이상이라고 했다. 그러나 이러한 움직임들은 특정한 느낌과 의도와 함께 만들어진다.

그녀는 '웃기'를 통해 그녀의 포인트를 더 자세히 설명하고자 했다. 외부의 관점에서 볼 때, '웃기'는 단순히 톱 또는 하이에나와 같은 물리적인 주체가 만들어내는 것과 유사한 어떤 이상한 소음을 만들어 낸다. 그러나 소음 그 자체는 우리가 '웃음'이라고 묘사하길 원하는 것이 아니다. 더불어 비록 어떠한 소음도 내지 않고 말하는 사람이 겉으로는 예의바르게 대한다 하더라도 누군가는 '그들이 모두 나를 비웃고 있었다.'고 이해할 수 있다. 미드글리는 아래와 같이 말한다.

만일 우리가 이러한 개념을 이해한다면, 전형적으로 소음이 만들어지는 주관적이고 의식적인 상태 파악을 위해 대체할만한 것이 없다는 것은 받아들여질 것이다. 그리고 이를 위해 당신이 할 수 있는 무엇인가를 할 필요가 있다. 웃음을 재채기, 흐느끼기, 코웃음 치기, 다른 소음으로부터 확실하게 구분할 수 없다는 것을 이해하지 못하는 누군가는 그 초점과 의미를 혼자서 해석하도록 두자.

(ibid: 107)

이 논의는 '내적' 행위와 '외적' 행위의 개념들과 관련될 수 있다. 드라마 교사들이 옹호할 필요가 있는 부분은 그러한 용어의 사용을 피하는 것이 아니라 혼자의 힘으로 인간의 행동을 설명하는 것이 가능할 것이라는 가정을 피하는 것이다:

만일 우리가 외적 행위와 내적 경험 중 하나를 선택하도록 강요된다면 확실히 문제가 발생한다. 둘 모두를 선택할 수 없다면 말이다. 그러나 우리는 두 가지를 갖고 있다. 사람들은 외면뿐 아니라 내면을 가지고 있다. 그리고 그것들은 대상이자 주체이다. 또한 이 두 가지 측면은 함께 작동한다. 우리는 각자를 이해하기 위해 둘 모두에 대한 관점을 가질 필요가 있다. 그리고 일반적으로 이 둘 모두는 행위의 모든 묘사에 포함된다.

(ibid: 112)

이러한 논의는 교실 내에서 이루어지는 실질적인 현실과는 동떨어져 있는 듯 여길 수 있다. 그러나 이는 그런 사례와는 전혀 다르다. 우리가 드라마 작품의 수준을 판단할 때 우리가 본 것을 판단함으로써 평가할 수 있다는 논리가 있다. 그러나 이와 같은 행동을 통해 참여의 깊이와 내용의 명확한 이해에 대한 결론을 만드는 것이 완전히 정당하다고 할 수 있다. 사실 교실에서 우리가 하는 것을 상세하게 인식하는 극단적인 예들을 생각할 필요가 있다. 만약 드라마 내에서 그룹들이 조난사고에 관한 장면 연기 발표를 요청받고 상어들로부터 도망치기 위해 물에서 허우적대는 소란스러운 시간을 갖는다면, 이는 좋은 드라마가 아니며 참가자들의 태도를 추론하는 과정은 우리가 판단을 형성하는 한 부분이라 생각하는 것이 안정적일 것이다. 이와 비슷하게, 지나치게 훈련받아 기계적이며 진실된 기여와 이해가 없이 조난사고를 공연하고 연기를 하는 그룹은 수준 높은 드라마를 만들어냈다고 할 수 없다. 드라마에 관한 질적 수준에 대한 논의는 반드시 느낌과 내용에 초점을 두어야 한다. 이는 느낌이 언제나 대상과의 관계 때문에 있는 것이라는 점을 나타내는 이론적 논의로부터 기대할 수 있는 것이다.

과거에 드라마 현장 전문가들에 의해 만들어졌던 한 실수는 드라마와 작업의 질 그리고 특정 방법론들 간에 명백한 인과관계가 있다고 가정하는 것이었다. 그러나 경험이 있고 주제에 능숙한 학급은 심지어 신임할 수 없는 기반을 가지고도 그냥 '그룹에 들어가서 극 작업을 한다'는 방법으로도 수준 높은 작품을 만들어낼 수 있어야 한다. 이때 경험이 있고 주제에 능숙하다는 것은 주요요소가 된다. 2장에서 논의했듯이, 이는 '학습으로서의 드라마'의 개념과 동떨어진 것은 아니다. 공공적이고 공동체적인 활동으로서의 '표현'의 개념에 내재된 형성과정이 핵심이다. 그러나 단순히 그룹에게 한 장면을 연기하라고 하거나 다양한 드라마적 기술로 그들을 훈련시키는 것이 수준 높은 작품을 만들 것이라 가정하는 것은 잘못된 생각이다. 헤스코트와 볼튼 같은 선구자들의 기여 중 하나는 그 목적에서 더 나아간 드라마 교수 방법을 개발했다는 것이다. 이러한 드라마 교수 방법은 이 책에서도 많은 부분이 이미 소개되었다. 또한 이러한 논의는 학생들의 드라마 작업에 대한 판단을 내리는 데 맥락과 과정이 중요하다는 점을 강조한다.

❑ 드라마와 경험

경험의 '내적' 측면과 '외적' 측면에 대한 개념을 이해하는 것이 중요하기 때문에 '두 눈으로 보는 시각'의 중요성을 언급한 스테이츠[States, 1985]의 논의는 매우 매력적이라 할 수 있다. 이 '두 눈으로 보는 시각'은 세계와 예술에 대한 상호보완적인 관점으로서 기호학과 현상학을 강조한다. 기호학은 '사회에서 의미를 생산하는 연구에 집중하는 과학'으로 정의된다[Elam, 1980: 1]. 이는 드라마가 어떻게 작동하는지 바라보는 방법과 의미를 생성하기 위해 연극 공연에서 기호를 사용하는 방법을 시도하며 연극과 드라마에 관한 연구에 큰 기여를 해왔다. 스테이츠[1985: 6]가 언급했듯이 기호학은 연극을 '예술과 문화 사이 그리고 발표자와 청중 사이를 중재하는 과정'으로 여긴다. 그리고 연극은 기호의 언어를 통해 의미들이 예술적 계량을 거쳐 사회로 되돌아오는 통로가 된다. 기호학은 청중과 의미가 서로 소통되도록 하며 단어, 표현, 몸짓, 불빛, 음악 등 드라마의 기호체계방법에 주의를 집중한다. '드라마 공연의 전체 의미는 반드시 읽히면서도 독립적인 기표들의 복잡하고 다층적인 구조의 전체적인 영향으로부터 항상 발생한다[Esslin, 1987: 106]'.

스테이츠는 기호학적 진취성의 가치를 인식하는 한편 연극에 대한 '감각적인 전념'의 중요성을 지적했다. 구조와 기호에 대한 주의는 객관적인 측면으로 지목될 수 있는 것에 초점을 둔다. 그러나 이는 진취성에 대한 참가자들의 경험을 묘사하지는 않는다.

> 만일 우리가 바라보는 방식으로서 기호학과 현상학을 생각한다면, 그것들은 두 눈으로 바라보는 시야를 구성한다고 말할 것이다. 즉, 한쪽 눈은 세상을 현상학적으로 바라보고, 다른 눈으로는 세상을 암시적으로 바라볼 수 있다. 이 두 눈들은 정상적인 시야의 비정상적인 극단성을 보인다.
>
> (States, 1985: 8)

과거에 현상학은 DIE와 관련된 책의 작가들에 의해 사용되어 왔다. 그러나 세상에 관한 사유 방식으로서의 이론적 영향력은 사고의 전체 체계에 관한 것들로 인해 저항을 겪어왔다. 주관주의와 이상주의의 극단적인 형태로 인해 일부 작가들은 배척당했다. 그러나 현상학이 넓은 관점에서 전체 철학으로서 인식되는 것이 아니라 경험의 반영으로서 인식된다면, 누군가는 객관적이고 외적인 모양새에 집중하는 균형잡힌 관점 하에 그 가치를 바라볼 수 있다. 학생들이 드라마를 창작하고 관찰하는 것에 참여할 때, 그들이 갖는 이해와 '느낌-반응'의 기능을 보이는 경험의 질은 중요하다. 왜냐하면 기호의 처리는 의미를 창출하는 것이기 때문이다. 이는 왜 드라마 가르치기가 이 두 양 극단 사이에 균형을 맞추는 섬세한 예술인지를 의미한다. 여기서 균형을 맞추는 것의 예는 혼브룩이 마땅히 비판해왔던 관대하고 안목이 없는 방법을 회피하는 것이고, 데이비스^{Davis, 1991}가 찬장 소품이 무대와 잘 어울리고 아이가 잘 차려입고 "연기"를 했던 그 날로 묘사했던 단순한 '보여주기'를 회피하려는 것이다. 소위 '연기했다'라는 단어의 배치는 그 용어의 사용이 중요한 것이 아니라, 실제 어떤 의미인지가 더 중요하다는 것을 보여준다.

한번 더 언급하자면, 이 책에서 자주 예로 들듯이, 논의는 언어를 중심으로 이루어지고 그 효과는 우리의 생각에 영향을 미친다. 언어의 영향력을 인식하는 것과 더불어 때때로 언어의 파괴적인 영향을 인식하는 것도 중요하다. 앞서 제시했듯이, '내적'과 '외적' 경험과 같은 단어들은 대부분 보완적인 개념으로 우리가 유용해 보이는 것들을 구축하거나 비유하는 것이라기보다는 선택한 것들 간에 차별적인 실체들이라는 것을 의미한다. 뉴욕 예술가인 존 스핑크스^{John Spinks}의 작업 테마 중 하나는 언어와 그것이 묘사하는 것 간의 관계에 관한 것이다. 캔버스 중앙의 구분선 양 옆에는 두 개의 소문자로 된 1/2센치 정도 크기의 작은 단어들이 있다. 이 단어들은 확실히 책에서 오려낸 것들이다. 그 단어 자체는 '둘two' 그리고 '단어words'라 읽을 수 있는 단어이다. 캔버스 중앙의 구분선은 오래된 책의 등 부분으로 보이며 두 개의 단어가 명시되어 있는 두 장의 빛바랜 백지로 보인다. 상세하고 빛 바랜 질감을 갖고 있는 그 대칭과 색깔은 매우 만족스러우면서 시사하는 바가 많다. 절제되어 있기 때문에 그 작품은 언어와 의미에 대한 문자 그대로의 관점을 보여주는 듯하다: 우리는 두 개의 단어를 보고 '두 단어'라고 읽는다: 기호와 기표 사이의 관계는 단순하다. 이 작품은 의미라는 것이 전혀 명확하지 않다는 것을 우리에게 상기시킨다. 페이지 위에 단 두 개의 단어가 있는 오래된 책이라는 맥락은 '단어' 자체가 가지는 개념의 울림뿐 아니라 의미프린트된 단어가 우리의 기술적인 사회에서 미래를 의미하는가?에 대한 짐작도 가능하게 하며 그 언어의 단순한 해석을 약화시킨다. '두 단어'는 '두 단어' 이상의 의미를 가진다. 이 작품의 흥미로운 지점은 우리가 직관적이고 개념적으로 생각하도록 해줌에도 불구하고 그 의미가 과정에 의해 제한되지 않는다는 것이다.

드라마의 또 다른 중요한 점이 있다. 우리는 예술 형태를 다루므로 드라마에 참여한 결과로서 나타나는 '학습'을 논의하는 것이 적절치 않다고 때때로 가정된다. 그리고 이는 2장에서 소개되었다. 그러나 드라마에서 학습의 결과적인 면에서 언어 형성이 우선순위가 되고, 강조된다면, 그 방법은 교육 목적에 대한 더 건설적인 논의를 촉진시킨다. 작가의 의도는 의미를 홀로 정의하는 요소가 아니다. 예술 작품의 경우, 상세한 목적과는 무관하게 그 작품이 의미하는 것에 대해 추측하는 것은 당연하다. 그리고 드라마 수업에서 교사의 임무들 중 하나는 학생들이 직관적으로 만든 것에 대해 이해하고 반응하도록 돕는 것이다.

■ 포함에서 통합으로

이 책의 기저에 있는 암묵적인 관점들 중 하나는 1장 <그림 1.1>의 Drama 1에 나타난 초창기 DIE전문가들의 이론과 실제에 한계가 있음에도 불구하고 그들의 유산이 잊혀서는 안 된다는 것이다. 그들의 작업은 예술교육이 유형과 기술을 가르치는 것을 포함해야 한다는 것을 충분히 인지하지 못했다. 그리고 그들은 반응의 중요성과 더불어 창작의 중요성에 충분히 주의를 기울이지 않았다. 그러나 예술교육에 대한 진보적인 접근을 시도한 초창기 개척자들이 인지했던 것은 질적 경험, 참여, 진정한 주인의식이 갖는 중요성이다. 이러한 요소들은 자기표현의 패러다임을 넘어선 볼튼과 헤스코트 등 드라마 전문가들의 작업을 통해 계속해서 알려졌다. 그러나 진보적 시각은 일부 동시대적인 실천에서 잊힐 위험에 놓여 있다.

드라마에 참여는 하지 않았지만 이를 관찰한 후 작업에 대한 글을 쓴 노먼[Norman, 1999: 8]은 다음과 같이 말했다.

교육적인 드라마의 세계로부터 멀어진 이후, 최근에 나는 콘퍼런스 워크숍에 참석했고 학교에서 드라마를 관찰했다. 나는 '여기 그리고 지금(here and now)'에 참여한 사람들에 의해 영감적이고 탐구적이며 주체적이고 절충되고 특징화된 경험을 하지 못했으며 감정의 개입으로 인한 동기부여가 되지 못했다. 전반적으로 재미없고, 순차적이며 직관적이었다. 매우 상상력이 없는 외부 형식을 찾아가면서 정지장면, 활동들, 지나친 걱정들을 포함하였다.

나는 이 인용이 잘못된 이원론의 형태를 의미한다고 지적해 왔다[Fleming 2001: 30]. 그러나 이 언급의 중요성을 손상시키고 싶지 않는다: 이원적 관점의 비판을 피하기 위해 우리는 단지 쉽게 많은 작품들이 예술적인 통합에 결여되었다는 언급과 함께 '감정의 개입'과 '외부 형식'이라는 말을 할 수 있다.

노먼은 1999년에 엄격한 교육과정 통제, 부담이 많은 시험, 실적 평가, 교육의 대중적 시장화 이후의 10년간의 영국교육 상황에 대해 쓰고 있었다. 더불어, 당시 지나친 학교 감사 제도는 많은 교사들이 위험을 무릅쓰도록 하는 분위기를 조장했다. 여기서 말하는 형식적인 드라마 가르침은 닐랜즈가 그의 첫 저서, **스트럭처링 드라마**Structuring Drama Work를 통해 주장했던 드라마 가르침이 아니다. 그러나 큰 외부의 압박 속에서 교사들은 일상적인 관습, 게임, 활동을 편협적으로 소화해야만 했고, 이에 따라 학생들은 거의 이해하지 못하고 주인의식을 갖지 않은 채 주체적으로 활동하지 않게 되었다. 한편, 과정보다 작품에 더 치중하는 교사들은 동일한 교육 상황에서 보다 어른 중심의 겉만 번지르한 생산가치가 높은 작품으로 쉽게 이끌린다. 그리고 이러한 작품들은 학생들의 이해나 주인의식은 거의 찾아볼 수 없기도 하다. 5장의 드라마 질에 관해 언급한 부분에서 질이라는 용어를 사용하기 위해 제시한 예들은 '예술로서의 드라마'에 대한 것이라기보다 시뮬레이션의 경향이 있다.

이 책은 『드라마 가르치기』라는 제목의 책이다. 그리고 철저하게 통제된 시뮬레이션의 편협한 형식들이 이 주제를 처음 접하는 이들에게는 적절하다고 논의될지 모른다. 그러나 이는 학생들이 작품의 중요한 내용에 연계되기 이전에 기본적인 기술을 배워야 한다고 하는 것과 같다. 어느 입장도 적절하지 않다. 그러나 여기서 권하는 것은 드라마 교사들이 협소하고 일상적으로 일하는 방식에 얽히는 것을 피해야 한다는 것이다. 그리고 또한 광범위한 가능성을 포용해야 한다는 것이다.

'포함'이라는 용어는 드라마 관련 도서에 활용되어 왔다. 이 '포함'이라는 용어는 드라마와 씨어터, 과정과 결과물, 또는 연기와 경험과 같은 개념들을 분리시켜 온 과거의 논의들이 모든 드라마의 발현을 받아들이는 더 관대한 상황이 되도록 했다. '통합'의 개념은 이분법이 타당하지 않고 우리가 사용하는 언어에 의해 이분법이 만들어진다는 점을 조금 더 설명하기 위해 이러한 관점을 차용한다. 실질적인 관점에서 '통합'의 개념은 드라마 교수요목과 특정 수업이나 워크숍 내에서 대본, 공연, 즉흥극 등의 요소들을 사용하는 방법으로 드라마를 활용하려는 제안과도 같다. 교육과정에 적용할 때, 통합의 개념은 계획이나 가르치는 단계에서 과목과의 연계를 의미하기 위해 사용된다. 이 책의 다른 논의들 중 하나는 다른 과목들과 통합되는 방법으로서의 드라마 사용을 두려워하거나 반대할 이유가 없다는 것이다. 그러나 예술 형식으로서의 드라마는 과목의 특정 목표들에 따라 희석되지 않는다는 점이 중요하다.

드라마의 힘에 관한 많은 부분은 불명확함, 긴장, 언어의 다층적인 의미들, 기호 체계가 탐색되는 방법에 있다. 따라서 본질적으로 인간을 즐겁게 해주는 중요한 요소들의 문제점을 없애주면서, 드라마의 이론과 실제대조적인 긴장들 간에 균형을 맞춰줌으로써 그 자체가 성공적으로 운영될 필요가 있다가 상세하고 명확하다면 그것은 바로 역설적인 것이다. 우리는 우리 세계를 객관화함으로써 우리 세계로부터 해방될 수 있다[Taylor, 1985: 4]는 말은 그 말 자체에 의해 강화되는 단지 표면적으로만 매력적인 관점이다. 드라마의 가치는 드라마가 사람들로 하여금 그들의 세계와 연결되도록 해주고 세계를 이해하며 도전하게 해준다는 것이다.

이 장의 제목이 결론임에도 불구하고, 『드라마 가르치기』라는 책이 완전히 끝나는 것은 아니다. 드라마 창조의 중심에 있는 긴장은 그 과정에 대한 사고의 중심에 있기도 하다. 그리고 이론적이고 실제적인 모든 드러난 문제에 대한 쉬운 해결책을 찾아가는 것은 어리석은 짓일지도 모른다.

더 읽을거리

미학 및 예술(드라마 포함) 교육 관련 이슈에 대한 논의를 위해서 다음을 참조할 수 있다. Fleming, M. (2012) The Arts in Education과 Fleming, M., Bresler, L. and O'Toole (2015) The Routledge International Handbook of Arts and Education. 미학에서 보다 광범위한 이슈를 논의하기 위해서 다음을 참조하시오.
Lyas, C. (1997) Aesthetics; Hanfling, O. (1992) Philosophical Aesthetics과 Davies, S., Marie Higgins, K., Hopkins, R., Stecker, R. and Cooper, D.(ed.). (2009) A Companion to Aesthetics, 그리고 Eaton, M. (1988) Basic Issues in Aesthetics.

참고문헌

Ackroyd, J. (2000) Literacy Alive. London: Hodder & Stoughton.

Ackroyd, J. (2004) Role Reconsidered: A Re−evaluation of the Relationship Between Teacher−in−Role and Acting. Stoke−on−Trent: Trentham Books.

Alexander, H. (2006) 'A View from Somewhere: Explaining the Paradigms of Educational Research', Journal of Philosophy of Education, 40(2), 205-221.

Alexander, R. (2008) Towards Dialogic Teaching: Rethinking Classroom Talk, 4th edn. York: Dialogos. (First edition 2004.)

Allen, J. (1979) Drama in Schools: Its Theory and Practice. London: Heinemann.

Anderson, M. (2012) MasterClass in Drama Education. London: Continuum.

Anderson, M. and Dunn, J. (eds) (2013) How Drama Activates Learning. London: Bloomsbury.

Anderson, M., Carroll, J. and Cameron, D. (2009) Drama Education with Digital Technology. London: Continuum.

Arts Council of Great Britain (2003) Drama in Schools. London: Arts Council. (First edition 1992.)

Baldwin, P. (2008) The Primary Drama Handbook: An Introduction. London: Sage.

Baldwin, P. and Fleming, K. (2003) Teaching Literacy Through Drama. London: Routledge/Falmer.

Bank, F. (2013) Creative Shakespeare: The Globe Education Guide to Practical Shakespeare. Arden Shakespeare. London: Bloomsbury.

Barnes, D. (1976) From Communication to Curriculum. Harmondsworth: Penguin.

Bedford, E. (1956) 'Emotions', Proceedings of the Aristotelian Society, 1956-57, supple−ment LVII, 281-303.

Bennathan, J. (2000) Developing Drama Skills. London: Heinemann.

Bennathan, J. (2015) Making Theatre: The Frazzled Drama Teacher's Guide to Devising. London: Nick Hern Books.

Bennett, S. (1997) Theatre Audiences: A Theory of Production and Reception. London: Routledge.

Berry, C. (1993) The Actor and the Text, revised edn. London: Virgin Books.

Boal, A. (1992) Games for Actors and Non−Actors, trans. A. Jackson. London: Routledge.

Bolton, G. (1976) 'Drama as Metaphor', Young Drama, 4(3), June, reprinted in Davis, D.

and Lawrence, C.

(1986) Gavin Bolton: Selected Writings. London: Longman, 42-7.

Bolton, G. (1979) Towards a Theory of Drama in Education. London: Longman.

Bolton, G. (1984) Drama as Education. London: Longman.

Bolton, G. (1992) New Perspectives on Classroom Drama. Hemel Hempstead: Simon & Schuster.

Bolton, G. (1998) Acting in Classroom Drama. Stoke－on－Trent: Trentham Books.

Bolton, G. and Heathcote, D. (1999) So You Want to Use Role Play? Stoke－on－Trent: Trentham Books.

Bowell, P. and Heap, B. S. (2012) Planning Process Drama. London: David Fulton.

Brook, P. (1968) The Empty Space. Harmondsworth: Penguin Books.

Bulman, J. (ed.) (1996) Shakespeare, Theory and Performance. London: Routledge.

Cajkler, W. (1999) 'Misconceptions in the NLS: National Literacy Strategy or No Linguistic Sense?' Use of English, 50(3), 214-227.

Cassidy, S., Turnbull, S. and Gumley, A. (2014) 'Exploring Core Processes Facilitating Therapeutic Change in Dramatherapy: A Grounded Theory Analysis of Published Case Studies', The Arts in Psychotherapy, 41, 353-365.

Central Advisory Council for Education (1967) Children and their Primary Schools: The Plowden Report. London: HMSO.

Chalmers, D. (2007) Drama 3-5: A Practical Guide to Teaching Drama to Children in the Foundation Stage. London: Routledge.

Chaplin, A. (1999) Drama 9-11. Leamington Spa: Scholastic.

Cizek, F. (1927) Children's Coloured Paper Work. Vienna: Anton Schroll.

Clipson－Boyles, S. (1998) Drama in Primary English Teaching. London: David Fulton.

Coffield, F., Moseley, D., Hall, E. and Ecclestone, K. (2004). Learning Styles and Pedagogy in Post－16 Learning. A Systematic and Critical Review. London: Learning and Skills Research Centre.

Cohen, L., Mannion, L. and Morrison, K. (2006) Research Methods in Education. London: Routledge.

Cook, C. (1917) The Play Way. London: William Heinemann.

Cremin, T., McDonald, R., Goff, E. and Blakemore, L. (2009). Jumpstart! Drama: Games and Activities for Ages 5-11. London: David Fulton.

Culpin, C. (1992) The Making of the U.K. London: Collins.

Cutler－Gray, D. and Taylor, K. (1991) 'Finding Wings: Video Drama', The Drama Magazine, November, 19-21.

Davies, S., Marie Higgins, K., Hopkins, R., Stecker, R. and Cooper, D. (eds) (2009) A Companion to Aesthetics. Oxford: Basil Blackwell. 1st edn. 1992

Davis, D. (2014) Imagining the Real: Towards a New Theory of Drama in Education. London: Trentham Books.

Delandshere, G. (2009) 'Making Sense of the Call for Scientifically Based Research in Education', in Winkle−Wagner, R., Hunter, C. and Ortloff, D. Bridging the Gap Between Theory and Practice in Educational Research. London: Palgrave McMillan 35–46.

Denscombe, M. (2007) The Good Research Guide. Milton Keynes: Open University Press.

DES (1988) Report of the Committee of Enquiry into the Teaching of English (The Kingman Report). London: HMSO.

DfE (2015) GCSE Subject Content. London: DfE.

DfES (Department for Education and Skills) (2003) Drama Objectives Bank. London: Qualifications and Curriculum Authority.

Dickinson, R., Neelands, J. and Shenton Primary School. (2006) Improve Your School Through Drama. London: David Fulton.

Donaldson, M. (1978) Children's Minds. London: Fontana.

Donaldson, M. (1992) Human Minds: An Exploration. London: Allen Lane.

Doona, J. (2012) Drama Lesson for the Primary School. London: Routledge.

Doona, J. (2013) Secondary Drama: A Creative Source Book. London Routledge.

Doona, J. (2012) Shakespeare for the Primary School. London: Routledge.

Eagleton, T. (2003) After Theory. London: Allen Lane.

Eaton, M. (1988) Basic Issues in Aesthetics. Belmont, CA: Wadsworth Publishing Company.

Edgar, D. (2009) How Plays Work. London: Nick Hern Books.

Elam, K. (1980) The Semiotics of Theatre and Drama. London: Methuen. (Reprinted in 1988 by Routledge).

Esslin, M. (1987) The Field of Drama. London: Methuen.

Farmer, D. (2011) Drama Games and Activities. North Carolina: Lulu Press.

Farmer, D. (2012) Learning Through Drama in the Primary Years. Norwich: Dramaresource.

Fleming, M. (1997) The Art of Drama Teaching. London: David Fulton.

Fleming, M. (1999) 'Progression and continuity in the teaching of Drama', Drama, The Journal of National Drama, 7(1), 12–18.

Fleming, M. (2001) Teaching Drama in Primary and Secondary Schools. London: David Fulton.

Fleming, M. (2004) 'Planning for Drama', Secondary English Magazine, 7(4), 15–18.

Fleming, M. (2010) Arts in Education and Creativity: A Literature Review. 2nd edn. London: Creativity, Culture and Education.

Fleming, M. (2012) The Arts in Education: An Introduction to Aesthetic, Theory and Pedagogy. London: Routledge.

Fleming, M. (2016) 'Exploring the Concept of Performative Teaching and Learning', in Even, S. and Schewe, M. (eds) Performative Teaching and Learning Research, Berlin: Schibri—Verlag.

Fleming, M., Bresler, L., O'Toole, J. (eds) (2015) The Routledge International Handbook of the Arts and Education. London: Routledge.

Fleming, M., Merrell, C. and Tymms, P. (2004) 'The Impact of Drama on Pupils' Language, Mathematics, and Attitude in Two Primary Schools', Research in Drama Education 9(2), 177-197.

Flyvberg, B. (2001) Making Social Science Matter: Why Social Science Fails and How It Can Succeed Again. Cambridge: Cambridge University Press.

Fortier, M. (1997) Theory/Theatre: An Introduction. London: Routledge.

Frost, A. and Yarrow, R. (1990) Improvisation in Drama. London: Macmillan.

Gibson, R. (1998) Secondary School Shakespeare. Cambridge: Cambridge Institute of Education.

Gibson, R. (2016) Teaching Shakespeare: A Handbook for Teachers. Cambridge: Cambridge University Press.

Glaser, B. and Strauss, A. (1967) The Discovery of Grounded Theory: Strategies for Qualitative Research. New Brunswick: Aldine Transaction.

Goldacre, B. (2013) Building Evidence into Education. London: DfE.

Guthrie, J. T. (2004) 'Teaching for Literacy Engagement', Journal of Literacy Research, Spring, 36(1), 1-29.

Hahlo, R. and Reynolds, P. (2000) Dramatic Events: How to Run a Successful Workshop. London: Faber and Faber.

Hanfling, O. (ed.) (1992) Philosophical Aesthetics: An Introduction. Oxford: Basil Blackwell and the Open University.

Harrop, J. (1992) Acting. London: Routledge.

Heathcote, D. (1984) 'The Authentic Teacher and the Future', in Johnson, L. and O'Neill, C. (eds) Dorothy Heathcote: Collected Writings on Education and Drama. London: Hutchinson, 170-99.

Heathcote, D. and Bolton, G. (1995) Drama for Learning: An Account of Dorothy Heathcote's 'Mantle of the Expert'. Portsmouth, N. H.: Heinemann.

Hiatt, K. (2007) Drama Play: Bringing Books to Life Through Drama for 4-7year olds. London: Routledge.

Hornbrook, D. (1991) Education in Drama: Casting the Dramatic Curriculum. London: Falmer Press.

Hornbrook, D. (1998a) Education and Dramatic Art. London: Blackwell Education. (First edition 1989).

Hornbrook, D. (ed.) (1998b) On the Subject of Drama. London: Routledge.

Hospers, J. (1954-55) 'The Concept of Artistic Expression', Proceedings of the Aristotelian Society, 55, 313-44,

reprinted in Hospers, J. (ed.) (1969) Introductory Readings in Aesthetics. New York: Free Press. 142-166.

Huat, B. and Kokotsaki, D. (2015) Impact of Arts Education on the Cognitive and Non−Cognitive Outcomes of School−Aged Children. A Review of Evidence. Education Endowment Foundation.

Hulson, M. (2006) Schemes for Classroom Drama. Stoke on Trent: Trentham Books.

Johnson, L. and O'Neill, C. (1984) Dorothy Heathcote: Collected Writings on Education and Drama. London: Hutchinson.

Johnstone, K. (1981) Impro: Improvisation and the Theatre. London: Methuen.

Jones P. and Hammond, J. (2016) 'Talking to Learn: Dialogic Teaching in Conversation with Educational Linguistics', Research Papers in Education, 31(1), 1-4.

Kempe, A. (1988) The Drama Sampler. Oxford: Basil Blackwell.

Kempe, A. (1990) The GCSE Drama Coursebook. Oxford: Basil Blackwell.

Kempe, A. and Ashwell, M. (2000) Progression in Secondary Drama. London: Heinemann.

Kempe, A. and Nicholson, H. (2001) Learning to Teach Drama 11-18. London: Continuum.

Kempe, A. and Warner, L. (1997) Starting with Scripts. Cheltenham: Stanley Thornes.

Kitson, N. and Spiby, I. (1997) Primary Drama Handbook. London: Watts Books.

Koopman, C. (2005). 'Music Education, Performativity and Aestheticization', Educational Philosophy and Theory 37(1), 119-131.

Langer, S. (1953) Feeling and Form. London: Routledge and Kegan Paul.

Lewis, M. and Rainer, J. (2005) Teaching Classroom Drama and Theatre in Secondary Schools. London: Routledge.

Livingstone, S. (2002) Young People and New Media: Childhood and the Changing Environment. London: Sage.

Lyas, C. (1997) Aesthetics. London: UCL Press.

MacDonald, S. (1970) The History and Philosophy of Art Education. London: University of London Press.

Mages, W. (2008) 'Does Creative Drama Promote Language Development in Early Childhood? A Review of the Methods and Measures Employed in the Empirical Literature', Review of Educational Research, 78(1), 124-152.

McGilchrist, I. (2009) The Master and His Emissary: The Divided Brain and the Making of the Western World. New Haven, CT: Yale University Press.

McGuinn, N. (2014) The English Teachers' Drama Handbook: From Theory to Practice. London: Routledge.

McGuire, B. (2003) Student Handbook for Drama. Cambridge: Pearson Publishing.

Mercer, N. and Littleton, K. (2007) Dialogue and the Development of Children's Thinking: A Sociocultural Approach. London: Routledge.

Midgley, M. (1979) Beast and Man: The Roots of Human Nature. London: Harvester Press. (Reprinted in 1980 by Methuen.)

Mitter, S. (1992) Systems of Rehearsal. London: Routledge.

Moseley, D., Baumfield, V., Elliott, J., Gregson, M., Higgins, S., Miller, J. andNewton, D. P. (2005) Frameworks for Thinking: A Handbook for Teaching and Learning. Cambridge: Cambridge University Press.

NCC (1993) Teaching History at Key Stage 3. York: NCC.

Neelands, J. (2005) Beginning Drama 1 –14. 2nd edition. London: Routledge.

Neelands, J. and Dobson, W. (2000) Drama and Theatre Studies at AS/A Level. London: Hodder & Stoughton.

Neelands, J. and Goode, T. (2015) Structuring Drama Work. 3rd edn. Cambridge: Cambridge University Press.

Nicholson, H. (2005) Applied Drama. Basingstoke: Palgrave Macmillan.

Nicholson, H. (ed.) (2000) Teaching Drama 11–18. London: Continuum.

Norman, J. (1999) 'Brain Right Drama', Drama: The Journal of National Drama 6(2), 8–13.

O'Leary, Z. (2004) The Essential Guide to Doing Research. London: Sage.

O'Neill, C. (1995) Drama Worlds. New Hampshire: Heinemann.

O'Neill, C. and Lambert, A. (1982) Drama Structures: A Practical Handbook for Teachers. London: Hutchinson.

O'Toole, J. (1992) The Process of Drama: Negotiating Art and Meaning. London: Routledge.

O'Toole, J. (2015) 'When Advocacy Meets Opportunity: What's the Reality', in Fleming, M., Bresler, L. and O'Toole, J. (eds) The Routledge International Handbook of the Arts and Education. London: Routledge. 185–193.

O'Toole, J. and Haseman, B. (1987) Dramawise: An Introduction to GCSE Drama. London: Heinemann.

O'Toole, J., Stinson, M. and Moore, T. (2009) Drama and Curriculum: A Giant at the Door. New York: Springer.

Oceana, A. and Pring, R. (2008) 'The Importance of Being Thorough: On Systematic Accumulations of 'What Works' in Educational Research', Journal of Philosophy of Education, 42(1), 15–39.

Opie, C. (2004) Doing Educational Research. London: Sage.

Orti, P. (2014) Your Handy Companion to Devising and Physical Theatre. 2nd edition. North Carolina: Lulu Press.

Osborne, H. (1968) Aesthetics and Art Theory: An Historical Introduction. London: Longman.

Overgaard, S. (2007) Wittgenstein and Other Minds. London: Routledge.

Owens, A. and Barber, K. (1997) Dramaworks. Carlisle: Carel Press.

Pitts, S. (2000) A Century of Change in Music Education: Historical Perspectives on Contemporary Practice. Aldershot: Ashgate.

Prendiville, F. and Toye, N. (2007) Speaking and Listening Through Drama 7-11. London: Paul Chapman.

Pring, R. (2000) Philosophy of Educational Research. London: Continuum.

Punch, K. (2009) Introduction to Research Methods in Education. London: Sage.

Radcliffe, B. (2007) Drama for Learning. Hampshire: Teachers' Pocketbooks.

Reynolds, P. (1991) Practical Approaches to Teaching Shakespeare. Oxford: Oxford University Press.

Robinson, C. (2016) 'Listening to the Voices of Young People: Working Towards the Genuine Participation of Young People in Discussions About School Transformation', in Montgomery, A. and Kehoe, I., (eds) Reimagining the Purpose of Schools and Educational Organisations: Developing Critical Thinking, Agency, Beliefs in Schools and Educational Organisations. Springer, Switzerland, 79-92.

Robinson, D. (2015) A Practical Guide to Ensemble Devising. Basingstoke: Palgrave Macmillan.

Ruddock, J. and Flutter, J. (2004) How to Improve Your School: Giving Pupils a Voice. London: Continuum Press.

Schewe, M. and Crutchfield, J. (2017) (eds) Going Performative in Intercultural Education. Clevedon: Multilingual Matters.

Schulte, J. (1992) Wittgenstein: An Introduction, trans. W. Brenner and J. Holley. Albany: State University of New York Press.

Schwandt, T. (2005) 'A Diagnostic Reading of Scientifically Based Research for Education', Educational Theory, 55(3), 285-305

Shiach, D. (1987) Front Page to Performance. Cambridge: Cambridge University Press.

Shusterman, R. (2003) 'Entertainment: A Question for Aesthetics', British Journal of Aesthetics 43(3), 289-307.

Slade, P. (1954) Child Drama. London: University of London Press.

Smeyer, P and Smith, R. (2014) Understanding Education and Educational Research. Cambridge: Cambridge University Press.

Stanislavski, K. (1926) An Actor Prepares. London: Geoffrey Bles.

States, B. (1985) Great Reckonings in Little Rooms: On the Phenomenology of Theater. California: University of California Press.

Swale, J. (2009) Drama Games for Classrooms and Workshops. London: Nick Hern Books.

Szondi, P. (1987) Theory of the Modern Drama, ed. and trans. M. Hays. Cambridge: Polity Press.

Tandy, M. and Howell, J. (2010) Creating Drama with 7-11 Year Olds. London: Routledge.

Taylor, C. (1985) Human Agency and Language. Philosophical Papers 1. Cambridge: Cambridge University Press.

Taylor, P. (2000) The Drama Classroom: Action, Reflection, Transformation. London: Routledge/Falmer.

Taylor, P. (2003) Applied Theatre. New Hampshire: Heinemann.

Taylor, P. (ed.) (1996) Researching Drama and Arts Education. London: Falmer Press.

Taylor, P. and Warner, C. (2006) Structure and Spontaneity: The Process Drama of Cecily O'Neill. Stoke−on−Trent: Trentham Books.

Taylor, R. and Andrews, G. (1993) The Arts in the Primary School. London: Falmer Press.

Toye, N. and Prendiville, F. (2000) Drama and Traditional Story for the Early Years. London: Routledge.

Toye, N. and Prendiville, F. (2007) Speaking and Listening Through Drama 7-11. London: Sage.

Trefor−Jones, G. (2015) Drama Menu: Theatre Games in Three Courses. London: Nick Hern Books.

Tungate, D. (2016) The Trial of Shakespeare. Leicestershire: Matador.

Van de Water, M., McAvoy, M. and Hunt, K. (2015) Drama and Education Performance Methodologies for Teaching and Learning. London: Routledge.

Wagner, B. J. (1976) Dorothy Heathcote: Drama as a Learning Medium. Washington, D.C.: National Education Association.

Wallis, M. and Shepherd, S. (2010) Studying Plays. London: Bloomsbury.

Waters, S. (2010) The Secret Life of Plays. London: Nick Hern Books.

Way, B. (1967) Development Through Drama. London: Longman.

Wellington, J. (2000) Educational Research: Contemporary Issues and Practical Approaches. London: Continuum.

Wheeler, M. (2010) Drama Schemes. London: Rhinegold Education.

Winston, J. (2000) Drama, Literacy and Moral Education 5-11. London: David Fulton Publishers.

Winston, J. (2005) Drama and English at the Heart of the Curriculum. London: Routledge.

Winston, J. (2010) Beauty and Education. London: Routledge.

Winston, J. (2015) Transforming the Teaching of Shakespeare with The Royal Shakespeare Company. London: Bloomsbury.

Winston, J. and Tandy, M. (2009) Beginning Drama 4–11, 3rd edn. London: David Fulton.

Wittgenstein, L. (1953) Philosophical Investigations, trans. G.E.M. Anscombe. Oxford: Basil Blackwell.

Wittgenstein, L. (1969) On Certainty. Oxford: Blackwell.

Woolland, B. (2013) Teaching Primary Drama. London: Routledge.

Young, J. (2008) 100 Ideas for Drama. London: Continuum.

공역자 약력

장 연 주

동국대학교 연극학과 졸업
동미시건대학교 아동청소년연극전공 석사
동국대학교 일반대학원 교육학과 교육공학 전공 교육학박사
현재: 동국대학교 교수학습개발센터 교수법연구초빙교수
저서: 교사를 위한 교육연극의 이론과 실천(박영스토리)
공역: 시실리 오닐의 교육연극– 과정드라마: 구조와 즉흥(연극과 인간)
이메일: act0486@hotmail.com

김 수 연

안양대학교 유아교육학과 졸업
서울예술대학 연극과 졸업
워릭대학교 교육학과 교육연극전공 교육학석사
워릭대학교 교육학과 교육연극전공 교육학박사
현재: 경성대학교 연극학과 조교수
이메일: christina0116@gmail.com

드라마 가르치기

초판발행	2020년 2월 3일
지은이	Mike Fleming
옮긴이	장연주·김수연
펴낸이	노 현
편 집	배근하
기획/마케팅	이영조
표지디자인	이미연
제 작	우인도·고철민
펴낸곳	㈜ 피와이메이트
	서울특별시 금천구 가산디지털2로 53 한라시그마밸리 210호(가산동)
	등록 2014. 2. 12. 제2018-000080호
전 화	02)733-6771
f a x	02)736-4818
e-mail	pys@pybook.co.kr
homepage	www.pybook.co.kr
I S B N	979-11-90151-89-4 93680

* 잘못된 책은 바꿔드립니다. 본서의 무단복제행위를 금합니다.
* 역자와 협의하여 인지첩부를 생략합니다.

정 가   19,000원

박영스토리는 박영사와 함께하는 브랜드입니다.